中等职业教育国家规划教材

全国中等职业教育教材审定委员会审定

本教材配套用书

《工程测量实训指导与习题集》

ISBN 978-7-114-18722-3

U0649268

Gongcheng   Celiang

工 程 测 量

第 3 版

张保成　主　编

赵小飞　韦　琴　副主编

陈立春　主　审

人民交通出版社股份有限公司

北　京

内 容 提 要

本教材为中等职业教育国家规划教材。本教材主要介绍测绘学基本知识、道路工程测量的基本理论和方法、测量仪器及其操作技能。全书共十一个模块,第一模块至第八模块的主要内容包括普通测绘知识、方法与技能,传统和现代测量仪器的构造、使用和维护方法,全站仪和 GNSS 测量技术,测量误差的基本知识,导线测量的基本原理和计算方法,大比例尺地形图的测绘及应用;第九模块至第十一模块主要内容包括道路中线测量、纵横断面测量和道路施工放样。

本教材贯彻岗课赛证融通,可作为中等职业教育道路与桥梁工程施工、公路养护与管理等专业教学用书,也可作为交通土建工程技术人员和测绘工作者及职业技能大赛的学习参考书。

本教材配教学课件,教师可通过加入"职教路桥教学研讨"QQ 群(QQ:561416324)获取课件。

图书在版编目(CIP)数据

工程测量 / 张保成主编. — 3 版. — 北京 : 人民
交通出版社股份有限公司, 2023.6
　ISBN 978-7-114-18545-8

　Ⅰ.①工…　Ⅱ.①张…　Ⅲ.①工程测量—中等专业学
校—教材　Ⅳ.①TB22

　中国版本图书馆 CIP 数据核字(2022)第 257403 号

　　　　中等职业教育国家规划教材
　　　　全国中等职业教育教材审定委员会审定
书　　　名:**工程测量(第 3 版)**
著 作 者:张保成
责任编辑:袁　方　陈虹宇
责任校对:孙国靖　魏佳宁
责任印制:张　凯
出版发行:人民交通出版社股份有限公司
地　　　址:(100011)北京市朝阳区安定门外外馆斜街 3 号
网　　　址:http://www.ccpcl.com.cn
销售电话:(010)59757973
总 经 销:人民交通出版社股份有限公司发行部
经　　　销:各地新华书店
印　　　刷:北京武英文博科技有限公司
开　　　本:880×1230　1/16
印　　　张:14.25
字　　　数:317 千
版　　　次:2001 年 2 月　第 1 版
　　　　　 2008 年 3 月　第 2 版
　　　　　 2023 年 6 月　第 3 版
印　　　次:2023 年 8 月　第 3 版　第 2 次印刷　总第 16 次印刷
书　　　号:ISBN 978-7-114-18545-8
定　　　价:42.00 元
(有印刷、装订质量问题的图书,由本公司负责调换)

第3版前言

本书第 1 版根据教育部《关于中等职业学校重点建设专业主干专业课程教学大纲开发工作的通知》(教职成司[2000]34 号)文件精神,按照交通职业教育教学指导委员会路桥工程学科委员会负责的"中等职业学校公路与桥梁专业教育改革整体方案"要求,由主编张保成高级讲师参加的路桥专业主干专业课程教学大纲开发小组,在路桥工程专业委员会指导下进行调研、起草并编写《工程测量教学大纲》,经交通职业教育教学指导委员会审定通过教学大纲后组织开展教材编写,于 2001 年 2 月正式出版发行。教材在使用过程中得到了同行和广大师生的认可与肯定。2007 年 4 月 13 日交通部印发新编《公路勘测规范》(JTG C10—2007),自 2007 年 7 月 1 日施行,新规范对公路勘测过程中的测量方法与技术要求做了较大的调整。为使中等职业教育交通类专业的工程测量课程教学充分体现科学性、实用性、先进性和以够用为度的原则,2008 年 3 月仍由张保成教授进行第 2 版修编。在此期间,本教材参加了 2005 年第五届全国高等学校优秀测绘教材评选并获得原国家测绘局优秀测绘教材二等奖。

随着交通强国建设步伐的有序迈进和交通土建工程行业的高质量发展,高速铁路、高速公路、超大型港口、市政工程和桥隧工程的建设和运营管理,对工程测量专业技术技能型人才的需求之大前所未有。此外,目前工程测量的仪器设备、技术手段与方法等飞速发展,大批有文化、懂技术且与时俱进的中等职业教育学生迫切需要一本学生易学、爱学且能将所学专业融会贯通的教科书。为此,本书在人民交通出版社股份有限公司的指导下进行了第 3 版修编。

本版修编是根据教育部印发的《职业院校教材管理办法》文件精神,按照交通运输职业教育教学指导委员会路桥工程专业委员会的要求,在充分进行课程教学方案开发、调研的基础上修编的。

本教材充分体现科学性、实用性、先进性,面向需求、各有侧重、有机衔接,适应新时代技术技能人才培养的新要求,体现校企合作、产教融合,突出技能与实训。课程结构按照模块序列编排,各模块下设置单元来分别介绍相关原理、知识、仪器、技能、方法和技巧。

本教材的配套用书《工程测量实训指导与习题集》随本书同步出版发行。配套多媒体辅助学习动画和短视频资源以二维码形式镶嵌在本书相关模块的教学单元中,以方便师生学习和使用。

本书第 3 版主编是内蒙古大学交通学院张保成教授,负责模块一、二、六的编写;山东公路技师学院赵小飞老师任副主编,负责模块五的编写并与内蒙古交通职业技术学院韩青松老师共同合编模块四;四川交通职业技术学院韦琴老师任副主编,负责模块九的编写;江苏省交通技师学院成菲老师负责模块三的编写;河北省交通职业技术学校付海军老师负责模块七的编写;山东公路技师学院陈冰冰老师负责模块八的编写;四川交通运输职业学校(四川交通技师学院)聂训老师负责模块十的编写;山东公路技师学院侯小风老师负责模块十一的编写。本书特邀吉林交通职业技术学院陈立春教授担任主审。

　　由于修编者水平所限,缺点在所难免,希望读者提出宝贵意见,以便今后修订改正。

编　者

2023 年 4 月

目录

本教材配套多媒体辅助学习短视频与动画资源表 ············· I

模块一 绪论 ······················ 1

单元一 概述 ······················ 1

单元二 地面点的定位体系 ················ 3

单元三 测量的基本工作及工作原则与思路 ········· 8

本模块小结 ······················ 9

模块二 水准测量 ·················· 10

单元一 水准测量原理 ·················· 10

单元二 水准仪和水准尺 ················· 11

单元三 水准仪的技术操作 ················ 14

单元四 普通水准测量 ·················· 15

单元五 四等水准测量 ·················· 18

单元六 水准测量成果处理 ················ 20

单元七 水准测量注意事项 ················ 22

本模块小结 ······················ 23

模块三 距离测量与直线定向 ············ 25

单元一 钢尺量距 ···················· 25

单元二 距离丈量的注意事项 ··············· 31

单元三 视距测量 ···················· 31

单元四 直线定向 ···················· 32

本模块小结 ······················ 34

模块四 全站仪测量技术 ·············· 36

单元一 全站仪结构与测量原理 ·············· 36

单元二 全站仪构造及功能 ················ 41

单元三 全站仪使用基本操作 ··············· 45

单元四 全站仪工程应用模块测量方法 ··········· 54

单元五 全站仪使用注意事项 ··············· 60

本模块小结 ······················ 64

模块五　GNSS 测量技术 ································· 68

　单元一　GNSS 系统简介 ································· 68

　单元二　GNSS 的组成、特点及应用 ················· 71

　单元三　GNSS 定位原理与方法 ···················· 74

　单元四　GNSS 接收机及手簿操作使用 ············· 77

　单元五　GNSS-RTK 定位技术 ····················· 83

　单元六　网络 RTK 定位技术 ······················· 92

　本模块小结 ··· 95

模块六　测量误差的基本知识 ······················· 97

　单元一　概述 ··· 97

　单元二　算术平均值 ··································· 98

　单元三　评定观测值精度的标准 ····················· 100

　单元四　观测值函数中误差 ·························· 102

　本模块小结 ··· 104

模块七　导线测量 ····································· 105

　单元一　概述 ··· 105

　单元二　导线测量的外业工作 ······················· 107

　单元三　导线测量的内业计算 ······················· 109

　本模块小结 ··· 119

模块八　大比例尺地形图的测绘与应用 ············· 121

　单元一　概述 ··· 121

　单元二　地形在图上的表示方法 ····················· 122

　单元三　地形图测绘基本知识 ······················· 130

　单元四　野外数据采集 ······························· 132

　单元五　内业绘图 ····································· 138

　单元六　地形图在工程中的应用 ····················· 148

　本模块小结 ··· 153

模块九　道路中线测量 ······························· 155

　单元一　概述 ··· 155

　单元二　圆曲线测设 ··································· 159

　单元三　典型平曲线的测设 ·························· 162

　单元四　缓和曲线的测设 ····························· 168

　单元五　道路中线逐桩坐标计算 ····················· 172

　单元六　道路中桩测设 ······························· 175

　本模块小结 ··· 178

模块十　道路纵横断面测量 ·· 183

单元一　概述 ··· 183

单元二　道路中桩高程测量 ····································· 184

单元三　纵断面图绘制 ··· 188

单元四　横断面测量 ··· 190

本模块小结 ··· 193

模块十一　道路施工放样 ·· 194

单元一　基本放样方法 ··· 194

单元二　已知平面点位的放样方法 ····························· 201

单元三　路基路面施工放样 ····································· 206

单元四　桥涵施工放样 ··· 212

本模块小结 ··· 215

参考文献 ··· 217

本教材配套多媒体辅助学习短视频与动画资源表

序号	学习资源名称	类别	时长	对应模块及单元	对应实训
1	高斯投影	动画	2′16″	模块一　单元二	
2	微倾式水准仪技术操作	视频	1′45″	模块二　单元三	
3	普通水准测量施测方法	动画	1′50″	模块二　单元四	实训二
4	自动安平水准仪一测站观测方法	视频	2′30″	模块二　单元四	
5	四等水准测量	动画	3′50″	模块二　单元五	实训三
6	直线定向	视频	4′31″	模块三　单元四	
7	电磁波测距观测方法	视频	3′43″	模块四　单元一	实训七
8	全站仪主要功能介绍	视频	2′18″	模块四　单元一	
9	全站仪一般操作方法	视频	3′40″	模块四　单元三	实训五
10	全站仪已知点建站设置操作	视频	1′36″	模块四　单元三	实训八、十六
11	全站仪后视检查设置操作	视频	56″	模块四　单元三	实训八、十六
12	全站仪点测量操作	视频	1′20″	模块四　单元四	实训八、十六
13	全站仪点放样操作（一）	视频	1′30″	模块四　单元四	实训十
14	全站仪点放样操作（二）	动画	3′37″	模块四　单元四	
15	全站仪三角高程测量	视频	2′48″	模块四　单元四	
16	用全站仪测设道路中桩原理	视频	2′16″	模块九　单元六	
17	全站仪极坐标法中桩测设	视频	2′11″	模块九　单元六	
18	GNSS-RTK 一般构造与安置	视频	3′16″	模块五　单元五	实训十三
19	工程之星蓝牙连接操作	视频	26″	模块五　单元四	实训十二
20	工程之星新建工程操作	视频	46″	模块五　单元五	实训十三、十四、十七
21	工程之星求转换参数操作	视频	3′26″	模块五　单元五	实训十三、十四、十七
22	工程之星校正向导操作	视频	39″	模块五　单元五	实训十三、十四
23	工程之星工程文件导入操作	视频	50″	模块五　单元五	实训十三、十四
24	工程之星工程文件导出操作	视频	1′03″	模块五　单元五	实训十三、十四、十七
25	工程之星内置电台基准站设置操作	视频	35″	模块五　单元五	实训十二
26	工程之星外置电台基准站设置操作	视频	33″	模块五　单元五	实训十二
27	工程之星内置电台移动站设置操作	视频	30″	模块五　单元五	实训十二
28	工程之星点测量操作	视频	26″	模块五　单元五	实训十三、十四、十七
29	工程之星点放样操作	视频	37″	模块五　单元五	实训十三、十四
30	工程之星 CORS 连接操作	视频	52″	模块五　单元六	实训十四、十七
31	用 GNSS-RTK 测设道路中桩原理	视频	1′50″	模块九　单元六	
32	闭合导线计算	动画	1′15″	模块七　单元三	
33	中平测量施测方法	动画	1′15″	模块十　单元二	实训十九
34	高程放样的基本方法	动画	1′19″	模块十一　单元一	实训二十一

序号	学习资源名称	类别	时长	对应模块及单元	对应实训
35	高墩台的高程放样	动画	0′59″	模块十一　单元四	
36	深基坑的高程放样	动画	1′13″	模块十一　单元一	
37	全站仪距离放样	动画	2′16″	模块十一　单元一	实训二十
38	工程之星道路设计元素法操作	视频	2′02″		实训二十四
39	工程之星道路设计交点法操作	视频	1′40″		实训二十五
40	绘制平面图	视频	10′17″		实训十八
41	绘制等高线	视频	6′54″		实训十八

资源使用说明：

1. 扫描封面二维码(注意每个码只可激活一次)；

2. 关注"交通教育"微信公众号；

3. 公众号弹出"购买成功"通知,点击"查看详情",进入后即可查看资源；

4. 也可进入"交通教育"微信公众号,点击下方菜单"用户服务-开始学习",选择已绑定的教材进行观看。

模块一

绪论

本模块学习目标

知识目标：

1. 描述大地水准面；

2. 描述高斯平面直角坐标系及象限；

3. 理解1985国家高程基准。

技能目标：

1. 学会计算高斯投影带的中央子午线经度；

2. 学会识别高斯平面直角坐标系的通用坐标和自然坐标。

本模块参考学时

课堂学习 4学时。

单元一 概 述

一、测绘的一般概念

测绘是利用测量仪器测定地球表面自然形态的地理要素和地表人工设施的形状、大小、空间位置及其属性等，根据观测所得数据通过地图制图的方法将地面的自然地理形态和人工设施绘制成地形图。

二、我国测绘技术的发展历程

我国的测绘技术有着悠久的历史，在几千年的文明历史中有着许多关于测量的记载。如长沙马王堆汉墓中绘在帛上的地图已经有了方位和比例尺；西晋裴秀提出了"制图体系"；到18世纪初清康熙年间，进行了大规模的大地测量，完成了世界上早期的地形图之一——《皇舆全览图》。

中华人民共和国成立后，测绘事业得到了迅速的发展，国家和地方成立了测绘管理机构，建立了全国天文大地控制网，统一了全国大地坐标和高程系统，测绘了国家基本地形图，在测绘人才培养、测绘科研等方面都取得了巨大的成就。尤其是随着现代科学技术的发展，测量内容由常规的大地测量发展到卫星大地测量；由空中摄影测量发展到遥感技术的应用；被测对象由地球表面扩展到空间，由静态发展到动态；测量仪器已广泛趋向电子化和自动化。我国独立研制的北斗卫星导航系统（BDS）已向全球提供服务，使我国成为世界上第三个独立拥有全球卫星导航定位系统的国家。

三、工程测量的任务和特点

工程测量是工程建设在勘测设计、施工过程和管理阶段所进行的各种测量工作。工程测量的主要任务有工程控制网的建立、地形测绘、施工放样、设备安装测量、竣工测量、变形观测和维修养护测量等，在数学、物理学等有关学科的基础上应用各种测量技术解决工程建设中实际测量问题。随着激光技术、光电测距技术、工程摄影测量技术、快速高精度空间定位技术在工程测量中的应用，工程测量学的服务面越来越广。

现代工程测量的发展趋势和特点可概括为：测量内外业作业的一体化；数据获取及处理的自动化；测量过程控制和系统行为的智能化；测量成果和产品的数字化；测量信息管理的可视化；信息共享和传播的网络化。特别是现代大型工程的建设，大大促进了工程测量技术向精确、可靠、快速、简便、连续、动态、遥测、实时的技术方向发展。

四、道路工程测量的作用

测量在道路工程建设中占有非常重要的地位，从公路与桥梁的勘测设计，到施工放样、竣工检测无不用到测绘技术。例如在建设公路之前，为了确定一条经济合理的路线，必须进行路线勘测，绘制带状地形图和纵、横断面图，并在图上进行路线设计，然后将设计路线的位置标定在地形图上，以便进行施工。当路线跨越河流时，必须建造桥梁，在建桥之前，测绘桥址河流两岸的地形图，测量河床断面、水位、流速、流量和桥梁轴线的长度，以便设计桥台桥墩的位置，最后将设计位置测设到实地。当路线跨越高山时，为了降低路线的坡度，减小路线的长度，多采用隧道穿越高山。在隧道修建之前，应测绘隧址大比例尺地形图，测定隧道轴线、洞口、竖井等位置，为隧道设计提供必要的数据；在隧道施工过程中还需不断地进行贯通测量，以保证隧道构造物的平面位置和高程正确贯通。

可以说，道路、桥梁、隧道的勘测、设计、施工、竣工及养护维修的各个阶段都离不开测绘。因此，作为一名拟从事道桥隧建设工作的技术人员，必须掌握测绘的基本理论、基本知识和基本技能，以及从事道桥隧建设工程测量工作的知识和技能，才能为交通强国建设、交通运输事业做出自己应有贡献。

本教材主要介绍测绘学基本知识和道路工程测量的基本理论、方法、测量仪器及其操作技能。

单元二　地面点的定位体系

纵观测绘学的研究内容和应用情况，无论是普通测绘或是工程测量，最基本的测量内容均是确定地面点的空间位置，因此有必要建立一个能表达地面点的空间位置的定位体系。

我们知道，地面点是相对于地球定位的。如果选择一个能代表地球形状和大小且相对固定的理想曲面作为测量的基准面，就可以用地面点在基准面上的投影位置和高度来确定地面点的空间位置。

一、测量基准面

实际测量工作是在地球的自然表面上进行的，而地球自然表面是很不规则的，有陆地、海洋、高山和平原。通过长期的测绘工作和科学调查了解到，地球表面海洋面积约占71%，陆地面积约占29%。人们把地球总的形状看作是被海水包围的球体，也就是设想有一个自由平静的海水面，向陆地延伸而形成一个封闭的曲面，我们把这个自由平静的海水面称为水准面。水准面是一个处处与重力方向垂直的连续曲面，如图1-1a)所示。

水准面在小范围内近似一个平面，而完整的水准面是被海水包围的封闭曲面。因为符合上述水准面特性的水准面有无数个，其中最接近地球形状和大小的是通过平均海水面的那个水准面，这个唯一而确定的水准面叫大地水准面，大地水准面就是测量的基准面，如图1-1b)所示。

由于地球内部质量分布不均匀，导致地面上各点的重力方向（即铅垂线方向）产生不规则的变化，因而大地水准面实际上是一个有微小起伏的不规则曲面。如果将地面上的图形投影到这个不规则的曲面上，将无法进行测量计算和绘图，为此必须用一个和大地水准面的形状非常接近的、可用数学公式表达的几何形体来代替大地水准面。在测量上是选用椭圆绕其短轴旋转而成的参考旋转椭球体面作为测量计算的基准面，如图1-1c)所示。

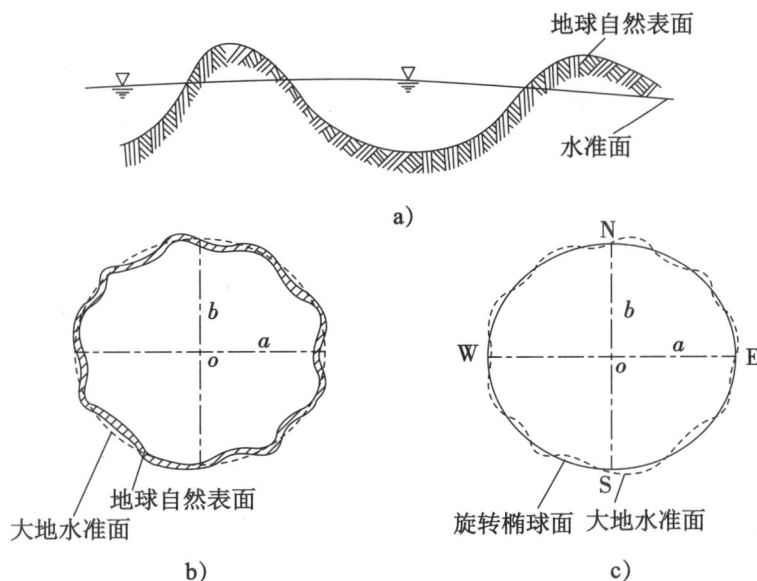

图 1-1　水准面、大地水准面、旋转椭球面示意图

比如我国1980年国家大地坐标系，即"1980西安坐标系"所采用的参考椭球体，其参考椭球体参数为：

$$\begin{cases} \text{长半轴} \quad a=6378140\text{m} \\ \text{短半轴} \quad b=6356755\text{m} \\ \text{扁率} \quad \alpha=\dfrac{a-b}{a}=\dfrac{1}{298.257} \end{cases} \quad (1\text{-}1)$$

通常把地球椭球体当作圆球看待，近似取其半径为6371km，即$(2a+b)/3\approx6371\text{km}$。

二、测量坐标系统

我国常用的坐标系统有1954年北京坐标系、1980西安坐标系、WGS-84坐标系和2000国家大地坐标系。经国务院批准，我国从2008年7月1日起启用2000国家大地坐标系。

1. 大地坐标系

在大地坐标系中，地面点在旋转椭球面上的投影位置用大地经度L和大地纬度B来表示。如图1-2所示，NS为椭球的旋转轴，N表示北极，S表示南极，O为椭球中心。

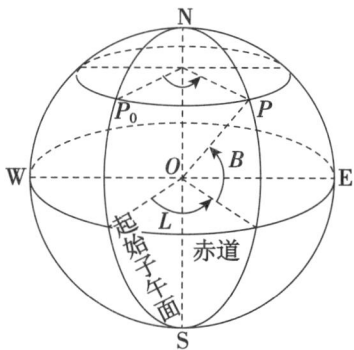

通过椭球中心与椭球旋转轴正交的平面称为赤道平面。赤道平面与地球表面的交线称为赤道。

通过椭球旋转轴的平面称为子午面。其中通过英国伦敦格林尼治天文台的子午面称为起始子午面。子午面与椭球面的交线称为子午线。

如图1-2所示，P点的大地经度就是通过该点的子午面与起始子午面的夹角，用L表示。从起始子午面算起，向东自$0°\sim180°$称为东经，向西自$0°\sim180°$称为西经。

图1-2 大地坐标系示意图

P点的大地纬度就是该点的法线与椭球面垂直的线与赤道面的交角，用B表示。从赤道面起算，向北自$0°\sim90°$称为北纬，向南自$0°\sim90°$称为南纬。

大地经度L和大地纬度B统称大地坐标。地面点的大地坐标是根据大地测量数据由大地原点（大地坐标原点）推算而得的。我国"1980年国家大地坐标系"的大地原点位于陕西省泾阳县永乐镇，在西安市以北约40km处。以前使用的"1954年北京坐标系"是新中国成立初期从苏联引测过来的。

2. 地心坐标系

地心坐标系属于空间三维直角坐标系，用于卫星大地测量。地心坐标系取地球质心为坐标原点O，X、Y轴在地球赤道平面内，起始子午面与赤道平面的交线为X轴，Z轴与地球自转轴相重合，如图1-3所示。地面点A的空间位置用三维直角坐标X_A、Y_A和Z_A表示。

世界坐标系（WGS-84）和2000国家大地坐标系（CGCS2000）就是地心坐标系。

地心坐标和大地坐标可以通过一定的数学公式进行换算。

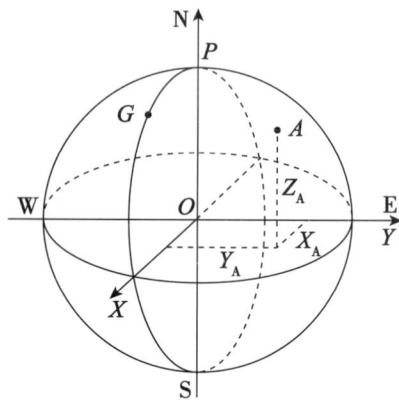

图1-3 地心坐标系示意图

3．高斯平面直角坐标系

在研究大范围的地球形状和大小时，必须用大地坐标表示地面点的位置才符合实际。但在绘制地形图时，只能将参考椭球面上的图形用地图投影的方法描绘到纸的平面上，这就需要用相应的地图投影方法建立一个平面直角坐标系。我国从 1952 年开始采用高斯投影作为地形图的基本投影，并以高斯投影的方法建立了高斯平面直角坐标系。由于投影具有规律性，因而地面点的高斯平面坐标与大地坐标可以相互转换。

高斯投影是地球椭球体面正形投影于平面的一种数学转换过程。为方便说明，可以用图 1-4 表示的投影过程来解释这种投影规律。【资源 1】

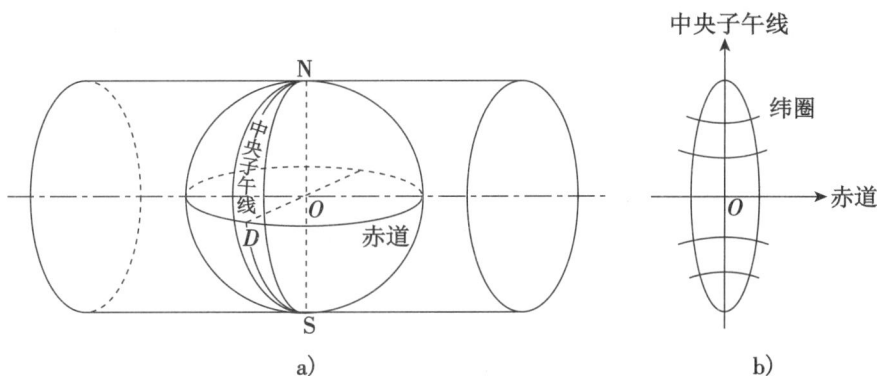

图 1-4　高斯投影示意图

如图 1-4a）所示，设想将截面为椭圆的一个椭圆柱横套在地球椭球体外面，并与椭球体面上某一条子午线（如 NDS）相切，同时使椭圆柱的轴位于赤道面内并通过椭球体中心。椭圆柱面与椭球体面相切的子午线称为中央子午线。若以椭球中心为投影中心，将中央子午线两侧一定经差范围内的椭球图形投影到椭圆柱面上，再顺着过南、北极点的椭圆柱母线将椭圆柱面剪开，展成平面，如图 1-4b）所示，这个平面就是高斯投影平面。

在高斯投影平面上，中央子午线投影为直线且长度不变，赤道投影后为一条与中央子午线正交的直线，离开中央子午线的线段投影后均要发生变形，且均较投影前长一些。离开中央子午线越远，长度变形越大。

为了使投影误差不致影响测图精度，规定以 6°经差或更小的经差为准来限定高斯投影的范围，每一投影范围叫一个投影带。如图 1-5a）所示，6°带是从 0°子午线算起，以经度每隔 6°为一带，将整个地球划分成 60 个投影带，并用阿拉伯数字 1、2……60 顺次编号，叫作高斯 6°投影带（简称 6°带）。6°带中央子午线经度 L_o 与投影带号 N_e 之间的关系式为：

$$L_o = N_e \times 6° - 3° \tag{1-2}$$

例 1-1　某城市中心的经度为 116°24′，求其所在高斯投影 6°带的中央子午线经度 L_o 和投影带号 N_e。

解：据题意，其高斯投影 6°带的带号为：

$$N_e = \mathrm{INT} \left(\frac{116°24'}{6} + 1 \right) = 20$$

（INT 表示取整数）

中央子午线经度为：　　　　　　　　　　$L_o = 20 \times 6° - 3° = 117°$

对于大比例尺测图,则需采用 3°带或 1.5°带来限制投影误差。3°带与 6°带的关系如图 1-5b)所示。3°带是以东经 1°30′开始,第一带的中央子午线是东经 3°。

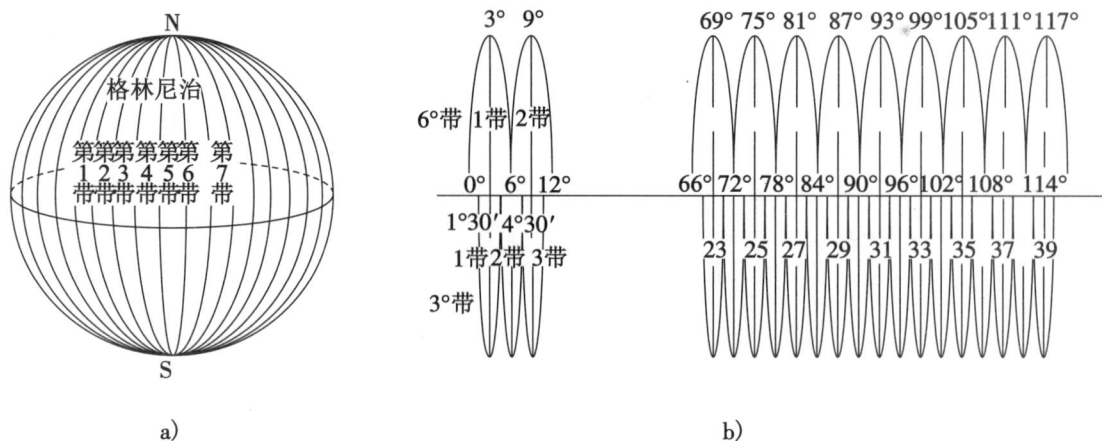

图 1-5　高斯投影 6°带示意图

采用分带投影后,由于每一投影带的中央子午线和赤道的投影为两正交直线,故可取两正交直线的交点为坐标原点。中央子午线的投影线为坐标纵轴（X 轴,向北为正）,赤道投影线为坐标横轴（Y 轴,向东为正）,坐标系象限按照顺时针方向排序,这就是全国统一的高斯平面直角坐标系。

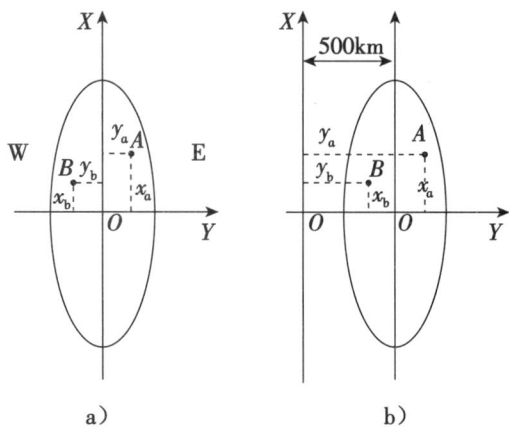

图 1-6　高斯平面直角坐标通用值示意图

我国位于北半球,纵坐标均为正值,横坐标则有正有负,如图 1-6a)所示,$y_a = +148680.54m$,$y_b = -134240.69m$。为了避免横坐标出现负值和标明坐标系所处的带号,规定将坐标系中所有点的横坐标值加上 500km（相当于各带的坐标原点向西平移 500km）,并在横坐标前冠以带号。如图 1-6b)中所标注的横坐标为:$y_a = 20648680.54m$,$y_b = 20365759.31m$。这就是高斯平面直角坐标的通用值,最前两位数 20 表示带号,不加 500km 和带号的横坐标值称为自然值。

测量上所用的高斯平面直角坐标系,规定纵坐标轴为 X 轴,表示南北方向,向北为正;横坐标轴为 Y 轴,表示东西方向,向东为正;坐标原点可假定,也可选在测区的已知点上。象限按顺时针方向编号,如图 1-7 所示。测量所用的平面直角坐标系之所以与数学上常用的直角坐标系不同,是因为测量上的直线方向都是从纵坐标轴北端按顺时针方向量度的,而数学中三角函数的角则是从横坐标轴正端按逆时针方向计量,把 X 轴与 Y 轴互换后,全部三角公式都能在测量计算中应用。

高斯平面直角坐标系的应用大大简化了测量计算工作,它把在椭球体面上的观测元素全部转化到高斯平面上进行计算,这比在椭球体面上解算球面图形要简单得多。在道路工程测量中也经常应用高斯平面直角坐标,如高速公路的勘测设计和施工测量就是在高斯平面直角坐标系中进行的。

4.独立平面直角坐标系

当测量的范围较小时,可以把该测区的球面当作平面看待,直接将地面点沿铅垂线投影到水平面上,用平面直角坐标来表示它的投影位置。

三、地面点的高程系统

为建立全国统一的高程系统,必须确定一个高程基准面。通常采用平均海水面代替大地水准面作为高程基准面。地面点到大地水准面(平均海水面)的铅垂距离,称为该点的绝对高程或海拔,简称高程。它与地面点的坐标共同确定地面点的空间位置。在图1-8中地面点 A、B 的高程分别为 H_A、H_B。

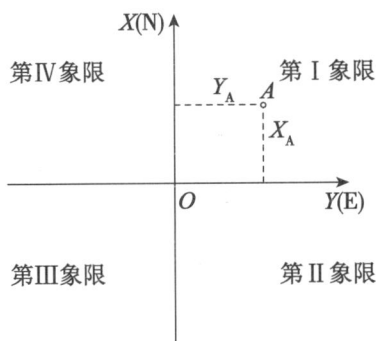

图1-7 高斯平面直角坐标系　　　　图1-8 高程基准面示意图

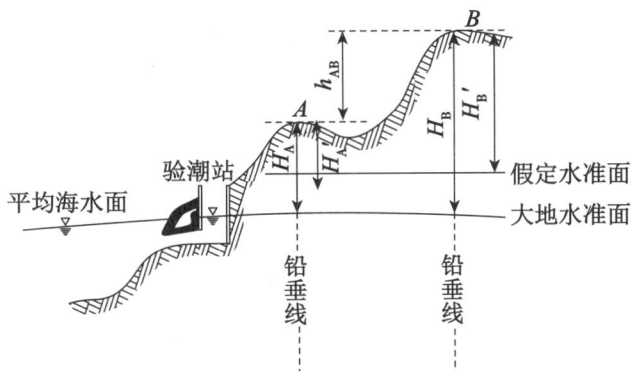

国家高程系统平均海水面的建立通常是在海边设立验潮站,经过长期观测推算出平均海水面的高度,并以此为基准在陆地上设立稳定的国家水准原点。我国曾采用青岛验潮站1950—1956年观测资料推算黄海平均海水面作为高程基准面,称为"1956年黄海高程系",并在青岛观象山的一个山洞里建立了国家水准原点,其高程为72.289m。由于验潮资料不足等原因,我国自1987年启用"1985国家高程基准"。该基准采用青岛大港验潮站1952—1979年的潮汐观测资料计算的平均海水面,依此推算出设在青岛观象山上的国家水准原点高程为72.260m,并将其命名为"中华人民共和国水准原点",其标示牌和标示塔见图1-9和图1-10。全国各地各水准点的高程均以它为基准进行测算。当在局部地区进行高程测量时,也可以假定一个水准面作为高程起算面,地面点到假定水准面的铅垂距离称为假定高程或相对高程。在图1-8中,A、B 两点的相对高程分别为 H'_A、H'_B。

图1-9 水准原点标示牌　　　　图1-10 水准原点标示塔

地面上两点高程之差称为这两点的高差,如图1-8中 A、B 两点间的高差为:

$$h_{AB} = H_B - H_A = H'_B - H'_A \qquad (1\text{-}3)$$

单元三　测量的基本工作及工作原则与思路

一、测量的基本工作

根据前面所述,测量工作的基本任务是确定地面点的位置。它有两方面的含义:一方面是将地面点的实际位置用坐标和高程表示出来;另一方面是根据点位的设计坐标和高程将其在实地上的位置标定出来。要完成上述任务,必须用测量仪器通过一定的观测方法和手段测出已知点与未知点之间所构成的几何元素,才能由已知点导出未知点的位置。

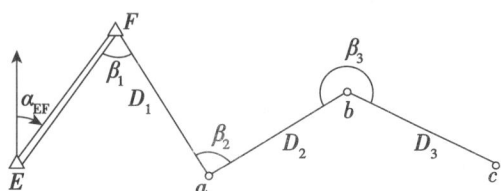

图1-11　测量的基本工作示意图

点与点之间构成的几何元素有:距离、角度和高差。这三个基本元素称为测量三要素。如图1-11所示,a、b、c 为地面点在水平面上的投影位置。确定这些点的位置不是直接在地面上测定它们的坐标和高程,而是首先测定相邻点间的几何元素,即距离 D_1、D_2、D_3,水平角 β_1、β_2、β_3 和高差 h_{Fa}、h_{ab}、h_{bc};再根据已知点 E、F 的坐标及高程来推算 a、b、c 各点的坐标和高程。由此可见,距离、角度、高差是确定地面点位置的三个基本元素,而距离测量、角度测量、高差测量是测量的基本工作。这部分内容在本书中将占有重要的地位。

二、测量的原则与思路

在进行某项测量工作时,往往需要确定许多地面点的位置。假如从一个已知点出发,逐点进行测量和推导,最后虽可得到待测各点的位置,但这些点很可能是不正确的,因为前一点的测量误差将会传递到下一点。这样积累起来,最后可能达不到要求的精度。因此测量工作必须依照一定的原则和思路进行,防止测量误差的积累。

在实际测量工作中应遵循的原则是:在测量布局上要"从整体到局部";在测量精度上要"由高级到低级";在测量程序上要"先控制后碎部"。也就是在测区整体范围内选择一些有"控制"意义的点,首先把它们的坐标和高程精确地测定出来,然后以这些点作为已知点来确定其他地面点的位置。这些有控制意义的点组成了测区的测量骨干,称之为控制点。

为了测定控制点的坐标和高程所进行的测量工作称为控制测量。它包括平面控制测量和高程控制测量。

控制测量是整个测量过程中的重要环节,它起着控制全局的作用。对于任何一项测量任务,必须先进行整体性的控制测量,然后以控制点为基础进行局部的碎部测量。例如大桥的施工测量,首先建立施工控制网,进行符合精度要求的控制测量,然后在控制点上安置仪器进行桥梁细部构造的放样。

在国家广大的区域内,测绘部门已布设了高精度的平面控制网和高程控制网。国家基本的平面和高程控制按照精度的不同,分为一、二、三、四等,由高级到低级逐级布设。

由于国家基本的平面和高程控制点的密度(如四等平面控制点的平均间距为 4km)远不能满足地形测图和道路工程建设的需要,因此,在国家基本控制点的基础上还须进行小区域的平面和高程控制测量。

道路与桥梁工程测量中的平面与高程控制测量的要求和等级参见现行相关测量规范和规程。

采用上述原则和思路进行测量,可以有效地控制误差的传递和积累,使整个测区的精度较为均匀和统一。

本模块小结

一、基准面概念

(1)水准面——自由平静的海水面。

(2)大地水准面——通过平均海水面的水准面。

(3)高程基准面——地面点高程的起算面。

二、测量坐标系统

(1)高斯平面直角坐标系统——采用分带投影后,以中央子午线的投影线为 X 轴,向北为正;以赤道投影线为 Y 轴,向东为正;以两轴交点 O 为原点的坐标系统。坐标系象限按顺时针方向排序。

(2)6°带中央子午线经度 L_o 与投影带号 N_e 之间的关系式为:

$$L_o = N_e \times 6° - 3°$$

(3)高斯平面直角坐标的通用值是指在横坐标 Y 的自然值上再加 500km,并在坐标值最前面加上投影带带号。

(4)独立平面直角坐标系——当测区范围较小时,把测区面当作平面看待,直接将地面点沿铅垂线投影到水平面上,用平面直角坐标来表示它的投影位置。坐标纵轴为 X 轴,向北为正;坐标横轴为 Y 轴,向东为正;坐标原点可假定,也可选在测区的已知点上。象限按顺时针编号。

三、高程系统

以高程基准面(大地水准面)或假定水准面为地面点高程起算面的系统。

四、测量工作的原则

测量工作遵循"从整体到局部;由高级到低级;先控制后碎部"的原则。

本模块的习题及参考题解详见本教材的配套教学用书《工程测量实训指导与习题集》模块一。

模块二

水准测量

本模块学习目标

知识目标：

1. 理解并描述水准测量原理；

2. 会计算高差闭合差，能判断水准路线观测成果是否合格；

3. 会调整水准路线的高差闭合差。

技能目标：

1. 学会水准仪的技术操作方法；

2. 在同学的配合下完成普通水准测量和四等水准测量的观测、记录及校核计算。

本模块参考学时

1. 课堂学习　10 学时；

2. 课间实训　18 学时；

3. 在教学实训场地集中实训一周。

单元一　水准测量原理

水准测量的基本方法是：在图 2-1 中，已知 A 点的高程为 H_A，只要能测出 A 点至 B 点的高程之差，简称高差 h_{AB}，则 B 点的高程 H_B 即可用下式计算求得：

$$H_B = H_A + h_{AB} \tag{2-1}$$

用水准测量方法测定高差 h_{AB} 的原理如图 2-1 所示，在 A、B 两点上竖立水准尺，并在 A、B 两点之间安置可以得到水平视线的仪器（即水准仪），设水准仪的水平视线截在两尺上的位置分别为 M、N，过 A 点作一水平线与过 B 点的竖线相交于 C。因为 BC 的高度就是 A、B 两点之间的高差 h_{AB}，所以由矩形 $MACN$ 就可以得到计算 h_{AB} 的公式：

$$h_{AB} = a - b \tag{2-2}$$

测量时，a、b 的值是用水准仪瞄准水准尺时直接读取的读数值。因为 A 点为已知高程的点，通常称为后视点，其读数 a 为后视读数，而 B 点称为前视点，其读数 b 为前视读数。即：

$$h_{AB} = 后视读数 - 前视读数$$

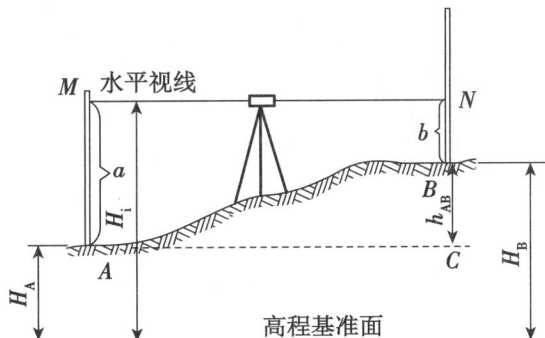

图 2-1　水准测量原理示意图

实际上，高差 h_{AB} 有正有负。由式（2-2）知，当 a 大于 b 时，h_{AB} 值为正，这种情况 B 点高于 A 点，地形为上坡；当 a 小于 b 时，h_{AB} 值为负，即 B 点低于 A 点，地形为下坡。但无论 h_{AB} 值为正或负，式（2-2）始终成立。为了避免计算中发生正负符号上的错觉，在书写高差 h_{AB} 时必须注意 h 下面的脚标 AB，前面的字母代表已知后视点的点号。也就是说，h_{AB} 表示由已知高程的后视点 A 推算至未知高程的前视点 B 的高差。

有时安置一次仪器须测算出较多点的高程，为了方便起见，可先求出水准仪的视线高程，然后再分别计算各点高程。从图 2-1 中可以看出：

视线高

$$H_i = H_A + a \tag{2-3}$$

B 点高程

$$H_B = H_i - b \tag{2-4}$$

综上所述，要测算地面上两点间的高差或某点的高程，所依据的就是一条水平视线。如果视线不水平，上述公式则不成立，测算将发生错误。因此，视线必须水平，是水准测量中要牢牢记住的操作要领。

单元二　水准仪和水准尺

一、微倾式水准仪

如图 2-2 所示，微倾式水准仪主要由望远镜、水准器和基座组成。水准仪的望远镜能绕仪器竖轴在水平方向转动。为了能精确地提供水平视线，仪器上安置了一个能使望远镜上下做微小运动的微倾螺旋，所以称之为微倾式水准仪。

水准仪在使用前，首先应进行视检，其内容包括：顺时针和逆时针旋转望远镜，看竖轴转动是否灵活、均匀；微动螺旋是否可靠；照准目标后，再分别转动微倾螺旋和对光螺旋，看望远镜是否灵敏，有无晃动等现象；望远镜视场中的十字丝及目标能否调节清晰；有无霉斑、灰尘、油迹；脚螺旋或微倾螺旋均匀升降时，圆水准器及管水准器的气泡移动不应有突变现象；仪器的三脚架安放好后，适当用力转动架头时，不应有松动现象。

图 2-2　微倾式水准仪的构造图

1-微倾螺旋;2-分划板护罩;3-目镜;4-物镜调焦螺旋;5-制动螺旋;6-微动螺旋;7-底板;8-三角压板;9-脚螺旋;10-弹簧帽;11-望远镜;12-物镜;13-管水准器;14-圆水准器;15-连接小螺钉;16-轴座

　　根据水准测量原理,微倾式水准仪各轴线间应具备的几何关系是:圆水准器轴应平行于仪器竖轴($L'L' /\!/ VV$),十字丝的横丝应垂直于仪器竖轴,水准管轴应平行于仪器视准轴($LL /\!/ CC$),如图 2-3 所示。

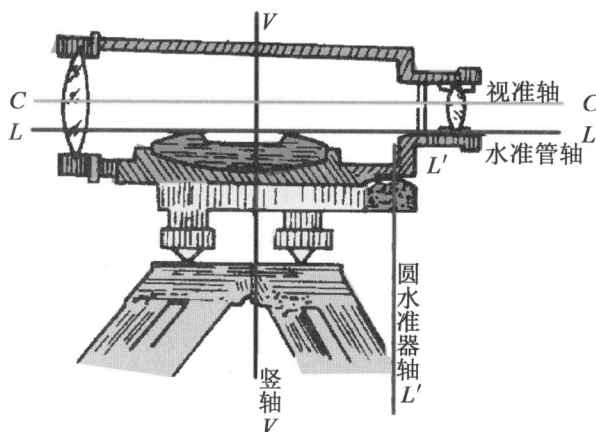

图 2-3　微倾式水准仪几何光学轴线示意图

　　微倾式水准仪的技术操作程序分四步进行,即粗平、照准、精平、读数。具体操作参阅本模块单元三即可。

二、自动安平水准仪

　　如图 2-4 所示,自动安平水准仪只有一个圆水准器,安置仪器时,只要使圆水准器的气泡居中后,借助特别装置"补偿器",使视线自动处于水平状态。因此使用这种自动安平水准仪不仅操作简便,而且能大大缩短观测时间,也可针对由于水准仪整置不当、地面有微小的振动或脚架的不规则下沉等影响视线水平的因素做出迅速调整,从而得到正确的读数值,提高水准测量的精度。

　　自动安平水准仪的技术操作程序分四步进行,即粗平、照准、检查、读数。其中粗平、照准、读数的方法和微倾式水准仪相同,具体操作参阅本模块单元三。

三、电子水准仪

　　电子水准仪是一种自动化程度很高的智能水准仪器,如图 2-5所示。它由基座、水准器、望远镜及数据处理系统组成。电子水准仪具有内置应用软件和良好的操作界面,可以自动完成读数、记录和计算处理等工作,并通过数据通信系统将数据传输到计算机内进行后续处理,还可以通过远程通信系统将测量成果直接传输给其他用户。

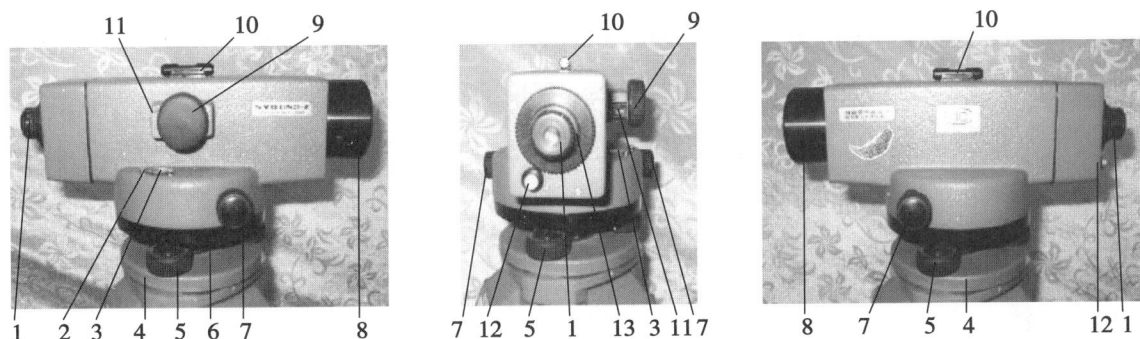

图2-4 自动安平水准仪构造图

1-望远目镜;2-圆水准器校正螺钉;3-圆水准器;4-基座底板;5-脚螺旋;6-水平度盘;7-望远镜水平微动螺旋;8-望远镜物镜座;9-望远镜调焦手轮;10-粗瞄准器;11-圆水准器观察棱镜;12-按钮;13-目镜卡环

电子水准仪的操作方法与自动安平水准仪类似,分为粗平、照准、读数三步,具体操作参阅本模块单元三。

四、水准尺

水准尺是与水准仪配合进行水准测量的工具。水准尺分为直尺、折尺和塔尺,如图2-6a)所示。对于双面水准尺的分划,黑白相间的一面称黑面(主尺),黑面分划尺底为零,红白相间的一面称红面(辅助尺),红面分划尺底为一常数:4687mm或4787mm。使用水准尺前一定要认清分划特点。

图2-5 电子水准仪

尺垫是供支承水准尺和传递高程所用的工具,如图2-6b)所示。

条码水准尺是与电子水准仪配套的专用尺,如图2-7a)所示。它由玻璃纤维塑料制成,或用钢钢制成尺面镶嵌在基尺上形成。尺面上刻有宽度不同的水平黑白相间的分划(条码),全长为2~4.05m。条码水准尺上附有安平水准器和扶手。条码水准尺在望远镜视场中的影像如图2-7b)所示。

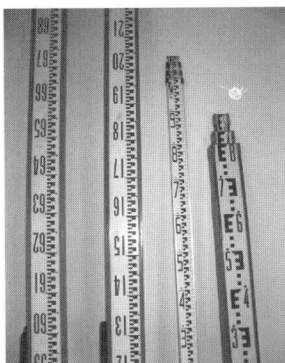

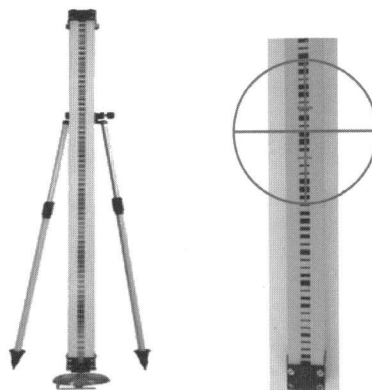
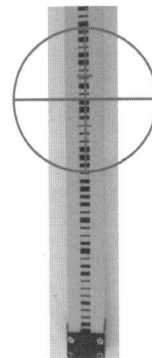

a)   b)

图2-6 水准尺及尺垫

a)   b)

图2-7 条码水准尺

单元三　水准仪的技术操作

在水准仪的使用过程中,应首先打开三脚架,使架头大致水平,高度适中,然后踏实脚架尖,再将水准仪安放在架头上并拧紧中心螺旋。

微倾式水准仪的技术操作按以下四个步骤进行:粗平、照准、精平、读数;【资源2】

自动安平水准仪技术操作按以下四个步骤进行:粗平、照准、检查、读数;

电子水准仪技术操作按以下三个步骤进行:粗平、照准、读数。

一、粗平

粗平就是通过调整脚螺旋,使圆水准器气泡居中,使仪器竖轴处于铅垂位置,视线大致水平。具体做法是:用两手同时以相对方向分别转动任意两个脚螺旋,此时气泡移动的方向和左手大拇指旋转方向相同,如图2-8a)所示;然后再转动第三个脚螺旋使气泡居中,如图2-8b)所示。如此反复进行,直至在任何位置水准气泡均位于分划圆圈中心为止。

操作熟练后,则不必将气泡的移动分解为两步,视气泡的具体位置而转动任意两个脚螺旋直接使气泡居中,如图2-8c)所示。

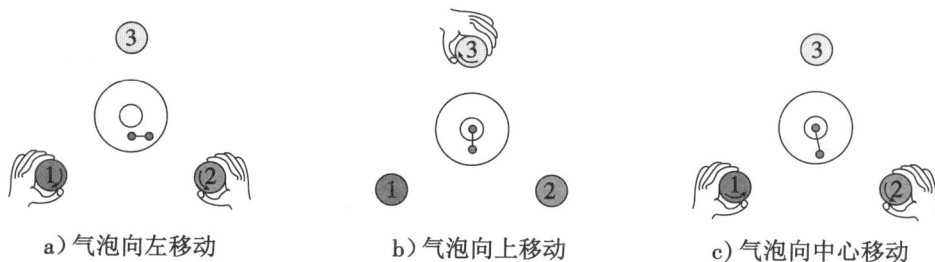

a)气泡向左移动　　　　b)气泡向上移动　　　　c)气泡向中心移动

图2-8　圆水准器气泡居中操作示意图

二、照准

照准就是用望远镜照准水准尺,清晰地看清目标和十字丝。其做法是:首先转动目镜对光螺旋使十字丝清晰;然后利用照门和准星瞄准水准尺,瞄准后要旋紧制动螺旋,转动物镜对光螺旋使尺像清晰;再转动微动螺旋,使十字丝的竖丝照准尺面中央。在上述操作过程中,由于目镜、物镜对光不精细,目标影像平面与十字丝平面未重合好,当眼睛靠近目镜上下微微晃动,物像随着眼睛的晃动也上下移动时,则表明存在着视差。有视差就会影响照准和读数精度,如图2-9a)所示。消除视差的方法是仔细且反复交替地调节目镜和物镜对光螺旋,使十字丝和目标影像共平面,且同时都十分清晰,如图2-9b)所示。

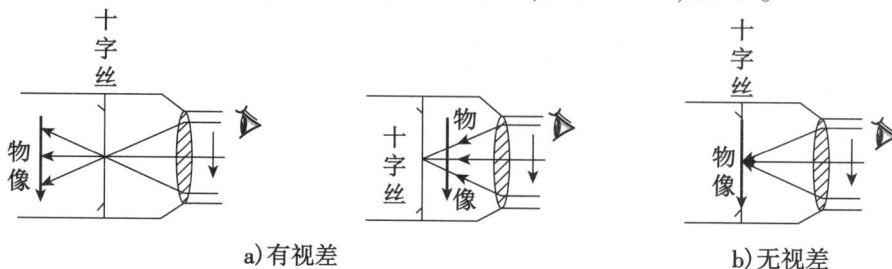

a)有视差　　　　　　　　　　　b)无视差

图2-9　视差示意图

三、精平

精平就是转动微倾螺旋将水准管气泡居中，使视线精确水平。其做法是：慢慢转动微倾螺旋，使观察窗中符合水准气泡的影像符合。左侧影像移动的方向与右手大拇指转动方向相同。由于气泡影像移动有惯性，在转动微倾螺旋时要慢、稳、轻，速度不宜太快。

必须指出的是：具有微倾螺旋的水准仪粗平后，竖轴不是严格铅垂的，当望远镜由一个目标（后视）转瞄另一目标（前视）时，气泡不一定完全符合，此时须注意重新精平，直到水准管气泡完全符合，才能读数。

四、检查

检查就是按动自动安平水准仪目镜下方的补偿控制按钮，查看"补偿器"工作是否正常。在自动安平水准仪粗平后，也就是概略置平的情况下，按动一次按钮。如果目标影像在视场中晃动，说明"补偿器"工作正常，视线便可自动调整到水平位置。

五、读数

微倾式水准仪和自动安平水准仪的读数就是在视线水平时，用望远镜十字丝的横丝在尺上读数，如图2-10所示。读数前要认清水准尺的分划特征，成像要清晰稳定。为了保证读数的准确性，读数时要按由小到大的顺序，先估读毫米（mm）数，再读出厘米（cm）、分米（dm）、米（m）数。读数前务必检查符合水准气泡影像是否符合好，以保证在水平视线上读取数值。还需特别注意不要错读单位和发生漏零现象。

电子水准仪是使用条码水准尺，可以在键盘显示屏上直接读取数值，也可以自动完成读数、记录和计算处理等工作，并通过数据通信系统将数据传输到计算机内进行后续处理。

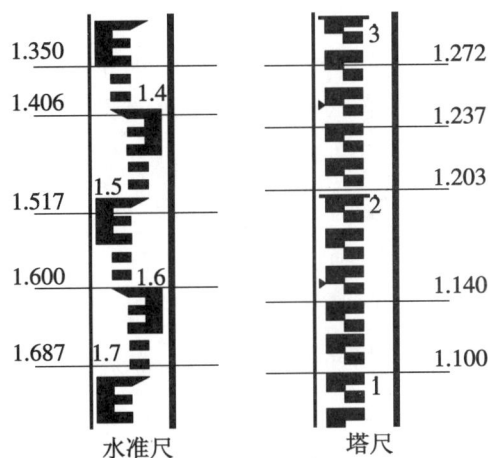

图2-10 水准尺读数示意图

单元四 普通水准测量

普通水准测量在道路工程测量中也称五等水准测量。

一、水准点和水准路线

水准点是测区的高程控制点，一般缩写为"BM"，用"⊗"符号表示。

水准路线依据工程的性质和测区的情况，可布设成以下几种形式。

（1）闭合水准路线。如图2-11a)所示，是从一已知水准点 BM_A 出发，经过测量各测段的高差,求得沿线其他各点高程,最后又闭合到 BM_A 的环形路线。

（2）附合水准路线。如图 2-11b）所示,是从一已知水准点 BM_A 出发,经过测量各测段的高差,求得沿线其他各点高程,最后附合到另一已知水准点 BM_B 的路线。

（3）支水准路线。如图 2-11c）所示,是从一已知水准点 BM_1 出发,沿线往测其他各点高程到终点 2,又从 2 点返测到 BM_1,其路线既不闭合又不附合,但必须是往返施测的路线。

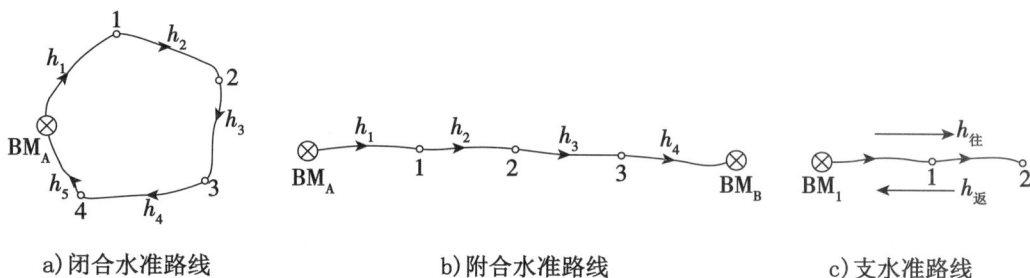

| a)闭合水准路线 | b)附合水准路线 | c)支水准路线 |

图 2-11 水准路线图

二、施测方法【资源3】【资源4】

普通水准测量通常用经检校后的水准仪施测。水准尺采用塔尺或单面尺,测量时水准仪应置于两水准尺中间,使前、后视的距离尽可能相等。

需要指出的是,在水准测量中,高程依次由 ZD_1、ZD_2……点传递,这些传递高程的点称为转点。转点既有前视读数又有后视读数,转点的选择将影响水准测量的观测精度,因此转点要选在地面坚实、凸起、明显的位置,在转点处应放置尺垫。

具体施测方法如下:

（1）如图 2-12 所示,置水准仪于距已知后视高程点 A 一定距离的 I 处,并选择好前视转点 ZD_1,将水准尺置于 A 点和 ZD_1 点上。

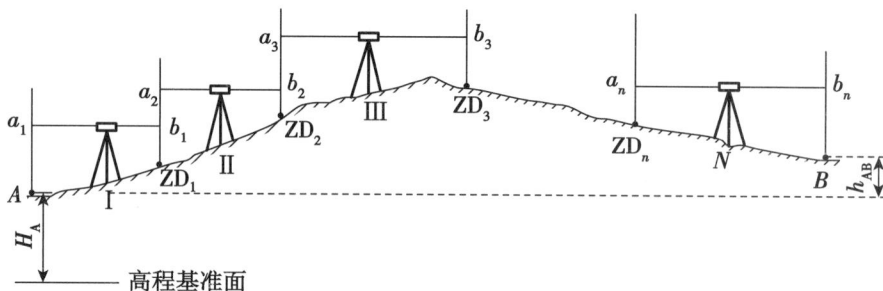

图 2-12 普通水准测量示意图

（2）将水准仪粗平后,先照准后视尺,消除视差。精平后,读取后视读数值 a_1,并记入水准测量记录表中,见表 2-1。

水准测量记录表　　　　　　　　　　　表 2-1

测　点	标尺读数（m）		高差（m）		高程（m）	备　注
	后视	前视	＋	－		
A	1.851				50.000	$H_A = 50.000\text{m}$
ZD_1	1.425	1.268	0.583		50.583	
ZD_2	0.863	0.672	0.753		51.336	
ZD_3	1.219	1.581		0.718	50.618	
B		0.346	0.873		51.491	
Σ	5.359	2.867	2.209	0.718		
计算检核	$\sum a - \sum b = 5.358 - 3.867 = 1.491$ $\sum h = 2.209 - 0.718 = 1.491$ $H_B - H_A = 51.491 - 50.000 = 1.491$ $H_B - H_A = \sum h = \sum a - \sum b$（计算无误）					

注：此表假设从 $A \sim B$ 只设 4 站的记录。

（3）平转望远镜照准前视尺，精平后，读取前视读数值 b_1，并记入水准测量记录表中。至此便完成了普通水准测量一个测站的观测任务。

（4）将仪器搬迁到第Ⅱ站，把第Ⅰ站的后视尺移到第Ⅱ站的转点 ZD_2 上，把原第Ⅰ站前视变成第Ⅱ站的后视。

（5）按（2）和（3）施测步骤测出第Ⅱ站的后、前视读数值 a_2、b_2，并记入水准测量记录表中。

（6）重复上述步骤测至终点 B 为止。

B 点高程的计算是先计算出各站高差：

$$h_i = a_i - b_i \qquad (i = 1,2,3\cdots n) \tag{2-5}$$

再用 A 点的已知高程推算各转点的高程，最后求得 B 点的高程。即：

$$h_1 = a_1 - b_1 \qquad H_{ZD1} = H_A + h_1$$
$$h_2 = a_2 - b_2 \qquad H_{ZD2} = H_{ZD1} + h_2$$
$$\cdots \qquad\qquad \cdots$$
$$h_n = a_n - b_n \qquad H_B = H_{ZDn} + h_n$$

将以上各式左边求和得：

$$\sum h = \sum a - \sum b = h_{AB} \tag{2-6}$$

从以上各式右边可知：

$$H_B = H_A + \sum h \tag{2-7}$$

三、校核方法

1. 计算校核

由式（2-6）可看出，B 点对 A 点的高差等于各转点之间高差的代数和，也等于后视读数之和减去前视读数之和的差值，即：

$$h_{AB} = \sum h = \sum a - \sum b \tag{2-8}$$

经上式校核无误后，说明高差计算是正确的。

按照各站观测高差和 A 点已知高程，推算出各转点的高程，最后求得终点 B 的高程。终

点 B 的高程 H_B 减去起点 A 的高程 H_A 应等于各站高差的代数和，即：

$$H_B - H_A = \sum h \tag{2-9}$$

经上式校核无误后，说明各转点高程的计算是正确的。

2. 测站校核

水准测量连续性很强，一个测站的误差或错误对整个水准测量成果都有影响。为了保证各个测站观测成果的正确性，可采用以下方法进行校核。

变更仪器高法：在一个测站上用不同的仪器高度测出两次高差。测得第一次高差后，改变仪器高度（至少 10cm），然后再测一次高差。当两次所测高差之差不大于 3 ~ 5mm 时，则认为观测值符合要求，取其平均值作为最后结果。若大于 3 ~ 5mm，则需要重测。

双面尺法：本法是仪器高度不变，而用水准尺的红面和黑面高差进行校核。红、黑面高差之差不应大于 3 ~ 5mm。

单元五 四等水准测量

在道路工程测量中，四等水准测量是高程控制测量的主要方法。其技术要求和标准在现行《工程测量标准》（GB 50026—2020）中已有明确规定，实际工作应用时必须遵照执行。本教材主要介绍四等水准测量的观测与计算方法。【资源5】

四等水准测量采用整体式双面水准尺，观测前必须对水准仪和水准尺进行检验。测量时水准尺应安置在尺垫上，并保证水准尺铅直。根据双面水准尺的尺常数（即 $K_1 = 4.687\text{m}$ 和 $K_2 = 4.787\text{m}$），成对使用水准尺。四等水准测量观测记录表见表 2-2。

四等水准测量观测记录计算表　　　　　　　　　　　　　　　表 2-2

自_____测至_____　　　天气：_____　　　观测者：_____

时间：_____　　　成像：_____　　　记录者：_____

测点编号	点号	后尺 上丝／下丝／后视距／视距差 d	前尺 上丝／下丝／前视距／$\sum d$	方向及尺号	水准尺读数 黑面	水准尺读数 红面	黑 + K - 红	平均高差	备 注
		（1） （2） （9） （11）	（4） （5） （10） （12）	后 前	（3） （6） （15）	（8） （7） （16）	（14） （13） （17）	（18）	
1	BM₁— ZD₁	1.426 0.995 43.1 +0.1	0.801 0.371 43.0 +0.1	后 106 前 107 后 - 前	1.211 0.586 +0.625	5.998 5.273 +0.725	0 0 	+0.6250	K 为尺常数，如： $K106 = 4.787$， $K107 = 4.687$ 已知： BM_1 点的高程为 $H_1 = 56.345\text{m}$
2	ZD₁— ZD₂	1.812 1.296 51.6 -0.2	0.570 0.052 51.8 -0.1	后 107 前 106 后 - 前	1.554 0.311 +1.243	6.241 5.097 +1.144	0 +1 -1	+1.2435	

续上表

测点编号	点号	后尺	上丝	前尺	上丝	方向及尺号	水准尺读数		黑+K-红	平均高差	备注
			下丝		下丝		黑面	红面			
		后视距		前视距							
		视距差 d		∑d							
3	ZD₂—ZD₃	0.889 0.507 38.2 +0.2		1.713 1.333 38.0 +0.1		后 106 前 107 后-前	0.698 1.523 -0.825	5.486 6.210 -0.724	-1 0 -1	-0.8254	K为尺常数,如: K106 = 4.787, K107 = 4.687 已知: BM₁点的高程为 H₁ = 56.345m
4	ZD₃—A	1.891 1.525 36.6 -0.2		0.758 0.390 36.8 -0.1		后 107 前 106 后-前	1.708 0.574 +1.134	6.395 5.361 +1.034	0 0 0	+1.1340	
本页校核	$\sum[(3)+(8)] - \sum[(6)+(7)] = 29.291 - 24.935 = +4.356$ $\sum[(15)+(16)] = +4.356; \sum(18) = +2.1780; 2\sum(18) = +4.356$ 由此可见满足:$\sum[(3)+(8)] - \sum[(6)+(7)] = \sum[(15)+(16)] = 2\sum(18)$ $\sum(9) - \sum(10) = 169.5 - 169.6 = -0.1 = 末站(12)$ 总视距 $= \sum(9) + \sum(10) = 339.1(m)$										

下面以一个测站为例,介绍中丝读数法观测的程序,其记录与计算参见表2-2。

一、一个测站的观测顺序

(1)照准后视尺黑面,分别读取上、下、中三丝读数,并记为(1)、(2)、(3);

(2)照准前视尺黑面,分别读取上、下、中三丝读数,并记为(4)、(5)、(6);

(3)照准前视尺红面,读取中丝读数,并记为(7);

(4)照准后视尺红面,读取中丝读数,并记为(8)。

上述四步观测,简称为"后—前—前—后(黑—黑—红—红)",这样的观测步骤可消除或减弱仪器或尺垫下沉误差的影响。对于四等水准测量,允许采用"后—后—前—前(黑—红—黑—红)"的观测步骤,这种步骤比上述步骤简便。

二、一个测站的计算与检核

1.视距的计算与检核

后视距(9) = [(1) - (2)] × 100   (9) ≤ 100m

前视距(10) = [(4) - (5)] × 100   (10) ≤ 100m

前、后视距差(11) = (9) - (10)   (11) ≤ 5m

前、后视距差累积(12) = 本站(11) + 上站(12)   (12) ≤ 10m

2.水准尺读数的检核

同一根水准尺黑面与红面中丝读数之差:

前尺黑面与红面中丝读数之差(13) = (6) + K - (7)

后尺黑面与红面中丝读数之差(14) = (3) + K - (8)　　　　(13)和(14)≤3.0(mm)

(上式中的 K 为红面尺的起点数，一般为 4.687m 或 4.787m)

3. 高差的计算与检核

黑面测得的高差(15) = (3) - (6)

红面测得的高差(16) = (8) - (7)

校核：黑、红面高差之差(17) = (15) - [(16) ± 0.100]

或(17) = (14) - (13)　　　　　　　　　　　　　(17)≤5.0(mm)

高差的平均值(18) = [(15) + (16) ± 0.100]/2

在测站上，当后尺红面起点为 4.687m，前尺红面起点为 4.787m 时，取 + 0.100；反之，取 - 0.100。

三、每页计算校核

1. 高差部分

在每页上，后视红、黑面读数总和与前视红、黑面读数总和之差，应等于红、黑面高差之和。对于测站数为偶数的页：

$$\sum[(3) + (8)] - \sum[(6) + (7)] = \sum[(15) + (16)] = 2\sum(18)$$

对于测站数为奇数的页：

$$\sum[(3) + (8)] - \sum[(6) + (7)] = \sum[(15) + (16)] = 2\sum(18) ± 0.100$$

2. 视距部分

在每页上，后视距总和与前视距总和之差应等于本页末站视距差累积值与上页末站视距差累积值之差。校核无误后，可计算水准路线的总长度。

$$\sum(9) - \sum(10) = 本页末站之(12) - 上页末站之(12)$$

$$水准路线总长度 = \sum(9) + \sum(10)$$

在完成一测段单程测量后，须立即计算其高差总和。完成水准路线往返观测或附合、闭合路线观测后，应尽快计算高差闭合差，并进行成果检验。若高差闭合差未超限，便可进行闭合差调整，最后按调整后的高差计算各水准点的高程。

单元六　水准测量成果处理

一、高差闭合差的计算

由于测量误差的影响，使得水准路线的实测高差值与实际值不相符，其差值称为高差闭合差。若高差闭合差在允许误差范围之内时，认为外业观测成果合格；若超过允许误差范围时，应查明原因进行重测，直到符合要求为止。一般水准测量的高差容许闭合差 $f_{h容}$ 为：

平原微丘区

$$f_{h容} = ± 30 \sqrt{L} \, \text{mm}$$

山岭重丘区

$$f_{h_{容}} = \pm 45 \sqrt{L}\,\text{mm} \tag{2-10}$$

式中：L——水准路线长度，km。

水准测量的成果校核，主要考虑其高差闭合差是否超限。根据不同的水准路线，其校核的方法也不同。各水准路线的高差闭合差计算公式如下。

（1）附合水准路线：实测高差的总和与始、终已知水准点高差之差值称为附合水准路线的高差闭合差。即：

$$f_{h} = \sum h - (H_{终} - H_{始}) \tag{2-11}$$

（2）闭合水准路线：实测高差的代数和不等于零，其差值为闭合水准路线的高差闭合差。即：

$$f_{h} = \sum h \tag{2-12}$$

（3）支水准路线：实测往、返高差的绝对值之差称为支水准路线的高差闭合差。即：

$$f_{h} = |h_{往}| - |h_{返}| \tag{2-13}$$

如果水准路线的高差闭合差 f_h 小于或等于其容许高差闭合差 $f_{h_{容}}$，即 $f_h \leqslant f_{h_{容}}$，就认为外业观测成果合格，否则须进行重测。

二、高差闭合差调整

水准测量的成果处理是指当外业观测成果的高差闭合差在容许范围内时，所进行的高差闭合差的调整，使调整后的各测段高差值等于实际值，也就是使 $f_h = 0$。最后用调整后的高差计算各测段水准点的高程。

高差闭合差的调整原则是，将闭合差反号以水准路线的测段站数或测段长度成正比分配到各测段上，并进行实测高差的改正计算。

1.按测站数调整高差闭合差

若按测站数进行高差闭合差的调整，则某一测段高差的改正数 V_i 为：

$$V_i = -\frac{f_h}{\sum n} n_i \tag{2-14}$$

式中：$\sum n$——水准路线各测段的测站数总和；

n_i——某一测段的测站数。

按测站数调整高差闭合差和高程计算示例如图 2-13 所示，并参见表 2-3。

图 2-13 附合水准路线

按测站数调整高差闭合差及高程计算表 表 2-3

测段编号	测点	测站数（个）	实测高差（m）	改正数（m）	改正后的高差（m）	高程（m）	备注
1	BM_A	12	+2.785	−0.010	+2.775	36.345	$H_{BM_B} - H_{BM_A} = 2.694$
2	BM_1	18	−4.369	−0.016	−4.385	39.120	$f_h = \sum h - (H_{BM_B} - H_{BM_A})$
3	BM_2	13	+1.980	−0.011	+1.969	34.745	$= 2.741 - 2.694$
4	BM_3	11	+2.345	−0.010	+2.335	36.704	$= +0.047$
Σ	BM_B	54	+2.741	−0.047	+2.694	39.039	$\sum n = 54$ $V_i = -\dfrac{f_h}{\sum n} \cdot n_i$

2. 按测段长度调整高差闭合差

若按测段长度进行高差闭合差的调整，则某一测段高差的改正数 V_i 为：

$$V_i = -\frac{f_h}{\sum L} L_i \tag{2-15}$$

式中：$\sum L$——水准路线各测段的总长度，km；

L_i——某一测段的长度，km。

按测段长度调整高差闭合差和高程计算示例如图 2-13 所示，并参见表 2-4。

按路线长度调整高差闭合差及高程计算表 表 2-4

测段编号	测点	测段距离（km）	实测高差（m）	改正数（m）	改正后的高差（m）	高程（m）	备注
1	BM_A	2.1	+2.785	−0.011	+2.774	36.345	$f_h = \sum h - (H_{BM_B} - H_{BM_A})$
2	BM_1	2.8	−4.369	−0.014	−4.383	39.119	$= 2.741 - 2.694$
3	BM_2	2.3	+1.980	−0.012	+1.968	34.736	$= +0.047$
4	BM_3	1.9	+2.345	−0.010	+2.335	36.704	$\sum L = 0.1$
Σ	BM_B	9.1	+2.741	−0.047	+2.694	39.039	$V_i = -\dfrac{f_h}{\sum L} \cdot L_i$

需要指出的是：在进行水准测量成果处理时，无论是按测站数调整高差闭合差（表 2-3），还是按测段长度调整高差闭合差（表 2-4），都应满足下列关系：

$$\sum V = -f_h$$

也就是水准路线各测段的改正数之和与高差闭合差大小相等、符号相反。

单元七　水准测量注意事项

一、影响水准测量成果的主要因素

（1）视线不水平。

视线不水平是由于操作不规范导致视准轴与水准管轴不平行，或水准仪经检校后还有残余误差存在,或因使用时间长使轴线平行条件发生变化。

(2)水准尺未竖直。

(3)仪器或转点下沉。

在观测过程中,由于水准仪脚架未踏实或接口未紧固,水准仪将会下沉,引起读数误差。若转点选择不当,也可造成下沉或回弹,使尺子下沉或上升,引起读数误差。

(4)估读不准确。

(5)外界环境干扰。

测量时阳光直射、气温升降、气候变化、大气折光等因素的干扰,均对测量成果有一定的影响。在观测时要特别注意,最好选择有利的时间进行测量。

二、注意事项

(1)水准测量过程中应尽量用目估或步测保持前、后视距基本相等来消除或减弱水准管轴不平行于视准轴所产生的误差,同时选择适当观测时间、限制视线长度和高度来减少折光的影响。

(2)仪器脚架要踩牢,观测速度要快,以减少仪器下沉。

(3)估数要准确,读数时要仔细对光,消除视差,必须使水准管气泡居中,读完以后,再次检查气泡是否居中。

(4)检查塔尺相接处是否严密,清除尺底泥土。扶尺者要身体站正,双手扶尺,保证扶尺竖直。

(5)要记录原始数据,当场填写清楚,在记错或算错时,应在错数上画一斜线,将正确数字写在错数上方。

(6)读数时,记录员要复诵,以便核对,并应按记录格式填写,字迹要整齐、清楚、端正。所有计算成果必须经校核后才能使用。

(7)测量者要严格执行操作规程,工作要细心,加强校核,防止错误。观测时如果阳光较强,应为仪器撑伞遮阳。

本模块小结

一、水准仪及使用

(1)微倾式水准仪的几何轴线及关系。

几何轴线:

视准轴(CC)——物镜光心与十字丝中点的连线;

水准管轴(LL)——水准管内壁圆弧零点的切线;

圆心准器轴($L'L'$)——圆水准器内壁圆弧零点的法线;

竖轴(VV)——水准仪的旋转轴。

几何关系:$CC /\!/ LL$;$L'L' /\!/ VV$;十字丝横丝水平。

(2)微倾式水准仪的操作方法:粗平、照准、精平、读数。

（3）自动安平水准仪的操作方法：粗平、照准、检查、读数。

（4）电子水准仪的操作方法：粗平、照准、读数。

二、普通水准测量

1. 高差法

高差计算：

$$h_i = a_i - b_i \qquad (i = 1, 2 \cdots n)$$

记录计算见表2-1。

2. 水准路线及高差闭合差

闭合水准路线：

$$f_h = \sum h$$

附合水准路线：

$$f_h = \sum h - (H_{终} - H_{始})$$

支水准路线：

$$f_h = |h_{往}| - |h_{返}|$$

3. 高差闭合差的调整

某一测段高差的改正数 V_i 为：

按测站数：

$$V_i = -\frac{f_h}{\sum n} n_i \qquad (校核 \sum V = -f_h)$$

按测段长度：

$$V_i = -\frac{f_h}{\sum L} L_i \qquad (校核 \sum V = -f_h)$$

三、四等水准测量

（1）一测站观测方法："后—前—前—后"或"后—后—前—前"；

（2）记录与计算：见本模块表2-2。

本模块关于水准仪认识、普通水准测量和四等水准测量的实训指导和习题及参考题解详见本教材的配套教学用书《工程测量实训指导与习题集》模块二。

模块三

距离测量与直线定向

本模块学习目标

知识目标：

1. 认识距离测量的工具；

2. 掌握多尺段钢尺量距的步骤；

3. 能对距离测量成果进行精度评定；

4. 理解方位角的概念、取值范围。

技能目标：

1. 能使用花杆进行直线定线；

2. 与同学合作完成多尺段钢尺量距。

本模块参考学时

1. 课堂学习　4 学时；

2. 课间实训　2 学时。

距离测量方法有全站仪光电测距、钢尺量距和视距测量等。全站仪光电测距在模块四介绍,本模块主要讲述钢尺量距和视距测量。钢尺量距有测距方便、直接、成本低的优点,但是容易受地形条件的限制,一般适用于平坦地区的测距。钢尺量距常用于道路工程勘测和施工放样中。

单元一　钢　尺　量　距

一、点的标志

要测量地面上两点间的水平距离,就需要先用标志把该点在地面固定下来。地面上点的标志可分为临时性和永久性两种。临时性标志可采用木桩打入地中,桩顶略高于地面,并在桩顶钉一小钉或画一个十字表示点的位置,如图 3-1a)所示。永久性标志可用石桩或混凝土桩,在石桩顶刻十字或在混凝土桩顶埋入刻有十字的钢柱以表示点位,如图 3-1b)所示。

为了能明显地看到远处目标,可在桩顶的点位上竖立标杆,标杆的顶端系一红白小旗,标杆也可用标杆架或拉绳将标杆竖立在点上，如图 3-2 所示。

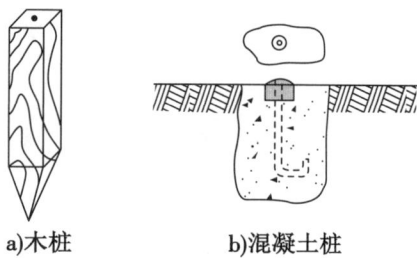

a)木桩　　　　　b)混凝土桩

图 3-1　标志示意图（一）

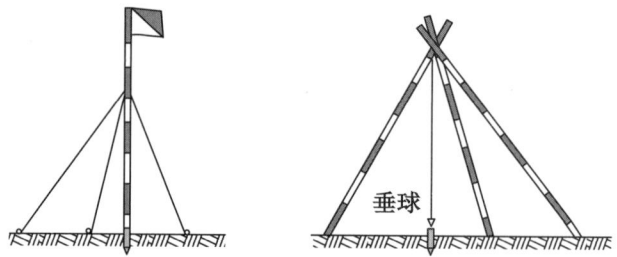

垂球

图 3-2　标志示意图（二）

二、丈量工具

丈量距离的工具有钢尺、皮尺、测绳等，辅助工具有测钎、标杆和垂球等。

钢尺又称钢卷尺，如图 3-3a) 所示。钢尺由带状薄钢条制成，有手柄式和皮盒式两种。尺的长度有 20m、30m、50m 几种，最小刻划为 1cm 或 5mm 或 1mm。按尺的零点位置可分为端点尺和刻线尺两种。端点尺的刻划从尺的端点开始，如图 3-4a) 所示。端点尺适用于从建筑物边开始丈量的工作。刻线尺是以尺上刻的一条横线作为起点，如图 3-4b) 所示。使用钢尺时必须注意钢尺的零点位置，以免发生错误。

皮尺又称布卷尺，如图 3-3b) 所示。皮尺是由麻布织入铜丝制成，呈带状，也有用塑料制成的。尺的长度有 20m、30m、50m 几种，一般刻划到 cm，零点在尺的最外端。皮尺的耐拉能力较差，伸缩性较大，可用于普通低精度量距。

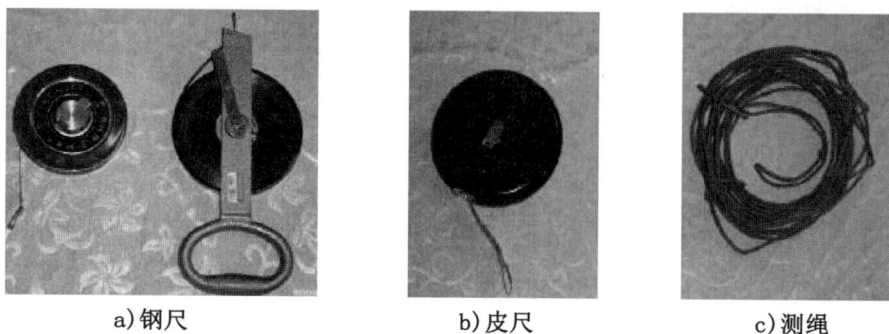

a)钢尺　　　　　b)皮尺　　　　　c)测绳

图 3-3　丈量工具

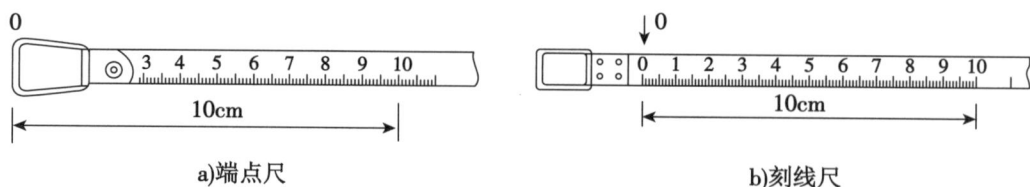

a)端点尺　　　　　　　　　b)刻线尺

图 3-4　尺端点示意图

测绳又称绳尺，如图 3-3c) 所示。测绳的外皮用线或麻绳包裹，中间加有金属丝。其外形如电线，并涂以蜡，每隔 1m 包一金属片，注明米数。长度一般有 50m、100m 两种。一般用于精度要求较低的测量工作。

标杆又称花杆，长为 2m 或 3m，直径为 3～4cm，用木杆或玻璃钢管、空心钢管制成。杆上按 20cm 间隔涂上红白漆,杆底为锥形铁脚,用于显示目标和直线定线,如图 3-5 所示。

测钎用粗铁丝制成,如图 3-5 所示。测钎长为 30cm 或 40cm,上部弯一个小圈,可套入环内,在小圈上系一醒目的红布条。一般要配备一组测钎,按 6 根或 11 根为一组。在丈量时用它来标定尺端点位置和计算所量过的整尺段数。

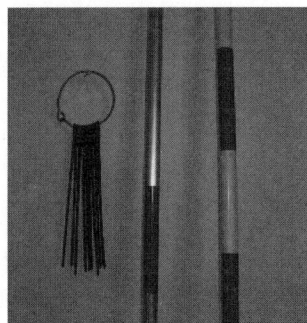

垂球又称铅垂,是由金属制成的,似圆锥形,上端系有细线,是对点的工具。有时为了克服地面起伏的障碍,垂球常挂在标杆架上使用,如图 3-2 所示。

图 3-5 花杆与测钎

三、直线定线

当两点间距较长或地面起伏较大时,用钢尺量距一般不能一次用一尺段量完全长,而需要量若干次。为了使量距能够沿着拟定的方向在直线上测量,就必须在两点间标定若干个点,通过这些点将直线在地面上标定出来,从而使量距沿着直线进行。这种标定直线的工作就称为直线定线。直线定线的方法有两种:在测量精度要求不高时,可用花杆目估定线;如果精度要求较高,则要用全站仪定线。

1. 花杆目估定线

花杆目估定线适用于 A、B 两点间距离不超过 150m 时的直线定线,一般需要甲乙两人完成。

1)两点间通视时的直线定线

如图 3-6 所示,设 A、B 为直线的两端点,需要在 A、B 之间标定①、②等点,使其与 A、B 成一直线。其定线方法是:

(1)先在 A、B 点上竖立标杆,观测者甲站在 A 点后 1~2cm 处,由 A 端瞄向 B 点,使单眼的视线与标杆边缘相切。

(2)甲以手势指挥乙,乙持花杆在①点附近左右移动花杆,直至 A、①、B 三点在一条直线上,然后将标杆竖直地插在①点上,①点标定完毕。

(3)用同样的方法标定②点,最后把①、②点都标定在直线 A、B 上。

标定直线一般应由远到近进行标定。

2)两点间互不通视时的直线定线

如图 3-7 所示,设 A、B 两点在山头两侧,互不通视,现要在 A、B 两点之间标定①、②中间点,使其与 A、B 成一条直线。其定线方法如下。

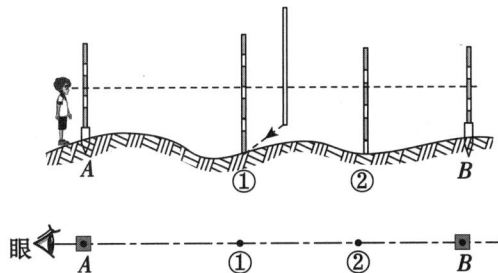

图 3-6 直线定线示意图

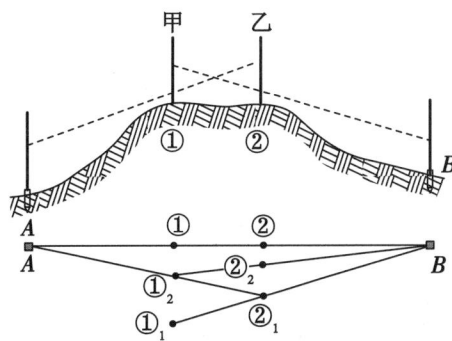

图 3-7 两点间不通视定线示意图

（1）首先甲持标杆选择靠近 AB 方向的①₁ 点立标杆，①₁ 点要靠近 A 点并能看见 B 点。

（2）甲指挥乙将所持标杆定在①₁B 直线上，标定出②₁ 点位置，要求②₁ 点靠近 B 点，并能看见 A 点。

（3）再由乙指挥甲把标杆移动到②₁A 直线上，定出①₂ 点。

（4）用同样的方法互相指挥，逐渐趋近，直到①点在 A② 直线上，②点在①B 直线上为止。这时①、②两点就在 A、B 直线上了。

2. 全站仪定线

精确测量两点间的距离需要用全站仪定线，定线精度较高。定线时只需要将图 3-6 中 A 的花杆改为全站仪即可。其定线方法是：

（1）甲在 A 点上安置全站仪，经过对中整平后精确照准 B 点，拧紧水平制动螺旋，固定照准部；

（2）乙持花杆，由甲指挥乙将花杆在①点附近左右移动花杆，直到花杆的底端位于望远镜的竖丝上，这时 A、①、B 三点在同一直线上，①点标定结束；

（3）用同样的方法标定出直线上的其他各点。

四、钢尺量距方法

钢尺量距时作业人员需 3～5 人(根据具体的量距方法而定)，分别担任拉尺、读数和记录等工作。钢尺量距分为一般量距和精密量距两种；根据地形的不同还可分为水平量距和倾斜量距。

对精度要求不高的距离丈量，用一般量距法。所测距离结果可不加温度改正，量距时可凭经验拉力将尺拉紧即可，平坦地量距可以拖地丈量，所测距离直接作为水平距离使用。

1. 在平坦地面上丈量

地面平坦时可以使钢尺沿地(拖地)丈量，丈量 AB 可以先从 A 向 B 进行(往测)，其具体做法是：

(1)先在标定好的 A、B 两点立标杆，进行直线定线(用花杆或全站仪法)，如图 3-8a)所示。

(2)后尺手拿尺的零端立在 A 点，前尺手拿尺的末端并携带测钎沿 AB 方向前进，走到一整尺段处停下。

(3)后尺手把零点对准 A 点，并喊"预备"，前、后尺手将钢尺沿着用测钎标定的直线同时拉紧尺子并拉平拉直以确保量距沿着 AB 直线。

(4)当尺子拉平、拉直并稳定后，后尺手喊"好"，前尺手将一测钎迅速对准尺的终点刻划竖直插在地面上，如图 3-8b)所示。这样就量完了第一尺段。

(5)前、后尺手同时抬尺前进，当后尺手到达测钎处停止，重复以上操作，继续向前量第二、第三……第 N 尺段。

注意：量完每一尺段时，后尺手必须将插在地面上的测钎拔出收好，用来计算量过的整尺段数。

(6)当丈量到 B 点时，一般已不足一个整尺段(又称零尺段)，如图 3-9 所示。这时由前尺手用尺上某整刻划线对准终点 B，后尺手在尺的零端读数至 mm，量出零尺段长度 Δl。

往测的距离用下式计算：

$$D = nl + \Delta l \tag{3-1}$$

式中：l——整尺段的长度；

　　　n——丈量的整尺段数；

　　　Δl——零尺段长度。

图 3-8　距离丈量示意图

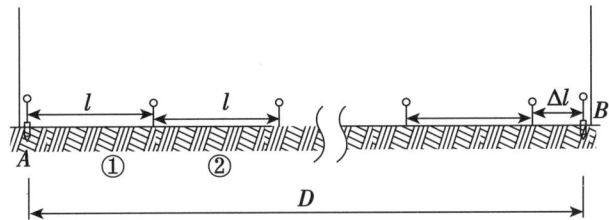

图 3-9　距离丈量示意图

为了检核丈量结果，提高测量精度，需要从 B 至 A 进行返测。只需调转尺头用以上方法，测回至 A 点为止。然后再依据式（3-1）计算出返测的距离。一般往、返各丈量一次称为一测回，在符合精度要求时，取往返距离的平均值作为丈量结果。量距记录表见表 3-1。

量 距 记 录 表

表 3-1

工程名称：×-×　　　　　日期：××.××.××　　　　量距：×××；×××

钢尺型号：1 号（50m）　　　天气：晴天　　　　　　　　记录：×××

测线		整尺段（m）	零尺段（m）	总计（m）	较差（m）	精度	平均值	备注
AB	往	3×50	24.890	174.890	0.050	1/3400	174.865	要求 1/2000
	返	3×50	24.840	174.840				

2. 在倾斜地面上丈量

（1）当地面稍有倾斜时，可把尺一端紧贴高端对准点，低处一端抬高，使钢尺处于水平状态，再按整尺段依次分段丈量水平距离，如图 3-10a）所示，最后计算总长。

（2）若地面倾斜较大，则使尺子一端靠高地点桩顶，对准端点位置，尺子另一端用垂球线紧靠尺子的某刻划，将尺拉紧且水平。放开垂球线，使它自由下坠，垂球尖端位置，即为低点桩顶。然后量出两点的水平距离，如图 3-10b）所示。

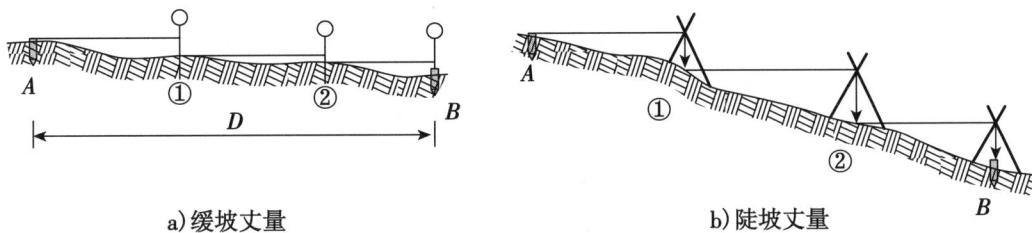

a）缓坡丈量　　　　　　　　　　b）陡坡丈量

图 3-10　地面倾斜时距离丈量

在倾斜地面上的丈量,仍需往返进行,在符合精度要求时,取其平均值作为丈量结果。

五、成果处理与精度评定

为了避免丈量出现错误和判断丈量结果的可靠性,并提高丈量结果的精度,距离丈量要求进行往、返丈量。

丈量的精度是用相对误差来表示的,即用往、返丈量的较差 ΔD 的绝对值与平均距离 $D_{平}$ 之比来衡量丈量的精度,此比值用分子等于 1 的分数形式来表示,称为相对误差 K,即:

$$\Delta D = D_{往} - D_{返} \tag{3-2}$$

$$D_{平} = \frac{1}{2}(D_{往} + D_{返}) \tag{3-3}$$

$$K_{平} = \frac{\Delta D}{D_{平}} = \frac{1}{D_{平}/|\Delta D|} \tag{3-4}$$

如相对误差在规定的允许限度内,即 $K \leqslant K_{允}$,可取往返丈量的平均值作为丈量成果。如果超限,则应重新丈量直到符合要求为止。

例 3-1 用钢尺丈量两点间的直线距离,往量距离为 174.890m,返量距离为 174.840m,今规定其相对误差不应大于 $\frac{1}{2000}$,试问:(1)所丈量成果是否满足精度要求? (2)按此规定,若丈量 100m 的距离,往返丈量的较差最大可允许为多少 mm?

解:由题意知:

$$D_{平} = \frac{1}{2}(D_{往} + D_{返})$$

$$= 174.890 + 174.840 = 174.865(\text{m})$$

$$\Delta D = D_{往} - D_{返}$$

$$= 174.890 - 174.840 = 0.050(\text{m})$$

$$K = \frac{1}{D_{平}/|\Delta D|} = \frac{1}{174.865/0.050} = \frac{1}{3400}$$

因为 $K < K_{允} = \frac{1}{2000}$,所以丈量成果满足精度要求。

又由 $K = \frac{\Delta D}{D_{平}}$ 知:

$$|\Delta D| = K \cdot D_{平}$$

$$= \frac{1}{2000} \times 100$$

$$= 0.05(\text{m})$$

$$\Delta D \leqslant \pm 50\text{mm}$$

即往返丈量的较差最大为 ±50mm。

单元二　距离丈量的注意事项

1. 影响量距成果的主要因素

(1) 尺身不平。

(2) 定线不直。

定线不直使丈量沿折线进行,如图 3-11 中的虚线位置,其影响和尺身不水平的误差一样,在起伏较大的山区或直线较长或精度要求较高时应用有关仪器定线。

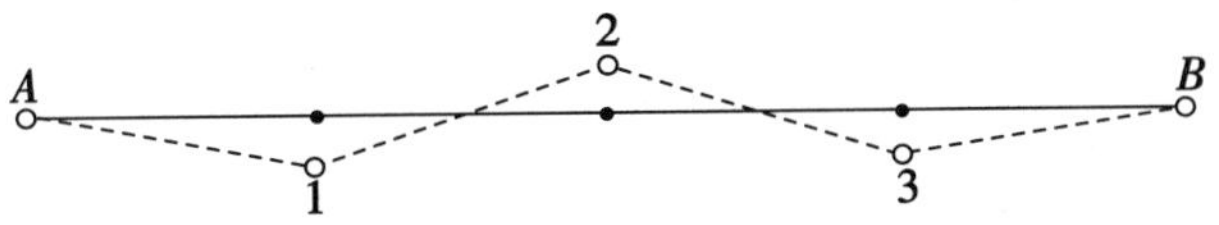

图 3-11　定线误差示意图

(3) 拉力不均。

钢尺的标准拉力多是 100N,故一般丈量中只要保持拉力均匀即可。

(4) 对点和投点不准。

丈量时用测钎在地面上标志尺端点位置,若前、后尺手配合不好,插钎不直,很容易造成 3 ~ 5mm 误差。如在倾斜地区丈量,用垂球投点,误差可能更大。在丈量中应尽力做到对点准确,配合协调,尺要拉平,测钎应直立,投点要准。

(5) 丈量中常出现的错误。

主要有认错尺的零点和注字,例如将 6 误认为 9;记错整尺段数;读数时,由于精力集中于小数而对分米、米有所疏忽;把数字读错或读颠倒;记录员听错、记错等。为防止错误就要认真校核,提高操作水平,加强工作责任心。

2. 注意事项

(1) 丈量距离会遇到地面平坦、起伏或倾斜等各种不同的地形情况,但不论何种情况,丈量距离有三个基本要求:"直、平、准"。直,就是要量两点间的直线长度,不是折线或曲线长度,为此定线要直,尺要拉直;平,就是要量两点间的水平距离,要求尺身水平,即使量取斜距也要改算成水平距离;准,就是对点、投点计算要准,丈量结果不能有错误,并符合精度要求。

(2) 丈量时,前、后尺手要配合好,尺身要置水平,尺要拉紧,用力要均匀,投点要稳,对点要准,尺稳定时再读数。

(3) 钢尺在拉出和收卷时,要避免钢尺打卷。在丈量时,不要在地上拖拉钢尺,更不要扭折,防止人踩和车压,以免折断。

(4) 尺子用过后,要用软布擦干净后,涂以防锈油,再卷入盒中。

单元三　视　距　测　量

视距测量是用望远镜内视距丝装置,根据几何光学原理可同时测定两点间的水平距离和高差的一种方法。这种方法虽然精度不高,但具有速度快、操作简便、不易受地形条件限制等优点,因此被广泛用于地形图碎部测量中。

一、视距测量公式

望远镜筒内十字丝分划板的上下两条短横丝,就是用来测量距离的,这样的两条短横丝称为视距丝,如图 3-12a)所示。

在图 3-12b)中,A 为测站点,B 为欲测地形碎部点。在 A 点安置仪器,B 点立尺,读取上下视距丝在尺上的读数间隔 n 和中丝读数 v,以及竖直角 α,并量取仪器高 i,则 A、B 两点间的水平距离高 D 和高差 h 可用下式计算:

$$\begin{cases} D = kn\cos^2\alpha \\ h = D\tan\alpha + i - v \end{cases} \tag{3-5}$$

式中:k——仪器乘常数,可取 $k = 100$。

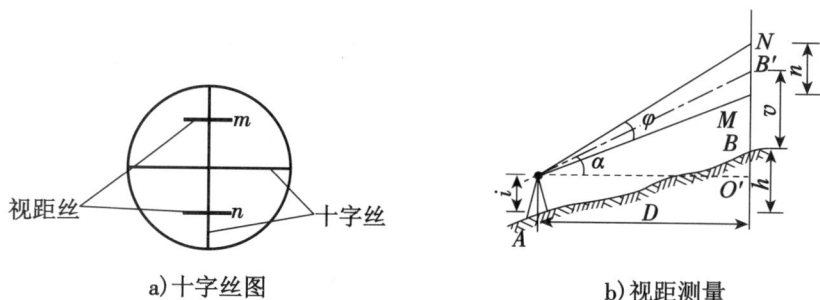

a)十字丝图 b)视距测量

图 3-12 视距测量示意图

在实际工作中只要能使所观测的中丝读数 v 等于仪器高 i,高差计算公式可简化为:

$$h = D\tan\alpha \tag{3-6}$$

立尺点 B 的高程计算公式应为:

$$H_B = H_A + D\tan\alpha + i - v \tag{3-7}$$

二、观测与计算

如图 3-12 所示,欲测定 A、B 两点间的水平距离 D 和高差 h,其观测方法如下:

(1)在测站 A 安置仪器,量取仪器高 i,在测点 B 竖立视距尺。

(2)照准视距尺,消除视差后使十字丝的横丝(中丝)读数等于仪器高 i,固定望远镜,用上下视距丝分别在尺上读取读数,估读到 mm,算出视距间隔 n($n = $ 下丝读数 $-$ 上丝读数)。

(3)读取竖盘读数,算出竖直角 α。

(4)根据式(3-5)和式(3-7),计算水平距离和高差及立尺点的高程。

单元四 直线定向

描述地面两点的相对位置,除了要测量它们的水平距离外,还必须确定它们的"走向",在测量中直线的"走向"是用与标准方向的水平夹角来表示的。确定一条直线与标准方向线之间水平夹角的工作,称为直线定向【资源6】。要确定直线的方向,首先要选定一个标准方向作为直线定向的依据,然后测出这条直线方向与标准方向之间的水平角,则直线的方向便可确定。在测量工作中以子午线方向为标准方向。子午线分真子午线、磁子午线和轴子午线三种。

一、标准方向

1. 真子午线北方向(真北方向)

过地球南北极的平面与地球表面的交线叫真子午线。通过地球某点的真子午线的切线方向,称为该点的真子午线方向。真子午线中指向北端的方向称为真北方向。真北方向可由陀螺全站仪测得。

2. 磁子午线北方向(磁北方向)

磁子午线方向是磁针在地球磁场的作用下,自由静止时磁针轴线所指的方向,磁子午线中指向北端的方向称为磁北方向。磁北方向一般由罗盘测得。

3. 坐标纵轴北方向(坐标北方向)

在测量工作中通常用独立平面直角坐标确定地面点的位置,因此取坐标纵轴(x 轴)作为直线定向的标准方向。通过坐标反算获得的坐标方位角就是以坐标北方向作为标准方向的。

真子午线方向、磁子午线方向和坐标纵轴方向通常称为"三北方向"。通过某点的真子午线方向与坐标纵轴方向之间的夹角,称为子午线收敛角,用 γ 表示;通过某点的真子午线方向与磁子午线方向之间的夹角,称为磁偏角,用 δ 表示;三者之间关系如图 3-13 所示。当磁北方向或坐标北方向偏于真北方向东侧时,δ 和 γ 为正;偏于真北方向西侧时,δ 和 γ 为负。

二、直线方向的表示法

在工程应用中,常常用方位角来表示直线的方向。方位角就是以标准方向为起始方向顺时针转到该直线的水平夹角,其取值范围是由 0°到 360°。因为标准方向有三种,所以方位角也有三种,以真子午线北方向起算的方位角称为真方位角;以磁子午线北方向起算的方位角称为磁方位角;以坐标纵轴北方向起算的方位角称为坐标方位角,如图 3-14 所示,在第一象限 OA 直线的坐标方位角为 α_{OA},在第二象限 OB 直线的坐标方位角为 α_{OB},在第三象限 OC 直线的坐标方位角为 α_{OC},在第四象限 OD 直线的坐标方位角为 α_{OD}。

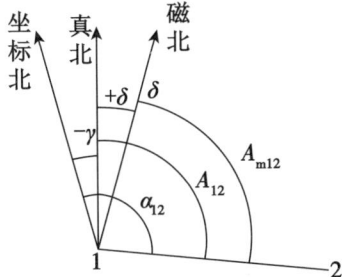

图 3-13　三北方向关系

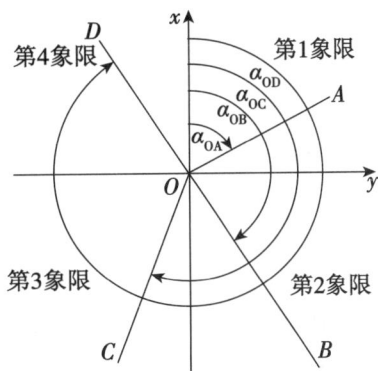

图 3-14　坐标方位角

每条直线段都有两个端点，若直线段从起点 1 到终点 2 为直线的前进方向，则在起点 1 处的坐标方位角 α_{12} 为正方位角，在终点 2 处的坐标方位角 α_{21} 为反方位角。从图 3-15 中可看出同一直线段的正、反坐标方位角相差为 180°。即：

$$\alpha_{12} = \alpha_{21} \pm 180°$$

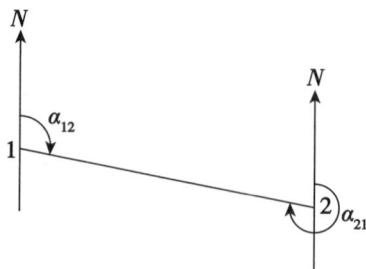

图 3-15　正、反坐标方位角

本模块小结

一、钢尺量距

（1）直线定线：为了保证丈量过程沿直线进行，在待测线段之间进行点位标记的工作。

（2）钢尺丈量方法。

（3）钢尺量距的精度评定采用相对误差 K：

$$K = \frac{|\Delta D|}{D_{\text{平}}} = \frac{1}{\dfrac{D_{\text{平}}}{|\Delta D|}}$$

二、视距测量

（1）视距测量平距和高差计算公式，见本模块式（3-5）。

（2）视距测量高程计算公式，见本模块式（3-7）。

（3）视距测量的方法：

①在测站上安置仪器，量取仪器高 i，单位取至 cm；

②在测点处立尺；

③用望远镜照准标尺读上、中、下丝读数，估读至 mm，用上下丝读数计算视距间隔 l，也可以直接读取视距间隔；

④读竖盘读数并记录；

⑤计算平距和高差及立尺点的高程。

三、直线定向

（1）直线定向：确定直线方向与标准方向之间的关系。

（2）标准方向有：真子午线北方向、磁子午线北方向和坐标纵轴北方向。

（3）坐标方位角：由坐标纵轴方向北端起顺时针方向到某一直线的水平角度。正、反坐标方位角关系：

$$\alpha_{AB} = \alpha_{BA} \pm 180°$$

本模块关于钢尺量距的实训指导和习题及参考题解详见本教材的配套教学用书《工程测量实训指导与习题集》模块三。

模块四 ▶▶▶ 全站仪测量技术

📺 **本模块学习目标**

知识目标:

1.理解并描述全站仪测量原理;

2.掌握全站仪构造及基本功能;

3.掌握全站仪常用工程应用模块操作设置。

技能目标:

1.学会全站仪的基本操作方法;

2.学会用全站仪测距、测角及测坐标方法;

3.基本掌握全站仪工程应用模块测量。

📖 **本模块参考学时**

1.课堂学习　10学时;

2.课间实训　16学时;

3.在教学实训场地集中实训一周。

单元一　全站仪结构与测量原理

一、全站仪结构原理

全站型电子速测仪简称全站仪,它是一种可以同时进行角度(水平角、竖直角)测量、距离(斜距、平距、高差)测量和数据处理,由机械、光学、电子元件组合而成的测量仪器。由于只需一次安置,仪器便可以完成测站上所有的测量工作,故被称为"全站仪"。

全站仪的结构原理如图4-1所示。图中上半部分包含测量的四大光电系统,即水平角测量系统、竖直角测量系统、补偿系统和测距系统。通过键盘可以输入操作指令、数据和设置参数。以上各系统通过I/O接口接入总线与微处理机联系起来。

微处理机是全站仪的核心部件,主要有寄存器系列(缓冲寄存器、数据寄存器、指令寄存器)、运算器和控制器。微处理机的主要功能是根据键盘指令启动仪器进行测量工作,执行测量过程中的检核和数据传输、处理、显示、储存等工作,保证整个光电测量工作有条不紊地进行。输入输出设备是与外部设备连接的装置(接口),输入输出设备使全站仪能与磁卡和微机等设备交互通信、传输数据。

全站仪由光电测距仪、电子测角系统和数据处理系统组成。全站仪的基本功能是测量水平角、竖直角和距离,借助于机载程序,可以组成多种测量功能,如可以计算并显示平距、高差以及镜站点的三维坐标,进行偏心测量、悬高测量、对边测量、面积计算等。【资源8】

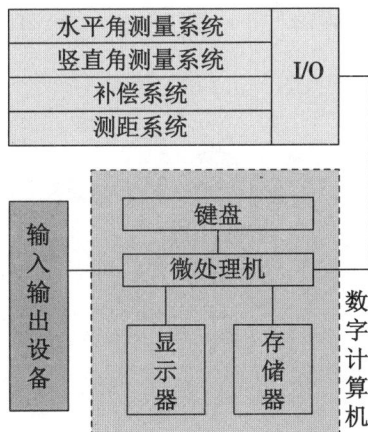

图 4-1 全站仪结构原理图

二、全站仪角度测量原理

角度测量是确定地面点位的基本工作之一,它包括水平角测量和竖直角测量。测量水平角是为了确定地面点的平面位置,测量竖直角的目的是间接测定地面点的高程。

1.水平角测量原理

水平角是指地面上一点到两个目标点的连线在水平面上投影的夹角,或者说水平角是过两条方向线的铅垂面所夹的两面角。

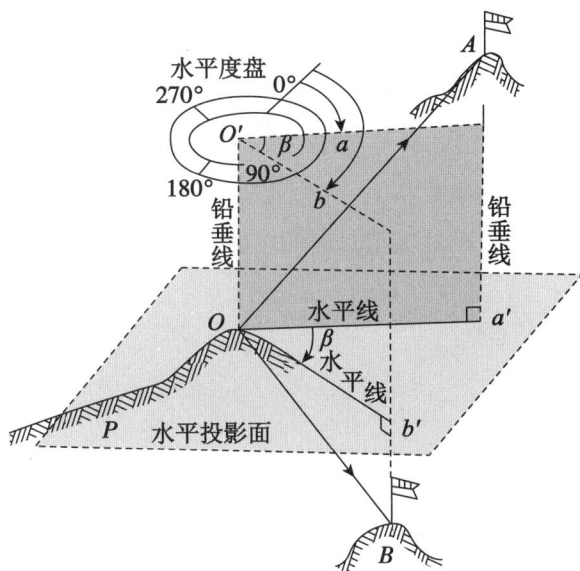

图 4-2 水平角测量原理图

如图 4-2 所示,A、B、O 为地面上的任意点,通过 OA 和 OB 直线各作一垂直面,并把 OA 和 OB 分别投影到水平投影面上,其投影线 Oa' 和 Ob' 的夹角 $\angle a'Ob'$,就是 $\angle AOB$ 的水平角 β。

如果在地面 O 点安置全站仪,照准 A 点时,就可在水平度盘上读出读数 a,照准 B 点时,就可在水平度盘上读出读数 b,则水平角 $\beta = b - a$,这就是水平角的测量原理。

2.竖直角测量原理

竖直角是指在同一竖直平面内,目标方向线与水平方向线之间的夹角。当目标方向线高于水平方向线时,称仰角,取正号,反之为俯角,取负号。

如果在地面测站点安置全站仪,照准目标点时,就可在竖直度盘上读出读数 n,然后与仪器内已知的水平方向线读数 m 相减,即可计算目标点的竖直角 $\alpha = n - m$,这就是竖直角测量原理,如图 4-3 所示。

三、全站仪光电测距原理【资源7】

目前使用的全站仪均采用相位法红外光电测距。如图 4-4 所示,设欲测定 A、B 两点间距离 D,在 A 点安置全站仪,在 B 点安置反射镜,由仪器发射调制光,经过距离 D 到达反射镜,再由反射镜返回到全站仪接收系统,如果能测出速度为 c 的调制光在距离 D 上往、返传

播的时间 t，则距离 D 即可按式(4-1)求得。

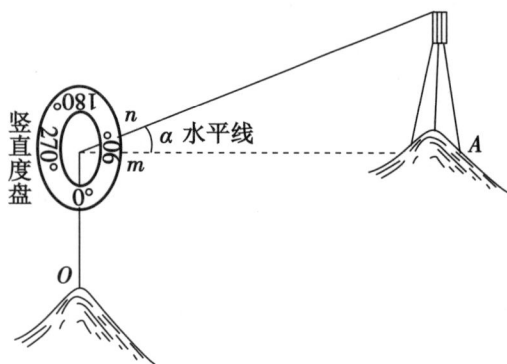

图4-3　竖直角测量原理图

图4-4　红外光电测距原理

$$D = \frac{1}{2}ct \tag{4-1}$$

式中：D——待测距离；

c——调制光在大气中的传播速度；

t——调制光在往、返距离上传播时间。

图4-5　调制光波在被测往返距离上展开图

用光电测距时，是将发光管发出的高频波，通过调制器改变其振幅，而且使改变后的振幅的包络线呈正弦变化，且具有一定的频率。发光管直接发出的高频波称为载波，经过调制而形成的波称为调制波，调制波的波长为 λ。为便于说明，把光波在往、返距离上的传播展开形成一条直线，如图4-5所示，显然，调制光返回到 A 点的相位比发射时延迟了 φ。

且：

$$\varphi = 2\pi N + \Delta\varphi \tag{4-2}$$

又，由物理学可知：

$$\varphi = \omega t \tag{4-3}$$

而：

$$\omega = 2\pi f \tag{4-4}$$

式中：N——零或正整数，表示 φ 中的整周期数；

$\Delta\varphi$——不足一个整周期的相位移尾数；

ω——调制光的角频率；

f——调制光的频率。

将式(4-3)代入式(4-4)得：

$$t = \frac{\varphi}{2\pi f} \tag{4-5}$$

将式(4-2)和式(4-5)代入式(4-1)得：

$$D = \frac{1}{2}c\frac{\varphi}{2\pi f} = \frac{c}{2f}\left(N + \frac{\Delta\varphi}{2\pi}\right) \tag{4-6}$$

顾及调制光的波长 $\lambda = \dfrac{c}{f}$, 则:

$$D = \frac{\lambda}{2}\left(N + \frac{\Delta\varphi}{2\pi}\right) \qquad (4\text{-}7)$$

为方便起见, 令: $u = \dfrac{\lambda}{2}$, $\Delta N = \dfrac{\Delta\varphi}{2\pi}$, 则:

$$D = u(N + \Delta N) \qquad (4\text{-}8)$$

与钢尺量距公式相比, 若把 u 视为整尺长, 则 N 为整尺数, ΔN 为不足一个整尺的尺数, 所以通常就把 u 称为 "光尺" 长度。它的长度可由下式确定:

$$u = \frac{\lambda}{2} = \frac{c}{2f} = \frac{c_0}{2nf} \qquad (4\text{-}9)$$

式中: c_0——光在真空中速度, $c_0 = (299792458 \pm 1.2)$ m/s;

　　　 n——大气折射率。

在使用式(4-8)时, 由于测相装置只能测定不足一个整周期的相位差 $\Delta\varphi$, 不能测出整周期 N 值, 因此只有当光尺长度大于待测距离时, 此时 $N = 0$, 距离方可以确定, 否则就存在多值解的问题。换句话说, 测程与光尺长度有关。要想使仪器具有较大的测程, 就应选用较长的 "光尺"。例如用 10m 的 "光尺", 只能测定小于 10m 的距离数据; 若用 1000m 的 "光尺", 则能测定 1000m 的距离。但是, 由于仪器存在测相误差, 它与 "光尺" 长度成正比, 约为 l/1000 的光尺长度, 因此 "光尺" 长度越长, 测距误差就越大。10m 的 "光尺" 测距误差为 ± 10mm, 而 1000m 的 "光尺" 测距误差则达到 ± 1m, 这样大的误差是工程中所不允许的。为解决测程产生的误差问题, 目前多采用两把 "光尺" 配合使用, 一把的调制频率为 15MHz, "光尺" 长度为 10m, 用来确定分米、厘米、毫米位数, 以保证测距精度, 称为 "精尺"; 另一把的调制频率为 150kHz, "光尺" 长度为 1000m, 用来确定米、十米、百米位数, 以满足测程要求, 称为 "粗尺"。把两尺所测数值组合起来, 即可直接显示精确的测距数值。这就是全站仪测距的原理。

四、全站仪坐标测量原理

全站仪可进行三维坐标测量, 在输入测站点坐标、仪器高、目标高和后视方向坐标方位角(或后视点坐标)后, 用其坐标测量功能可以测定目标点的三维坐标。

如图 4-6 所示, A 为测站点, B 为后视点, P 点为待定点(目标点)。已知 A 点的坐标为 X_A、Y_A、H_A, B 点的坐标为 X_B、Y_B、H_B, 并设 P 点的坐标为 X_P、Y_P、H_P。据此, 可由坐标反算公式(详见本教材模块七有关内容)计算 AB 边的坐标方位角 α_{AB}(后视方位角)。

由图 4-6 可以计算出待定点(目标点)P 的三维坐标为:

$$\begin{cases} X_P = X_A + S\cos\alpha\cos\alpha_{AP} \\ Y_P = Y_A + S\cos\alpha\sin\alpha_{AP} \\ H_P = H_A + S\sin\alpha + h_i - h_r \end{cases} \qquad (4\text{-}10)$$

式中：X_A、Y_A、H_A——待测点坐标；

    X_B、Y_B、H_B——测站点坐标；

    X_P、Y_P、H_P——后视点坐标；

    S——测站点至待测点的斜距；

    α——仪器中心至棱镜中心的竖直角；

    α_{AP}——测站点至待测点方向的坐标方位角；

    h_i——仪器高；

    h_r——目标高（棱镜中心高）。

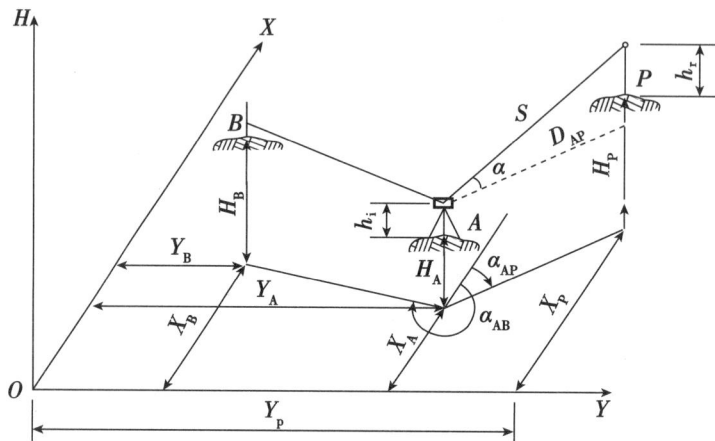

图 4-6　坐标测量计算原理图

对于全站仪来说，上述的计算通过操作键盘输入已知数据后，可由仪器内的计算系统自动完成，测量者通过操作键盘即可直接得到待测点的坐标。

五、全站仪测量精度

全站仪测量精度主要是指它的测角精度和测距精度，一般标注在说明书或鉴定证书的技术参数中。测角精度是指一测回水平方向的测角中误差，通常有 $1''$、$2''$、$5''$。测距精度分为固定误差和比例误差两部分，通常表示为 $(A + B\text{ppm} \times D)\text{mm}$ 形式，也称标称测距精度（详见本教材模块六有关内容）。

其中 A 代表仪器的固定误差，主要是由仪器加常数的测定误差、对中误差、测相误差造成的。固定误差与测量的距离没有关系，即不管测量的实际距离多远，全站仪都将存在不大于该值的固定误差。

$B\text{ppm} \times D$ 代表比例误差，其中的 B 是比例误差系数，它主要由仪器频率误差、大气折射率误差引起。ppm（10^{-6}）是百万分之一的意思（parts per million），是针对 1km（即 1000000mm）距离的误差单位是 mm。D 是全站仪或者测距仪实际测量的距离值，单位是 km。

例如一台测距精度为 $(2 + 2\text{ppm} \times D)\text{mm}$ 的全站仪，当被测量距离为 1km 时，仪器的测距精度为 $2\text{mm} + 2\text{ppm} \times 1(\text{km}) = 4\text{mm}$，也就是说，全站仪测距 1km 时误差不大于 4mm。

单元二　全站仪构造及功能

一、全站仪的外部构造

各品牌各型号间全站仪的外部结构相差甚微,以南方 NTS-342 型全站仪为例来展示全站仪各部件及名称,如图 4-7 所示。全站仪的构造特点是把测距、测角和数据处理集于一体,通过键盘界面操作实现其测量功能和目的。

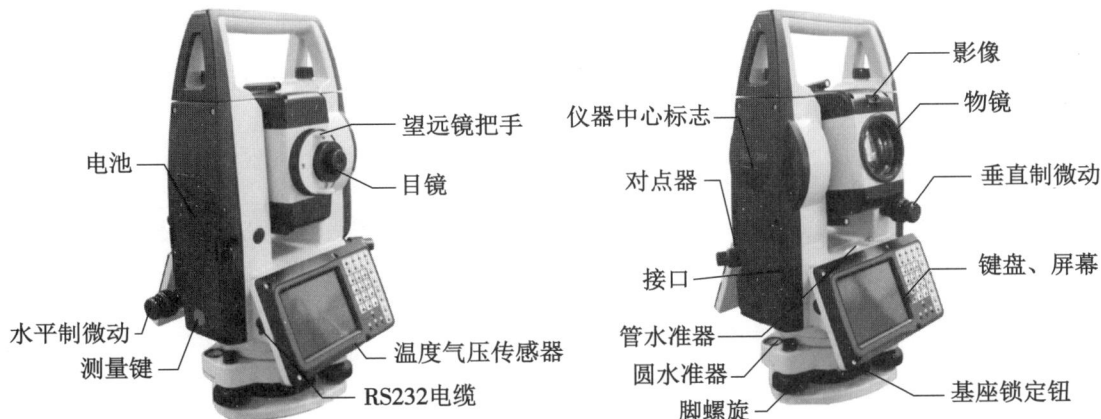

图 4-7　全站仪部件名称

二、全站仪键盘及操作界面

不同型号全站仪主要区别在键盘及操作界面,为了具有代表性,以南方 NTS-342 全站仪(经典款)和 NTS-552 全站仪(安卓版最新款)为参考,描述全站仪键盘及操作界面。

1. 南方 NTS-342 全站仪键盘及操作界面

该全站仪键盘如图 4-8 所示。键盘上每个操作键的功能见表 4-1。

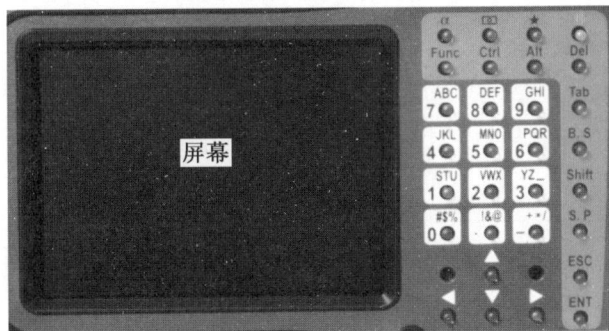

图 4-8　全站仪键盘

全站仪操作键功能表　　　　　　　　　　　　　　　　　表 4-1

按　键	功　能
α	输入字符时,在大小写输入之间进行切换
⊡	打开软键盘
★	打开和关闭快捷功能菜单
⏻	电源开关,短按切换不同标签页,长按开关电源

续上表

按　　键	功　　能
Func	功能键
Ctrl	控制键
Alt	替换键
Del	删除键
Tab	使屏幕的焦点在不同的控件之间切换
B. S	退格键
Shift	在输入字符和数字之间进行切换
S. P	空格键
ESC	退出键
ENT	确认键
▲▼◀▶	在不同的控件之间进行跳转或者移动光标
0—9	输入数字和字母
—	输入负号或者其他字母
.	输入小数点
测量键	在特定界面下触发测量功能（此键在仪器侧面）

1）测量程序主界面

该系列全站仪通过键盘人机界面对话可调用如图4-9所示的内置测量程序主界面，包括项目、数据、计算、设置、校准、常规、建站、采集、放样、道路等十大功能模块。

2）常用基础功能图标及含义

该系列全站仪在键盘人机界面对话过程中出现的常用基础功能图标及其含义是：

★键：快捷方式，点击可以快速地进行一些常用的设置和操作。

⌨键：打开或关闭软键盘。

◉键：点击显示仪器信息。

2. 南方NTS-552全站仪键盘及操作界面

南方NTS-552型智能全站仪突破传统全站仪单一作业模式，系统平台开放，软件功能具备高度可扩展性，能有效应对各种测量场景，使测绘装备进入智能时代。

1）测量程序主界面

该全站仪程序主界面如图4-10所示，包括测量、建站、采集、放样、工程、计算、程序和设置八大工作模块，图中所标示的①～⑤为5个常用功能键，⑥default为当前工程名称。

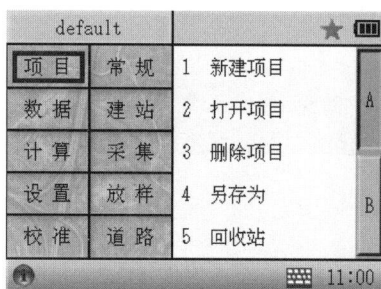

图4-9　测量设置主界面　　　　　图4-10　测量设置主界面

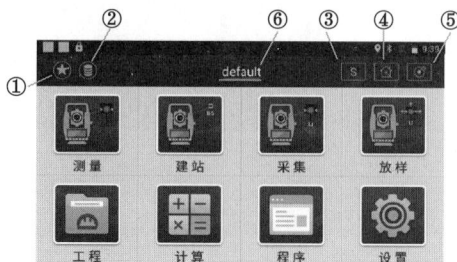

2）常用基础功能图标及含义

（1）快捷功能键。点击图4-10中①所示★键或者在主菜单界面左侧边缘向右滑动可调出该功能键的快捷设置键界面,如图 4-11 所示,该界面包含激光指示、十字丝照明、激光下对点、温度气压设置、棱镜常数。

（2）数据功能键。点击图 4-10 中②所示▦键,进入数据功能键界面,如图 4-12 所示,包含点数据、编码数据及数据图形;该界面可以进行坐标数据的导入和导出。

（3）测量模式键。点击图 4-10 中③所示▦键,进入测量模式键界面,如图 4-13 所示,可设置精测单次、N 次测量、连续测量或跟踪测量。

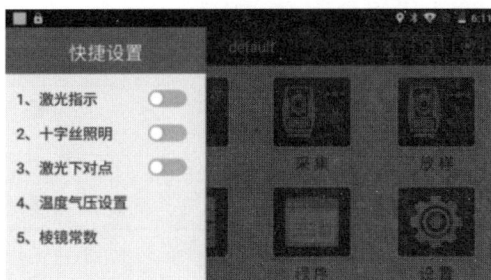

图 4-11　快捷功能键界面

图 4-12　数据功能键界面

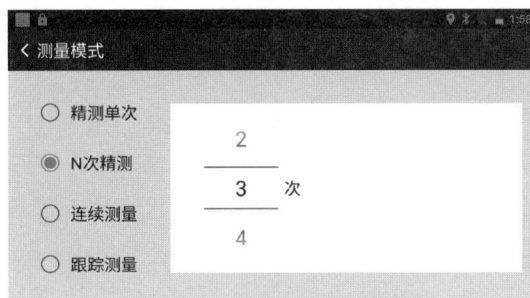

图 4-13　测量模式键界面

（4）合作目标键。点击图 4-10 中④所示▦键,进入合作目标键界面,如图 4-14 所示,可设置目标为反射板、棱镜或无合作。

（5）电子气泡键。点击图 4-10 中⑤所示▦键,进入电子气泡键界面,如图 4-15 所示,可设置 X 轴、Y 轴补偿或关闭补偿。

图 4-14　合作目标键界面

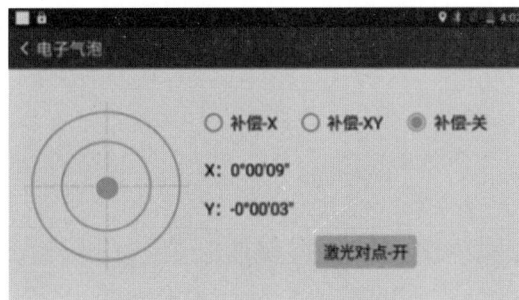

图 4-15　电子气泡键界面

三、全站仪屏幕显示符号含义

不同型号全站仪虽然键盘与屏幕存在差异,但是屏幕中显示符号基本是一致的,常用显示符号及表达内容见表 4-2。

全站仪屏幕显示符号及含义　　　　　　　　　　　　　　　　表 4-2

显 示 符 号	含　　义	显 示 符 号	含　　义
V	垂直角	HL	水平角（左角）
V%	垂直角（坡度显示）	R/L	HR 与 HL 的切换
HR	水平角（右角）	HD	水平距离

显 示 符 号	含 义	显 示 符 号	含 义
VD	高差	ft	以英尺为距离单位
SD	斜距	dms	以度分秒为角度单位
N	北向坐标	gon	以哥恩为角度单位
E	东向坐标	mil	以密为角度单位
Z	高程	PSM	棱镜常数（以 mm 为单位）
m	以米为距离单位	PPM	大气改正值

四、全站仪测量辅助设备

全站仪要完成预定的测量工作，必须借助必要的辅助设备。全站仪常用的辅助设备有：三脚架、对中杆、对中脚架、棱镜、反射片、垂球、数据通信电缆以及电池充电器等。

全站仪在棱镜模式下进行测量距离等作业时，须在目标处放置棱镜。棱镜有单棱镜、微型棱镜或三棱镜，可通过基座连接器将棱镜组连接并安置到三脚架上，也可直接安置在对中杆上，如图 4-16 所示。

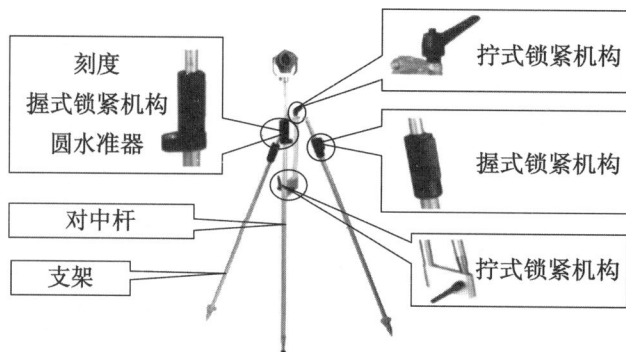

图 4-16 安装在对中脚架上的单棱镜

棱镜组由用户根据作业需要自行配置。常用棱镜组如图 4-17 所示。

a）单棱镜　　　　　b）三棱镜　　　　　c）微型棱镜

图 4-17 常用棱镜

需要注意的是：南方系列全站仪各类棱镜的棱镜常数分别是单棱镜 −30mm、三棱镜 −30mm、微型棱镜 17.5mm。

单元三　全站仪使用基本操作

一、测前准备

1. 安装电池

在测前首先应检查内部电池充电情况,如电力不足,要及时充电。充电时要用仪器自带的充电器进行充电,充电时间不要超出规定时间。整平仪器前应装上电池,因为装上电池后仪器会发生微小的倾斜。观测完毕须将电池从仪器上取下。

2. 开机进入测量程序

全站仪开机键大多位于操作界面正面的键盘区,南方NTS-552全站仪开机键则位于操作界面的侧面,如图4-18所示。

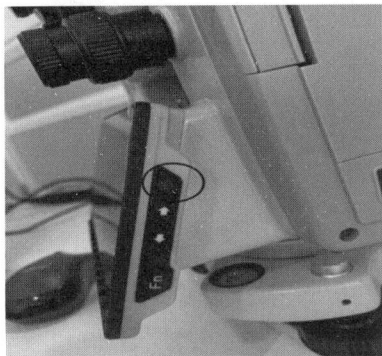

开机:长按电源开关(键)2s左右,直到屏幕亮起。

关机:按住电源键1s左右,直到弹出关机菜单为止。

图4-18　安卓版全站仪开机键位置

当显示"电池电量不足"(电池用完)时,应及时更换电池或对电池进行充电,注意关机要按照正常关机操作进行,否则可能导致数据丢失。

南方NTS-552仪器开机后击【测绘之星】图标进入测量程序主界面,激光对中仪器操作前需打开激光下对点后再进行后面操作。

3. 安置仪器【资源9】

全站仪的安置包括对中、整平。对中的目的是使仪器中心与测站点位于同一铅垂线上,整平的目的是使仪器竖轴铅垂,仪器整体置平。具体操作步骤如下:

(1)先张开三脚架,使其高度适中,架头大致水平,且三脚架中心大致对准地面测站标志中心;从仪器箱中取出全站仪放置在架头上,旋紧中心连接螺旋;旋转光学对中器目镜调焦螺旋使对中标志分划板清晰,再旋转光学对中器物镜调焦螺旋(有些仪器是拉伸光学对中器调焦)看清地面的测点标志;若为激光对中仪器只需打开激光下对点,调节激光点亮度使其清晰可见。

(2)移动三脚架使对中标志中心点对准地面测站标志中心,踩紧三脚架。

(3)根据圆水准器气泡位置,伸缩三脚架架腿,使圆水准器气泡居中。

(4)检查对中标志中心点是否偏离地面测站标志中心。如果偏离,旋松三脚架上的连接螺旋,在基座上平移仪器使对中标志中心点准确对准测站点的中心,拧紧连接螺旋。

(5)进行精确整平。如图4-19所示,转动照准部使水准管平行任意一对脚螺旋连线,两手同时以相对或者相反方向旋转这两只脚螺旋使水准管气泡居中,左手大拇指移动的方向为气泡移动的方向;然后将照准部转动90°,用左手旋转第三只脚螺旋,使水准管气泡居中,反复调节,直到照准部转到任何方向,水准管气泡均居中为止。

（6）再次检查对中标志中心点是否偏离地面测站标志中心。如偏离中心,稍微松开连接螺旋,使仪器能够在架头上移动,轻轻移动仪器,使对点器精确对准测站点中心,拧紧连接螺旋。

（7）重复精平操作,严格使水准管气泡居中,直至既对中又精平为止。

图4-19　照准部水准管整平

4. 设置仪器使用参数

根据测量的具体要求,测前应通过仪器的键盘操作来选择和设置使用参数,主要包括:观测条件参数设置、日期和时钟的设置、通信条件参数的设置和计量单位的设置等。

二、全站仪基本设置操作

全站仪常规测量包括角度测量、距离测量和坐标测量,其操作界面不完全相同。

1. 南方 NTS-342 全站仪测量基本设置操作

该全站仪主界面菜单【常规】中包含角度测量、距离测量和坐标测量三种基本测量,如图4-20所示。

1）角度测量设置操作

点击主界面中的【角度测量】进入角度测量界面,如图4-21所示。

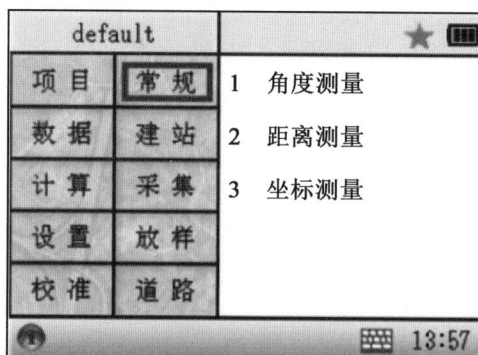

图4-20　常规测量设置主界面

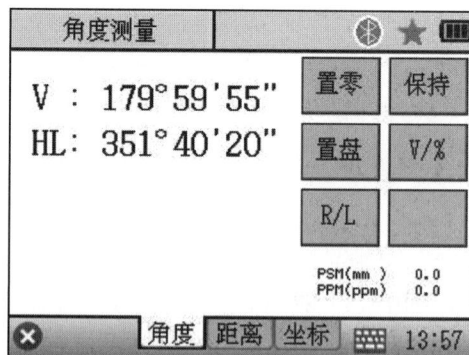

图4-21　角度测量设置

【置零】:将当前水平角度设置为零,设置后将需要重新进行后视设置;

【置盘】:通过输入设置当前的角度值,设置后将需要重新设置后视;

【R/L】:显示 HR(水平右)或者 HL(水平左);

【保持】:保持当前角度不变,直到释放为止;

【V/%】:显示垂直角度。

2)距离测量与距离放样设置操作

点击图4-20中的【距离测量】进入距离测量界面,如图4-22a)所示。

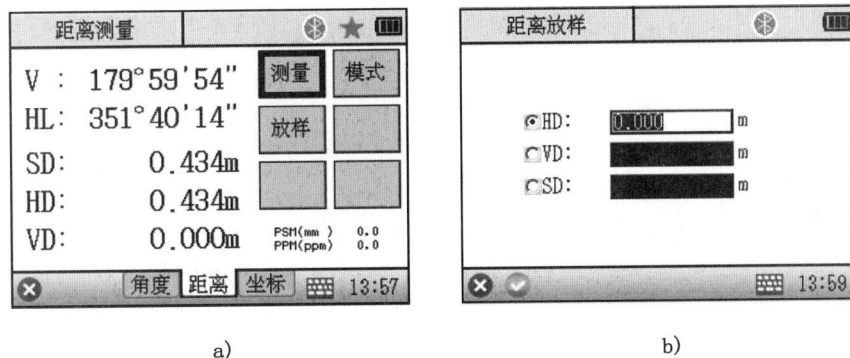

图4-22　距离测量与距离放样设置

【测量】:开始进行距离测量;

【模式】:进入测距模式设置;

【放样】:进入距离放样模式,如图4-22b)所示。

3)已知点建站设置操作

坐标测量前要进行建站工作,即在全站仪中建立正确的坐标系统,在已知点架设全站仪并建站是坐标测量中常用的方式。在已知点建站设置程序是:在主界面点击【建站】显示如图4-23a)所示界面,点击【已知点建站】显示如图4-23b)所示界面,输入已知测站点的名称,通过▣键可以调用或新建一个已知点作为测站点;输入当前的仪器高和棱镜高;输入已知后视点的名称,通过▣键可以调用或新建一个已知点作为后视点;也可以选择点击【后视点】切换成【后视角】进入图4-23c)所示界面:输入后视角度值。

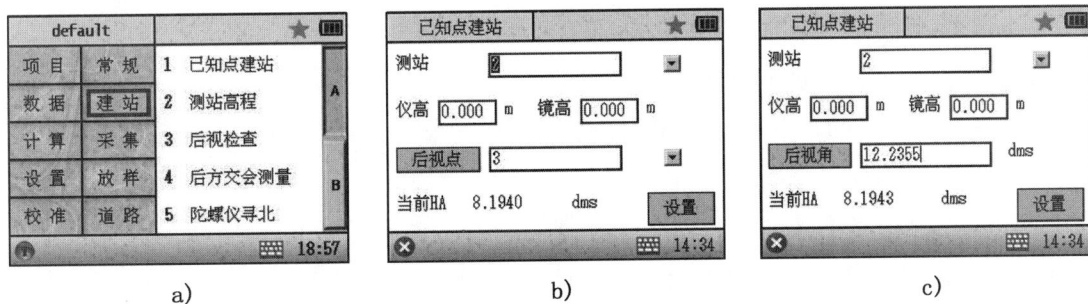

图4-23　已知点建站设置

当前HA:显示当前的水平角度;

【设置】:根据当前的输入对后视角度进行设置,如果前面的输入不满足计算或设置要求,将会给出提示。

4)后视检查设置操作

已知点建站后,为了确保仪器建立的坐标系统正确,需要进行后视检查,检查当前角度值与设置后视方向角度值是否一致。点击图4-23a)中的【后视检查】,进入后视检查设置操作界面,如图 4-24 所示。

　　BS:显示设置的后视方位角;

　　HA:显示当前水平角;

　　dHA:显示 BS 与 HA 角度的差值;

　　【重置】:使当前水平角设置为后视方位角。

　　5)坐标测量设置操作

　　点击图 4-24 中的【坐标测量】进入坐标测量界面,如图 4-25 所示。坐标测量需建站后,再点击界面中的【测量】。

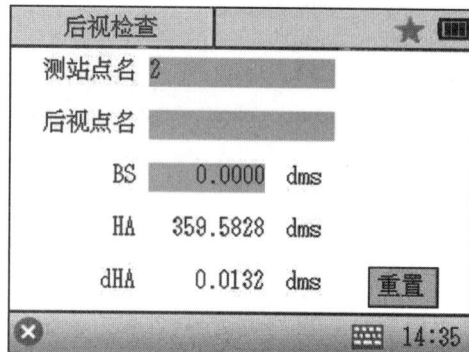

图 4-24　后视检查设置

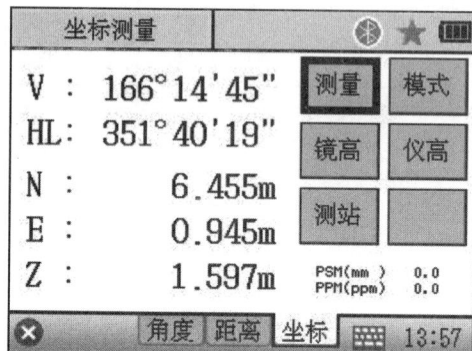

图 4-25　坐标测量设置

　　6)其他设置操作

　　在进行测距相关测量前,需要设置大气改正、选择合作目标和设置测距模式,具体设置如图 4-26 所示。

　　(1)距离相关参数设置。在图 4-26a)中点击【设置】后再点击【距离相关设置】进入参数设置界面,如图 4-26b)所示。

　　【显示精度】:距离值显示精度(只支持高精度);

　　【比例尺】:设置当前项目测站位置的比例尺因子;

　　【高程】:设置当前项目测站位置的高程;

　　【T-P 改正】:是否开启温度气压补偿;

　　【两差改正】设置当前项目对大气折光和地球曲率的影响进行改正的参数;

　　【修改】:对 T-P 改正的参数进行修改;

　　【默认】:将当前设置保存为默认的设置,在新建立项目时将采用当前的设置。

　　(2)测距合作目标设置。与距离有关的测量需要进行合作目标设置。在图 4-26b)中点击下方的【目标】进入合作目标设置界面,如图 4-26c)所示。

　　【棱镜】:设置测距合作目标为棱镜,选择棱镜后需要设置【常数】,设置棱镜的常数;

　　【反射板】:设置合作目标为反射板;

　　【无合作】:设置合作目标为其他物体;

　　【长测程】:可用棱镜长测程测量。

　　(3)测距模式设置。与距离有关的测量需要进行测距模式设置。在图 4-26b)中点击下方的【模式】进入测距模式设置界面,如图 4-26d)所示。

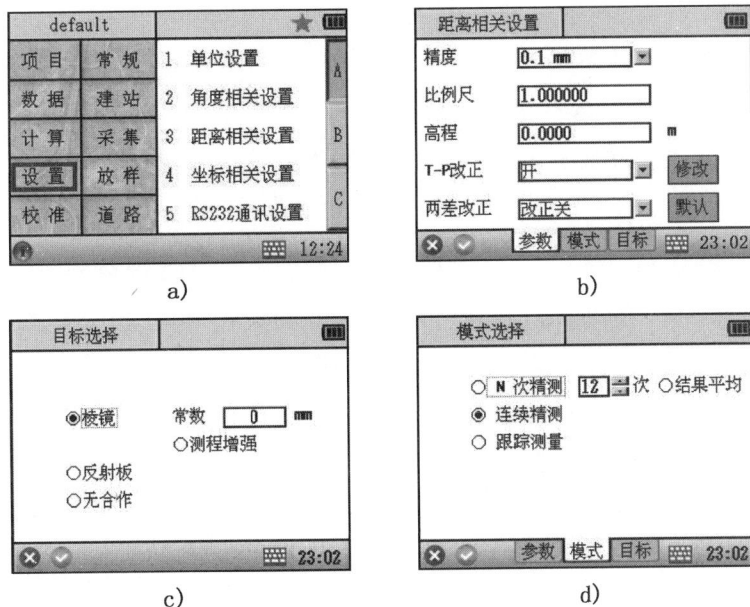

图 4-26　其他设置操作

【N 次测量】:设置具体的测量次数,可选为 1~99 次;

【结果平均】:是否对 N 次测量结果进行平均显示;

【连续精测】:进行连续的精测;

【跟踪测量】:进行连续的粗测,速度稍快,精度稍低。

2. 南方 NTS-552 全站仪测量基本设置操作

1) 常规测量设置操作

南方 NTS-552 全站仪常规测量操作集中在【测量】程序中。在图 4-10 测量设置主界面中,点击【测量】进入测量设置界面,如图 4-27 所示,在该界面可以完成角度测量,距离测量,也可建站进行坐标测量,既方便快捷又更具人性化。

【置零/置盘】:通过输入设置当前的角度值,也可直接设置为零,用于多测回测角时初始方向的度盘设置,通过改变初始方向使测角值均匀分布在度盘上从而减弱度盘分划的影响,该程序主要用于角度测量;

【仪高/镜高】:设置仪器高度和棱镜高度,该程序主要用于高差及高程的测量;

【建站】:进入到快捷建站界面如图 4-28 所示,输入测站点和后视点坐标后,照准后视点完成建站,坐标测量前必须先完成建站工作;

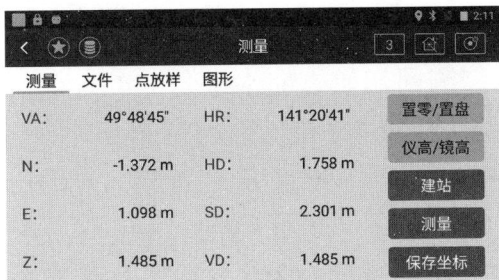

图 4-27　测量设置

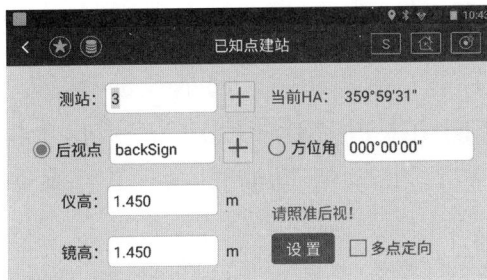

图 4-28　已知点建站设置

【测量】：进行距离测量，并根据角度计算出测量点坐标；

【保存坐标】：保存测量计算所得的坐标。

2）已知点建站设置操作【资源10】

测量程序主界面点击【建站】下拉菜单中选择【已知点建站】，进入已知点建站界面，如图4-28所示。

输入已知测站点的名称，通过【＋】可以调用或新建一个已知点；输入当前的仪器高和棱镜高；输入已知后视点的名称，通过【＋】可以调用或新建一个已知点作为后视点或直接输入方位角来设置后视；照准后视，点击【设置】，完成建站。如果前面的输入不满足计算或设置要求，将会给出提示。

3）后视检查设置操作【资源11】

已知点建站后，为了确保仪器建立的坐标系统正确，需要进行后视检查，检查当前角度值与设置后视方向角度值是否一致。点击测量程序主界面【建站】下拉菜单中的【后视检查】，进入后视检查设置操作界面，如图4-29所示。

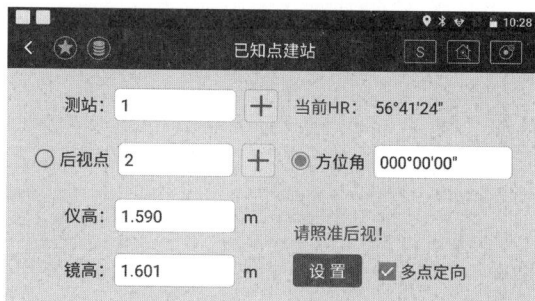

图4-29　后视检查设置

方位角：显示测站点和后视点的方位角；

HR：显示当前水平角；

dHA：显示方位角与HR两个角度的差值；

【重置】：将当前的水平角重新设置为后视角度值；

【测量】：测量后视点坐标显示差值。

三、全站仪角度测量

1. 水平角测量

1）安置仪器及合作目标

在测站点安置全站仪，若合作目标为棱镜，用对中脚架或三脚架安置棱镜，若合作目标为垂球、测钎或花杆观测前需要提前立好。

2）选择水平角显示方式

水平角显示有水平角（左角）HL和水平角（右角）HR两种形式可供选择。进行测量前，应首先将显示方式进行选择，水平角测量一般选择水平角（右角）HR模式。

3）选择初始方向设置水平度盘读数

根据所测角度选择合适的初始方向，每测回测角前需要进行度盘设置，《工程测量标准》（GB 50026—2020）规定多测回观测时各测回间宜按180°除以测回数配置水平角HR。如观测3测回，第一测回初始方向水平角HR为0°，第二测回初始方向水平角HR为60°，第三测回初始方向水平角HR为120°。完成这个操作就需要【置零】和【置盘】两个程序设置。

【置零】：望远镜照准该方向时，将全站仪键盘屏幕所显示的水平角HR设置为0°00′00″。

【置盘】：望远镜照准该方向时，将键盘屏幕所显示的水平角HR设置为任意角度。比如120°30′40″，点【置盘】输入120.3040，水平角HR显示120°30′40″。

4）水平角测量

在《工程测量标准》（GB 50026—2020）中规定，水平角测量应采用方向观测法。为减小测角误差，角度观测需要采用盘左和盘右两个位置进行观测。观测者观测目标过程中，竖盘在望远镜的左侧，称为盘左位置，又称正镜；观测者观测目标过程中，竖盘在望远镜的右侧，称为盘右位置，又称倒镜。角度测量中，盘左位置观测称为上半测回，盘右位置观测称为下半测回，合称为 1 个测回。当观测方向为两个且只观测 1 个测回时，如图 4-30 所示，设 O 为测站点，A、B 为观测目标点，$\angle AOB$ 为观测角，水平角观测的具体观测程序：

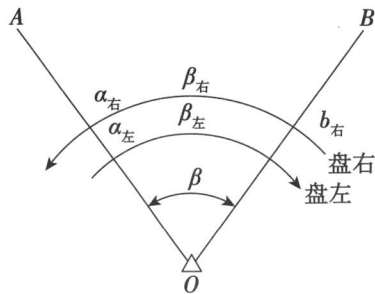

图 4-30　观测水平角示意图

（1）盘左位置：先照准左方目标，即后视点 A，屏幕所显示的水平度盘读数 HR 为 $a_左 = 0°01'24''$，记入水平角观测记录表中，见表 4-3。然后顺时针转动照准部，照准右方目标，即前视点 B，屏幕所显示的水平度盘读数 HR 为 $b_左 = 60°50'30''$，并记入记录表中，则得上半测回角值为：

$$\beta_左 = b_左 - a_左 \tag{4-11}$$

两个方向的水平角观测记录表　　　　　　　表 4-3

测站	盘位	目标	水平角（HR）读数	水平角		备　注
				半测回角	测回角	
O	左	A	0°01′24″	60°49′06″	60°49′03″	
		B	60°50′30″			
	右	B	240°50′30″	60°49′00″		
		A	180°01′30″			

（2）盘右位置：先照准右方目标，即前视点 B，屏幕所显示的水平度盘读数 HR 为 $b_右 = 180°01'30''$，并记入记录表中，再逆时针转动照准部照准左方目标，即后视点 A，屏幕所显示的水平度盘读数 HR 为 $a_右 = 240°50'30''$，并记入记录表中，则得下半测回角值为：

$$\beta_右 = b_右 - a_右 \tag{4-12}$$

（3）计算一测回内 $2c$ 值互差，判断是否合格。上、下半测回同一方向的方向值之差，称为 $2c$ 值，又称两倍照准差。$2c$ 由盘左盘右两次照准目标形成，其计算式为：

$$2c = 盘左水平度盘读数 - （盘右水平度盘读数 \pm 180°） = L - (R \pm 180°)$$

A 方向 $2c = -6''$；B 方向 $2c = 0$，两方向 $2c$ 互差为 $-6''$。根据具体测量查询相关规范，判断是否合格。如《工程测量标准》（GB 50026—2020）规定，$2''$ 级仪器在进行一级及以下导线测量时，水平角测量中一测回内 $2c$ 互差限差为 $18''$。

（4）上、下半测回合起来称为一测回。若一测回内 $2c$ 值互差不超过限差时，可取其平均值作为一测回的角值，即：

$$\beta = \frac{1}{2}(\beta_左 + \beta_右) \tag{4-13}$$

2. 竖直角测量

全站仪竖直角测量是在水平角观测测量过程中一并完成的。但竖直角测量前应推导出测定竖直角的计算公式，其具体做法如下：

（1）先在 O 点安置全站仪，在观测目标点 A 安置合作目标，竖直角测量合作目标一般为棱镜。

（2）判断水平方向时竖直度盘读数。

盘左位置把望远镜大致置于水平位置，这时在键盘屏幕显示的竖直角 V 约为90°（若置盘右位置约为270°），这个读数称为始读数。

（3）判断竖直度盘刻划方式。

慢慢仰起望远镜物镜，观测竖直角 V 在键盘屏幕显示读数（盘左时记作 L，盘右时记作 R），并与始读数相比，是增加还是减少，盘左若增加竖直度盘为逆时针刻划，若减少竖直度盘为顺时针刻划。

（4）竖直角测量。

在盘左位置用中横丝精确照准观测目标 A，记录竖直度盘读数为 L；倒转望远镜盘右位置，用中横丝精确照准观测目标 A，记录竖直度盘读数为 R，选择相应公式计算半测回竖直角及一测回竖直角。

逆时针刻划度盘竖角计算公式为：

$$\alpha_{左} = L - 90° \tag{4-14}$$

$$\alpha_{右} = 270° - R \tag{4-15}$$

顺时针刻划度盘竖角计算公式为：

$$\alpha_{左} = 90° - L \tag{4-16}$$

$$\alpha_{右} = R - 270° \tag{4-17}$$

也可直接从仪器使用说明书中查找竖直角的计算公式。目前有些全站仪角度测量界面内置【竖角】程序，中横丝照准目标后点击【竖角】可以直接获得竖直角角值，无须自己计算，极大提高了作业效率。

计算一测回竖直角：

$$\alpha = \frac{\alpha_{左} + \alpha_{右}}{2} = \frac{R - L - 180°}{2} \tag{4-18}$$

取盘左盘右竖直角的平均值可以消除竖盘指标差的影响。竖盘指标差是由于指标线偏移，当视线水平时，竖盘读数不是恰好等于90°或270°，而是与90°或270°相差一个 x 角，这个 x 角称为竖盘指标差。

$$x = \frac{L + R - 360°}{2} \tag{4-19}$$

四、全站仪距离测量

1. 安置仪器及合作目标

在测站点安置全站仪，用对中脚架或三脚架安置棱镜。

2. 选择合作目标并设置相关参数

1）选择合作目标

全站仪常用合作目标有棱镜、反射片、无合作和长测程，根据测量实际选择合作目标，注意如果选棱镜需要输入棱镜常数。

2）进行气象改正

由于仪器作业时的大气条件一般与仪器选定的基准大气条件（通常称为气象参考点）不同，光尺长度会发生变化，使测距产生误差，因此必须进行气象改正（或称大气改正）。大气条件主要是指大气的温度和气压。采用两种方式改正：输入温度和气压；或直接输入ppm值。通常选用输入温度和气压，目前仪器都加载气象感应器，可以选择自动改正来完成。

3）选择测距模式

全站仪距离测量有 N 次精测、连续精测（粗测）和跟踪等模式可供选择，故应根据测距的要求通过键盘预先设定。

3. 测距

用全站仪望远镜十字丝中心精确照准棱镜中心，按测量键，短暂时间后，仪器发出一短声响，提示测量完成，屏幕上显示出有关距离值（斜距 SD，平距 HD，高差 VD），测量一般观测平距，做好距离记录。

五、全站仪坐标测量

1. 安置仪器及合作目标

在测站点安置全站仪，若合作目标为棱镜，用对中脚架或三脚架安置棱镜，若为无合作目标无须安置棱镜。

2. 选择合作目标并设置相关参数

3. 选择测距模式

4. 已知点建站

点击【建站】下拉菜单下的【已知点建站】进入已知点建站界面，完成相关数据输入与操作：

1）输入仪器高

仪器高是指仪器中心（一般仪器上设有标志标明位置）至测站点的垂直高度。一般用 3m 钢卷尺量出。测前通过操作键盘输入。

2）输入棱镜高

棱镜高是指棱镜中心至测站点的垂直高度。若安置在对中杆可以直接读出，若安置在三脚架需要用 3m 钢卷尺量出。测前通过操作键盘输入。

3）输入测站点数据

在进行坐标测量前，需将测站点坐标进行输入，也可以提前导入数据现场调用。

4）后视定向

照准选定的后视点，输入后视点坐标，完成定向。也可以直接输入后视方向坐标方位角数值，点击【设置】完成后视定向。有的仪器在照准后视点后会显示后视方向坐标方位角，并在屏幕显示："是否瞄准"，点击【是】后，完成后视定向。

5. 后视定向检查

点击【建站】下拉菜单下的【后视检验】进入后视检验操作设置界面,按【重置】再次确保测站点至后视点方位角设置成功。

6. 坐标测量

进入坐标测量设置操作界面,精确照准立于待测点的棱镜中心,按【测量】键,短暂时间后,键盘屏幕显示出待测点(置棱镜点)的三维坐标值,将所测坐标值记录并保存后,测量完成。

单元四　全站仪工程应用模块测量方法

全站仪内部加载多种测量程序,常用的有野外数据采集、坐标放样、对边测量、三角高程测量、后方交会建站及道路测设等。

一、野外数据采集

野外数据采集(即点测量),主要用于地形测绘,测量原理与坐标测量相同,根据已知点坐标和已知方位角,推求待测点坐标,同时加入编码、连线和野外作业草图等方便后期地形图绘制。需要注意的是用全站仪野外数据采集功能前必须完成建站工作。本节以南方测绘两个型号仪器为例重点介绍野外数据采集(即点测量)方法。

1. 安置仪器及合作目标

2. 选择合作目标并设置相关参数

3. 选择测距模式

4. 新建或打开项目(工程)

野外数据采集的点的坐标以文件形式存储在仪器中,该文件称为项目或工程,仪器中找到【项目】或【工程】,新建或打开已有项目(工程)进入文件界面,如图4-31所示。

5. 已知点建站

6. 后视定向检查

7. 点测量

图4-31　文件界面

1)南方NTS-342全站仪点测量步骤

在测量程序主界面如图4-32a)所示,点击【采集】键,即野外数据采集功能模块键。再点击【点测量】后瞄准待测点棱镜,输入如图4-32b)所示相关信息,然后点击【测距】键,全站仪将测量出至棱镜点的距离、垂直角、水平方向值(建站后即方位角)。结合仪器高(建站时输入)及镜高计算N、E、Z坐标值,这时点击【保存】键保存结果。

HA:当前的方位角;

VA：当前的垂直角度值。

图 4-32　点测量界面图（1）

输入测量点的点名序号，每次保存后点名序号自动加 1；输入或调用测量点的编码；输入一个已知点的点名，程序将把当前点与该点连线，并在图形界面中显示，每次改变编码后，将自动显示前几个相同编码的点；输入镜高，点击【测距】开始测量。

【保存】：对上一次的测量结果进行保存，如果没有测距，则只保存当前的角度值；

【测存】：测距并保存；

【数据】：显示上一次的测量结果；

【图形】：显示当前坐标点的图形。

2）南方 NTS-552 全站仪点测量步骤【资源 12】

在测量程序主界面如图 4-33a）点击【采集】模块下面的【点测量】，出现如图 4-33b）所示的点测量界面。进入【点测量】后照准待测点，点击【测量】键后，仪器将按照测量数据和输入数据计算坐标，这时点击【保存】键将结果进行保存。

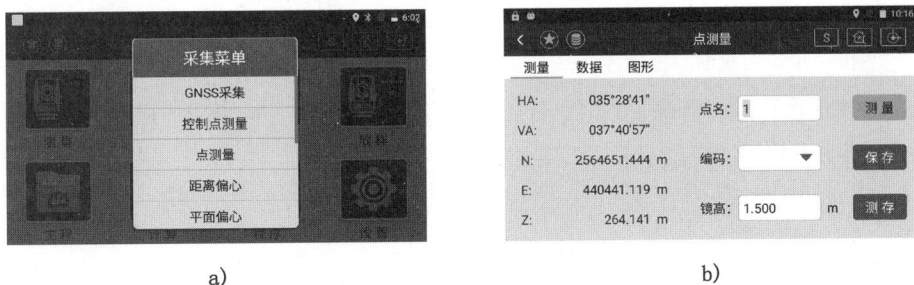

图 4-33　点测量界面图（2）

二、点放样【资源 14】

点放样就是利用全站仪内置的点放样解析计算程序，通过全站仪的放样操作方法，把设计好的已知点放样在实地上。

1. 极坐标法点放样

根据相对于某参考方向转过的角度和至测站点的距离测设出待放样点位，如图 4-34 所示。

图 4-34 角度和距离放样测量

具体放样步骤为：

1）安置仪器并定向

在已知测站上安置全站仪，精确照准选定的参考方向；并将水平度盘读数设置为 0°00′00″。

2）水平角放样

在水平角放样模式下，转动照准部，当转过的角度值与放样角度值一致时，固定照准部。此时仪器的视线方向即角度放样值的方向。

3）距离放样

输入距离放样数值，进行距离放样。通过指挥棱镜左右移动使其位于放样好的视线方向上（即棱镜能够被望远镜十字丝照准），选取距离放样测量模式，按照屏幕显示的距离差，指挥棱镜朝向或背离仪器方向移动，直至距离实测值与放样值的差值为零，定出所放样的点位。

2. 直角坐标法点放样

（1）安置仪器及合作目标；

（2）选择合作目标并设置相关参数；

（3）选择测距模式；

（4）已知点建站；

（5）后视定向检查；

（6）进行点放样。

以南方 NTS-552 全站仪为例，描述点放样方法。

在键盘主界面单击【测量】下拉菜单选择【点放样】进入【点放样】界面，如图 4-35 所示。进入【点放样】程序界面，输入或调用放样点坐标，转动仪器使 dHA 为 0°00′00″，照准棱镜，点击【测量】，根据"前或后"指挥棱镜前后移动，使得前或后距离 HD 为 0.000m，标定棱镜对中杆下面点位，该点

图 4-35 点放样界面

就是所要放样的点位。若需要放样高程，需要上下移动棱镜使得"填或挖"为 0.000m。该操作也是通过【点放样】程序完成。

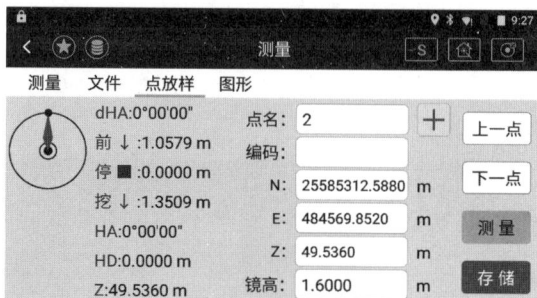

dHA：全站仪测距头指向与放样点方向在水平面上的夹角；

前（后）：棱镜相对仪器移近或者移远的距离；

填（挖）：棱镜向上或者向下移动的距离；

HA、HD 和 Z 分别代表放样的水平角度、水平距离和高程；

【＋】键：调用、新建或搜索放样点；

【上一点】键：上一个放样点；

【下一点】键：下一个放样点；【资源 13】

【测量】键：测量放样点坐标；

【存储】键：存储放样点测量数据。

三、对边测量

1. 对边测量原理

对边测量原理为先测出目标点在全站仪坐标系中三维坐标，再由各点坐标推算两个目标棱镜之间的水平距离（dHD）、斜距（dSD）、高差（dVD）和水平角（HR），如图 4-36 所示。也可直接输入坐标值或调用坐标数据文件进行计算。

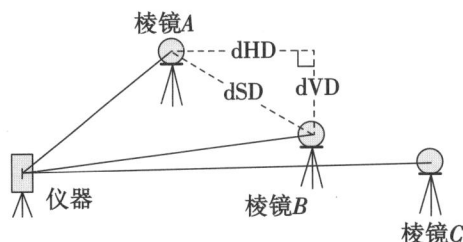

2. 对边测量操作界面

下面以南方 NTS-552 全站仪为例详细介绍测量方法。

1）对边测量界面

测量程序主界面【采集】下拉菜单中选择【对边测量】进入对边测量界面，如图 4-37 所示。

【测量】：开始进行测量；

【计算】：计算起始点与最后测量点的关系，并自动跳转到数据界面；

【锁定起始点】：若未锁定起始点，点击计算后可显示各相邻点间的方位角、平距差、斜距差、高差、坡度结果；若锁定起始点，点击计算后显示为测量的第一个点与后续各点的计算结果。

2）数据的界面

如图 4-38 所示，AZ：起始点到测量点的方位角；dHD：起始点与测量点之间的平距；dSD：起始点与测量点之间的斜距；dVD：起始点与测量点之间的高差；V%：起始点与测量点之间的坡度。

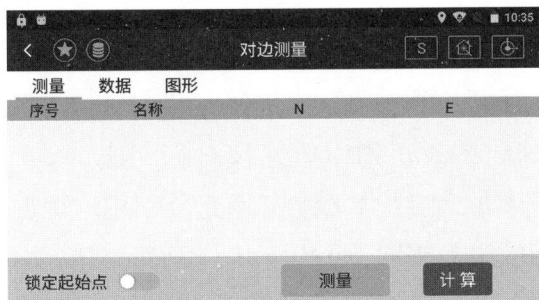

图 4-36　对边测量原理图

图 4-37　对边测量界面

图 4-38　对边测量数据界面

3. 对边测量操作步骤

1）安置仪器及合作目标

2）选择合作目标并设置相关参数

3）选择测距模式

4）对边测量

主菜单选择【采集】滑动下拉菜单点击【对边测量】，进入对边测量界面。单击【测量】键。进入对边测量过程界面，如图 4-39 所示，照准棱镜 A，单击【测角 & 测距】，显示仪器和棱镜 A 之间的平距,点击【查看】可以查看测量的棱镜点 A 的数据,点击【保存】可以将点 A 的数据保存到数据库中,点击【完成】键,完成该点的测量(不点保存则无法保存该点的数据)。重复以上步骤测量其他点,测量结束后点击【计算】在数据界面中看测量结果,记录所需数据,如图 4-38 所示。

图 4-39　对边测量过程界面

四、全站仪三角高程测量

1. 三角高程测量原理【资源 15】

如图 4-40 所示,在 A 点安置全站仪,B 点置棱镜,全站仪可根据测得的斜距 S 和视线方向的竖直角 α 自动计算水平距离 D 和高差 h:

$$D = S\cos\alpha \tag{4-20}$$

$$h = S\sin\alpha + h_i - h_r \tag{4-21}$$

或

$$h = D\tan\alpha + h_i - h_r \tag{4-22}$$

$$H_B = H_A + D\tan\alpha + h_i - h_r \tag{4-23}$$

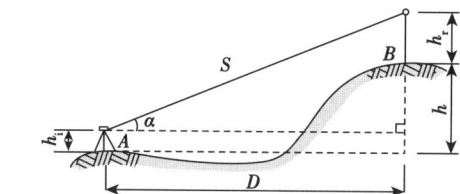

图 4-40　光电测距平距高差测量示意图

式中:h_i——仪器高;

$\quad\quad h_r$——棱镜高。

以上公式是未考虑大气折光和地球曲率改正时的计算公式,全站仪在进行距离测量时,已顾及大气折光和地球曲率改正,大气折光和地球曲率改正均由全站仪自行完成。

三角高程测量原理是全站仪进行高程测量的基本原理,结合工程实际充分利用这个原理可提高作业效率。从式(4-23)可以看出,如果仪器高与棱镜高相同,则 $H_B = H_A + D\tan\alpha$,$D\tan\alpha$ 即全站仪距离测量中的 VD 可以直接测出,那么置棱镜点的高程就是测站点高程加全站仪距离测量中的 VD。由此可导出道路纵断面中平测量的简便方法。

2. 全站仪距离测量用于中平测量的操作步骤

(1)将全站仪安置在任一点,并选定与站点通视的已知高程点,其高程为 H_0;

(2)照准已知高程点,用距离测量模块测出 VD 值记为 VD_0;

(3)将全站仪依次照准各中桩点上的棱镜中心(注:棱镜高应与仪器高相同),用距离测量模块测出其 VD 值记为 $VD_中$;

(4)按式(4-24)计算中桩点高程:

$$H_中 = H_0 + VD_中 - VD_0 \tag{4-24}$$

五、后方交会法建站

1. 后方交会法建站简介

在野外测绘的过程中,由于施工现场的车辆、临时堆积物、树木及建筑物等阻挡视线,不能从控制点直接测定所待测点位。这时候可以通过全站仪中的"后方交会"模块来解决,该模块一般在【建站】或【放样】下拉菜单中,根据施工的现场条件和测绘任务,利用全站仪测距、测角的功能,选择最有利于测量工作地点架设仪器,通过对有限必要的已知点进行观测,获取必要的计算参数,进而解算测站坐标并定向,达到"建站"效果,提高设站的灵活性和便捷性。

1)角度后方交会建站

使用三个或三个以上的已知点作为后视点,通过测量角度的数据,计算出当前建站点的坐标和坐标北方向。

2)边角后方交会建站

使用两个或两个以上的已知点作为后视点,通过测量角度和距离的数据,计算出当前建站点的坐标和坐标北方向。

后方交会时每两个已知后视点方向的夹角角度不能小于15°和大于165°,更不能在一条直线上,三个已知后视点不能在同一个圆上。要不然仪器就不能计算出结果,无法交会。

2. 后方交会建站操作步骤

(1)在主菜单按【建站】键,划动下拉菜单选择【后方交会】功能,进入后方交会界面,如图4-41a)所示。

(2)在后方交会界面点击【测量第1点】,进入后方交会控制点测量界面,如图4-41b)所示,在此界面完成第一个控制点的输入和测量工作。在点名一栏输入控制点点名,在镜高一栏输入棱镜高度,然后对准棱镜选择【测角 & 测距】,之后点击【完成】。

(3)继续上述操作,完成第二点或更多点的输入测量工作,完成之后,点击后方交会界面下方的【计算】,进入后方交会数据界面,如图4-41c)所示。

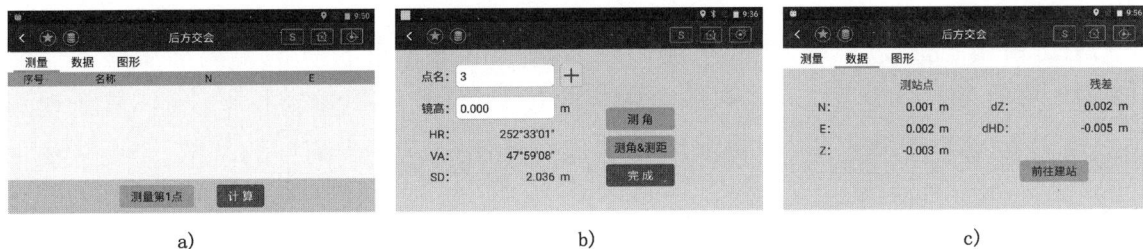

a)   b)   c)

图4-41 后方交会测量

(4)若测量与数据均无误,则点击【前往建站】,输入测站名,点击【设置】则建站完成。

3. 后方交会法建站优势

(1)设站自由不受已知点位位置的限制;

(2)仪器不需要对中,仅需整平,节约了操作仪器时间和劳动强度;

(3)减少了支导线的布置,在一定程度上提高了放样精度。

单元五　全站仪使用注意事项

一、规范使用全站仪

1．仪器使用前后注意事项

（1）检查仪器箱：仪器搬运前应检查仪器箱是否上锁，背带及提手是否牢固。

（2）开箱时轻轻地放下箱子，让其盖朝上，打开箱子的锁栓，开箱盖。

（3）开箱后提取仪器前，要看准仪器在箱内放置的方式和位置，以便仪器正确装箱。

（4）仪器取出：将仪器从仪器箱取出或装入仪器箱时，先检查提手紧固螺钉，确认没有松动后再应握住仪器提手和基座（或双手握住望远镜支架的下部）将仪器取出或装入仪器箱。不可拿仪器的镜筒，否则会影响内部固定部件，从而降低仪器的精度。

（5）仪器装箱：仪器用毕，先盖上物镜罩，并擦去表面的灰尘再装箱。装箱时各部位要放置妥帖，合上箱盖时应无障碍。

2．仪器使用过程中注意事项

（1）在太阳光照射下观测仪器，应给仪器打伞，并带上遮阳罩，以免影响观测精度。

（2）在杂乱环境下测量，仪器要有专人守护。

（3）当仪器架设在光滑的表面时，要用细绳（或细铅丝）将三脚架三个脚连起来，以防滑倒。

（4）将仪器架设在三脚架上时，尽可能用木制三脚架，因为使用金属三脚架可能会产生振动，从而影响测量精度。

（5）仪器安置的高度要合适，三脚架要踩牢，仪器与脚架连接要牢固；观测时不要手扶或碰动三脚架，转动照准部和使用各种螺旋时，用力要轻。

（6）对中、整平要准确，测角精度要求越高或边长越短的，对中要求越严格；如观测的目标之间高低相差较大时，更应注意仪器整平。

（7）在水平角观测过程中，如同一测回内发现照准部水准管气泡偏离居中位置，不允许重新调整水准管使气泡居中；若气泡偏离中央超过一格时，则需重新整平仪器，重新观测。

（8）标杆要立直于测点上，尽可能用十字丝交点照准标杆或测钎的基部；竖角观测时，宜用十字丝中丝切于目标的指定部位。

（9）不要把水平度盘和竖直度盘读数弄混淆；记录要清楚，并当场计算校核，若误差超限应查明原因并重新观测。

（10）当测站之间距离较远，搬站时应将仪器卸下，装箱后背着走。行走前要检查仪器箱是否锁好，检查安全带是否系好。

（11）当测站之间距离较近，搬站时可将仪器连同三脚架一起靠在肩上，但仪器要尽量保持直立放置。搬站之前，应检查仪器与脚架的连接是否牢固，搬运时，应把制动螺旋略微关住，使仪器在搬站过程中不致晃动。

（12）仪器任何部分发生故障，不能勉强使用，应立即检修，否则可能会加剧仪器的损坏程度。

（13）元件应保持清洁，如沾染灰沙必须用毛刷或柔软的擦镜纸擦掉。禁止用手指抚摸仪器的任何光学元件表面。清洁仪器透镜表面时，请先用干净的毛刷扫去灰尘，再用干净的无线棉布沾酒精由透镜中心向外一圈圈地轻轻擦拭。除去仪器箱上的灰尘时切不可用任何稀释剂或汽油，而应用干净的布块沾中性洗涤剂擦洗。

（14）若仪器在湿环境中工作，作业结束后，要用软布擦干仪器表面的水分及灰尘后装箱。回到办公室后立即开箱取出仪器放于干燥处，彻底晾干后再装入箱内。

（15）冬天室内、室外温差较大时，仪器搬出室外或搬入室内，应隔一段时间后才能开箱。

（16）每次取下电池盒时，都必须先关掉仪器电源，否则可能会对仪器造成损坏，导致丢失数据。

二、注意电池的保养

1. 充电时注意事项

（1）尽管充电器有过充保护回路，充电结束后仍应将插头从插座中拔出。

（2）要在 $0 \sim \pm 45℃$ 温度范围内充电，超出此范围可能充电异常。

（3）如果充电器与电池已联结好，指示灯却不亮，此时充电器或电池可能损坏，应更换或修理。

2. 存放时注意事项

（1）电池完全放电会缩短其使用寿命。

（2）为更好地获得电池的最长使用寿命，请保证每月充电一次。

总之，只有在日常的工作中，注意全站仪的使用和维护，注意全站仪电池的充放电，才能延长全站仪的使用寿命，使全站仪的功效发挥到最大。

三、定期检验全站仪

全站仪在出厂时均经过严密的检验与校正，符合质量要求。但仪器经过长途运输或环境变化，其内部结构会受到一些影响，仪器在作业之前或定期应对仪器进行各项检验，及时发现问题，以确保作业成果精度。

1. 长水准器检验

松开水平制动螺旋，转动仪器使管水准器平行于某一对脚螺旋的连线。再旋转脚螺旋，使管水准器气泡居中。将仪器转至180°，查看气泡是否居中，如果不居中，则需要校正。

2. 圆水准器检验

长水准器检校正确后，若圆水准器气泡亦居中就不必校正。

3. 望远镜分划板的检校

（1）整平仪器后在望远镜视线上选定一目标点 A，用分划板十字丝中心照准 A。

（2）转动望远镜垂直手轮，使 A 点移动至视场的边沿（A' 点）。

（3）若 A 点沿十字丝的竖丝移动，即 A′点仍在竖丝之内，则十字丝不倾斜，不必校正。

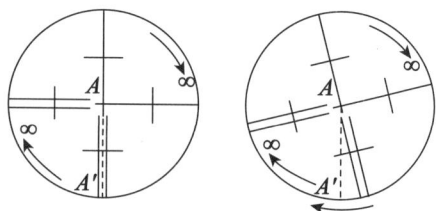

图 4-42　分划板的检验视场图

如图 4-42 所示，A′点偏离竖丝中心，则十字丝倾斜，需对分划板进行校正。

4. 电子补偿的检验

（1）把仪器放置在平行光管台上，精确整平仪器。

（2）打开测绘之星软件，进入电子补偿界面。

（3）查看电子补偿值是否大于 30″，大于该值则应进行校正。

5. 竖盘指标零点自动补偿的检校

（1）安置和整平仪器后，使望远镜的指向和仪器中心与任一脚螺旋 X 的连线相一致。

（2）开机后指示竖盘指标归零，仪器显示当前望远镜指向的竖直角值。

（3）朝一个方向慢慢转动脚螺旋 X 至 10mm 圆周距左右时，显示的竖直角由相应随着变化到消失出现"补偿超限"信息，表示仪器竖轴倾斜已大于 4′，超出竖盘补偿器的设计范围。当反向旋转脚螺旋复原时，仪器又复现竖直角在临界位置可反复试验观其变化，表示竖盘补偿器工作正常。

6. 视准轴与横轴的垂直度（2c）的检校

（1）将仪器放置在平行光管试验台上，整平仪器，在盘左位置用望远镜分划板竖丝对准平行光管无穷远点刻度线横丝上任意一个数值 A，如 10，读取水平角（或把水平角置零，方便计算）。

（2）旋转照准部，盘右照准同一 A 点，读取水平角，根据公式 $2c = L - (R \pm 180°)$ 计算 $2c$ 的值，一般不能大于 10″。

7. 竖盘指标差（i 角）的检校和竖盘指标零点设置

在完成【电子补偿的检验】【竖盘指标零点自动补偿的检校】和【望远镜分划板检校】项目后再检验本项目。

（1）将仪器放置在平行光管试验台上，整平仪器，盘左用望远镜十字丝分划板横丝照准平行光管平管刻度线竖丝上任意一点 A，读取竖直角盘左读数 L。

（2）转动望远镜，换为盘右，再照准同一点 A，得竖直角盘右读数 R。

（3）若竖直角天顶为 0°，则 $i = (L + R - 360°)/2$，若竖直角水平为 0°则 $i = (L + R - 180°)/2$。

（4）若竖盘指标差 $|i| \geq 10″$ 则需校正。

8. 竖轴与横轴的垂直度（高低差）

（1）将仪器放置在平行光管试验台上，整平后，盘左照准平行光管的平管十字丝分划板中心；

（2）点击置零，转动仪器对准平行光管低管分划板，转动水平螺旋使十字丝竖丝对准临近刻度，读取水平角读数 A；

（3）换盘右重复上述操作，读取十字丝竖丝与平行光管低管分划板上相邻刻度的水平角读数 B；

　　(4) A 和 B 的差值应小于 0.6″。

　　9. 对点器检验

　　(1)将仪器安置到三脚架上，在一张白纸上画一个十字交叉并放在仪器正下方的地面上，如图 4-43 所示。

　　(2)打开激光对点器，移动白纸使十字交叉位于光斑中心。

　　(3)转动脚螺旋，使对点器的光斑与十字交叉点重合。

　　(4)旋转照准部，每转 90°，观察对点器的光斑与十字交叉点的重合度。

图 4-43　对点器检验示意图

　　(5)如果照准部旋转时，激光对点器的光斑一直与十字交叉点重合，则不必校正。否则需按进行校正。

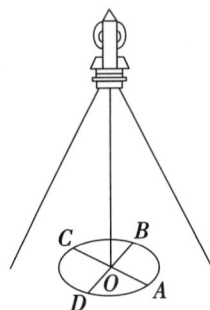

　　10. 仪器常数(K)

　　仪器常数在出厂时进行了检验，并在仪器内作了修正，使 K=0。仪器常数很少发生变化，但我们建议此项检验每年进行一至二次，此项检验适合在标准基线上进行，也可以按下述简便的方法进行。

　　(1)选一平坦场地在 A 点安置并整平仪器，用竖丝仔细在地面标定同一直线上间隔 50m 的 B、C 两点，并准确对中地安置反射棱镜或反射板，如图 4-44 所示。

　　(2)仪器设置了温度与气压数据后，精确测出 AB、AC 的平距。

　　(3)在 B 点安置仪器并准确对中，精确测出 BC 的平距。

　　(4)可以得出仪器测距常数：

$$K = AC - (AB + BC)$$

K 应接近等于 0，若 |K| > 5mm 应送标准基线场进行严格的检验，然后依据检验值进行校正。

　　①有棱镜加常数：在有棱镜情况下测定的仪器常数 K。

　　②无棱镜加常数：在无棱镜情况下测定的仪器常数 K。

　　11. 视准轴与发射电光轴的重合度

　　(1)在距仪器 50m 处安置棱镜，如图 4-45 所示。

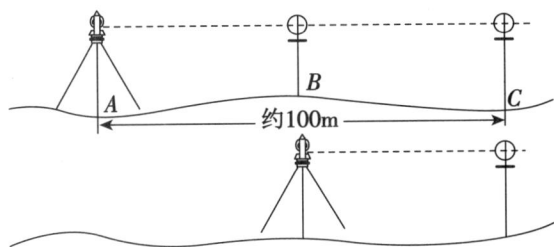

图 4-44　仪器常数检验示意图

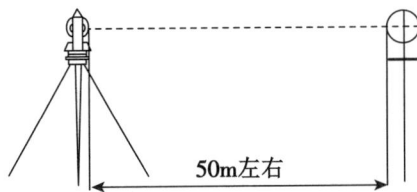

图 4-45　视准轴与发射电光轴检验示意图

　　(2)用望远镜十字丝精确照准棱镜中心。

　　(3)打开电源进入测距模式，按【测量】键进行距离测量，左右旋转水平微动手轮，上下旋转垂直微动手轮，进行电照准，通过测距光路畅通信息闪亮的左右和上下的区间，找到测距的发射电光轴的中心。

（4）检查望远镜十字丝中心与发射电光轴照准中心是否重合,如基本重合即可认为合格。

12. 基座脚螺旋

如果脚螺旋出现松动现象,可以调整基座上用于脚螺旋调整的2个校正螺钉,拧紧螺钉到合适的压紧力度为止。

13. 反射棱镜有关组合件

（1）反射棱镜基座连接器上的长水准器和光学对中器是否正确应进行检验。

（2）对中杆垂直度检验。

本模块小结

一、全站仪基本测量原理

1. 全站仪结构原理

全站仪测量的四大光电系统:水平角测量系统、竖直角测量系统、补偿系统和测距系统。

2. 全站仪角度测量原理

水平角:地面上一点到两个目标点的连线在水平面上投影的夹角,或者说水平角是过两条方向线的铅垂面所夹的两面角。

竖直角:在同一竖直平面内,目标方向线与水平方向线之间的夹角。当目标方向线高于水平方向线时,称仰角,取正号;反之为俯角,取负号。

3. 全站仪光电测距原理

$$D = \frac{1}{2}ct$$

4. 全站仪坐标测量原理

在输入测站点坐标、仪器高、目标高和后视方向坐标方位角（或后视点坐标）后,用其坐标测量功能可以测定目标点的三维坐标。

$$\begin{cases} X_P = X_A + S\cos\alpha\cos\alpha_{AP} \\ Y_P = Y_A + S\cos\alpha\sin\alpha_{AP} \\ H_P = H_A + S\sin\alpha + h_i - h_r \end{cases}$$

5. 全站仪测量精度

测角精度是指一测回水平方向的测角中误差。

测距精度分为固定误差和比例误差两部分,通常表示为$(A + B \times 10^{-6} \times D)$ mm 形式,也称标称测距精度。

二、全站仪构造及功能

1. 全站仪的外部构造

2. 全站仪键盘及操作界面

1）测量程序主界面

2）常用基础功能图标及含义

3）全站仪屏幕显示符号含义

3.全站仪测量辅助设备

三、全站仪基本操作使用

1.测前准备

1）安装电池

2）开机进入测量程序

3）安置仪器

4）设置仪器使用参数

2.全站仪基本设置操作

1）角度测量设置操作

2）距离测量与距离放样设置操作

3）已知点建站设置操作

4）后视检查设置操作

5）坐标测量设置操作

6）其他设置操作

3.全站仪角度测量

1）水平角测量

（1）安置仪器及合作目标；

（2）选择水平角显示方式；

（3）选择初始方向设置水平度盘读数；

（4）测量。

盘左位置：观测者观测目标过程中，竖盘在望远镜的左侧，称为盘左位置，又称正镜。盘右位置：观测者观测目标过程中，竖盘在望远镜的右侧，称为盘右位置，又称倒镜。上、下半测回同一方向的方向值之差，称为 $2c$ 值，又称两倍照准差。$2c$ = 盘左水平度盘读数 - （盘右水平度盘读数 $\pm 180°$）= $L - (R \pm 180°)$。

2）竖直角测量

（1）安置仪器及合作目标；

（2）判断水平方向时竖直度盘读数；

（3）判断竖直度盘刻划方式；

（4）测量。

竖盘指标差是由于指标线偏移，当视线水平时，竖盘读数不是恰好等于 90°或 270°上，而是与 90°或 270°相差一个 x 角，这个 x 角称为竖盘指标差。

4.全站仪距离测量

1）安置仪器及合作目标

2）选择合作目标并设置相关参数

3)测距

5. 全站仪坐标测量

1)安置仪器及合作目标

2)选择合作目标并设置相关参数

3)选择测距模式

4)已知点建站

5)后视定向检查

6)坐标测量

四、全站仪工程应用模块操作方法

1. 野外数据采集

1)安置仪器及合作目标

2)选择合作目标并设置相关参数

3)选择测距模式

4)新建或打开项目(工程)

5)已知点建站

6)后视定向检查

7)点测量

2. 点放样

1)极坐标法点放样

(1)安置仪器并定向;

(2)水平角放样;

(3)距离放样。

2)直角坐标法点放样

(1)安置仪器及合作目标;

(2)选择合作目标并设置相关参数;

(3)选择测距模式;

(4)已知点建站;

(5)后视定向检查;

(6)进行点放样。

3. 对边测量

1)对边测量原理

2)对边测量操作界面

3)对边测量操作步骤

(1)安置仪器及合作目标;

(2)选择合作目标并设置相关参数;

(3)选择测距模式;

(4)对边测量。

4.三角高程测量

1）三角高程测量原理

2）全站仪距离测量用于中平测量的操作步骤

（1）将全站仪安置在任一点，并选定与站点通视的已知高程点，其高程为 H_0；

（2）照准已知高程点，用距离测量模块测出 VD 值记为 VD_0；

（3）将全站仪依次照准各中桩点上的棱镜中心（注：棱镜高应与仪器高相同）用距离测量模块测出其 VD 值记为 $VD_{中}$；

（4）计算中桩点高程。

5.后方交会法建站

1）后方交会法建站简介

2）后方交会建站操作步骤

3）后方交会法建站优势

五、全站仪使用注意事项

1.规范使用全站仪

2.注意电池的保养

3.定期检验全站仪

本模块关于全站仪认识、技术操作、基本测量、工程应用模块测量、放样测量的实训指导和习题及参考题解详见本教材的配套教学用书《工程测量实训指导与习题集》模块四。

模块五

GNSS 测量技术

本模块学习目标

知识目标：

1. 理解并描述 GNSS 系统概念及组成；

2. 了解我国北斗卫星导航系统；

3. 理解并描述 GNSS 定位原理及分类；

4. 了解 RTK 定位原理、CORS 系统及网络 RTK 定位原理。

技能目标：

1. 学会 GNSS 接收机及手簿操作使用方法；

2. 掌握 RTK 测量技术；

3. 掌握网络 RTK 测量技术。

本模块参考学时

1. 课堂学习　10 学时；

2. 课间实训　12 学时；

3. 在教学实训场地集中实训一周。

单元一　GNSS 系统简介

一、概述

具有全球导航定位能力的卫星导航系统称为全球卫星导航系统，英文全称为 Global Navigation Satellite System，简称为 GNSS。GNSS 技术能够实现全球性、全天候、高精度的导航定位，并在军事、空间技术、国民经济建设等领域得到了广泛的应用。

目前全球范围内的卫星导航系统有四个，分别是美国的 GPS、俄罗斯的 GLONASS、中国的 BDS 和欧盟的 Galileo。

卫星导航定位技术目前已基本取代了地基无线电导航、传统大地测量和天文测量导航定位技术，并推动了大地测量与导航定位领域的全新发展。当今，GNSS 系统不仅是保障国家安全和经济稳定的基础设施,也是体现现代化大国地位和国家综合国力的重要标志。未来几年全球卫星导航领域将呈现 GPS、GLONASS、Galileo 与 BDS 四大系统并存的局面,它们的民用部分将会呈现出彼此补充、用户共享的形势,更多的卫星和信号会使全球卫星系统的连续性、精度、效率、可用性和可靠性等整体性能提高。用户可以根据各个卫星导航系统的不同特点和优势,针对自己所要求的精度、可靠性和费用,有选择地主动采用最佳方案,综合利用多系统卫星导航信息。

二、我国北斗卫星导航定位系统(BDS)及其特点

1. 北斗三号全球卫星导航系统

20 世纪 80 年代开始,我国开始探索适合国情的卫星导航系统发展道路,形成了"三步走"发展战略。自 1994 年北斗一号系统工程立项至 2020 年建成北斗三号全球卫星导航系统并向全球提供服务,我国用 26 年的时间实现了 59 颗北斗卫星(包括 55 颗北斗导航卫星和 4 颗北斗导航试验卫星)的发射。

2009 年,北斗三号系统建设启动,2020 年 6 月最后一颗组网卫星发射成功。至此,北斗系统提供无源导航信号的卫星一共有 55 颗,包括北斗二号 14 颗组网卫星及 6 颗备用星、北斗三号的 5 颗试验卫星和 30 颗组网卫星。北斗三号卫星分布如图 5-1 所示,其中,30 颗组网卫星包含了 3 颗地球静止轨道(GEO)卫星、3 颗倾斜地球同步轨道(IGSO)卫星及 24 颗中圆地球轨道(MEO)卫星。北斗三号系统继承了北斗有源定位和无源定位两种技术体制,通过星间链路,解决了全球组网需要境外布置站点的问题。在北斗二号的基础上,北斗

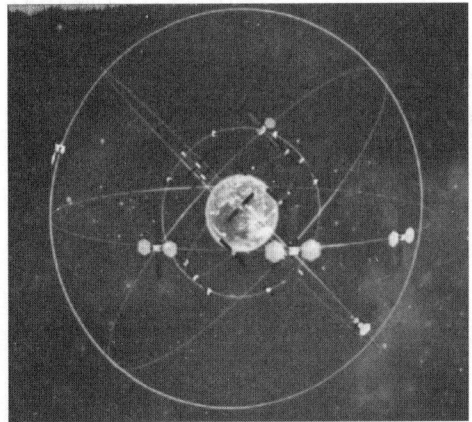

图 5-1 北斗三号卫星分布

三号进一步提升了各项性能、扩展功能,可为全球用户提供基础导航(定位、测速、授时)、全球短报文通信以及国际搜救等服务。

2020 年 7 月 31 日,北斗三号全球卫星导航系统正式开通。这标志着我国建成了独立自主、开放兼容的全球卫星导航系统,成为世界上第三个独立拥有全球卫星导航系统的国家。

北斗三号星座系统由 GEO、IGSO、MEO 三种轨道卫星组成。每颗卫星结合各自运行轨道的特点以及承载功能,既能各司其职,又能优势互补,共同为全球用户提供优质的定位、导航及授时服务。每种轨道卫星的功能如表 5-1 所列。

北斗三号卫星分类情况表   表 5-1

北斗卫星	MEO 卫星(24 颗)	GEO 卫星(3 颗)	IGSO 卫星(3 颗)
名称	中圆地球轨道卫星	地球静止轨道卫星	倾斜地球同步轨道卫星
轨道高度	2.2 万 km 左右,三个轨道面,保持 55°的倾角	3.6 万 km 左右	3.6 万 km 左右
星下点估计	绕着地球画波浪	投影一个点	锁定区域画 8 字
功能特点	环绕地球运行,实现全球导航定位、短报文通信、国际搜救	承载区域短报文通信	与 GEO 互补,对亚太区域可重点服务

2. BDS 特点

中国坚持"自主、开放、兼容、渐进"原则建设发展 BDS：①所谓自主，是坚持自主建设、发展和运行 BDS，具备向全球用户独立提供卫星导航服务的能力；②所谓开放，是免费提供公开的卫星导航服务，鼓励开展全方位、多层次、高水平的国际合作与交流；③所谓兼容，是提倡与其他卫星导航系统进行兼容与互操作，鼓励国际合作与交流，致力于为用户提供更好的服务；④所谓渐进，是分步骤推进 BDS 建设发展，持续提升 BDS 服务性能，不断推动卫星导航产业全面、协调和可持续发展。

BDS 具有以下特点：

（1）BDS 空间段采用 3 种轨道卫星组成的混合星座，与其他卫星导航系统相比高轨卫星更多，抗遮挡能力强，尤其在低纬度地区性能特点更为明显。

（2）BDS 提供多个频点的导航信号，能够通过多频信号组合使用等方式提高服务精度。

（3）BDS 创新融合了导航与通信能力，具有实时导航、快速定位、精确授时、位置报告和短报文通信服务 5 大功能。

三、建设 BDS 的重大意义

中华人民共和国成立以来，党中央始终牢牢把握我国科技创新正确方向，在科技事业发展的每一个关键节点都做出了重大战略部署。2020 年 6 月，我国北斗导航卫星全球组网成功，标志着我国卫星导航系统达到国际先进水平，朝着服务全球的目标全速推进。图 5-2 是我国福州航天展上展出的北斗卫星导航定位系统模型。

图 5-2　福州展出的北斗卫星导航系统模型

从 1994 年立项到 2000 年完成北斗一号系统建设，从 2012 年完成北斗二号系统建设，再到 2020 年北斗三号全球卫星导航系统全面建成并开通服务……26 年间，中国北斗人始终秉承航天报国、科技强国的使命情怀，探索出一条从无到有、从有到优、从有源到无源、从区域到全球的中国特色发展道路，奏响了一曲大联合、大团结、大协作的交响曲，孕育了"自主创新、开放融合、万众一心、追求卓越"的新时代北斗精神。

BDS建设26年来,参与北斗系统研制建设的全体人员迎难而上、敢打硬仗、接续奋斗,发扬"两弹一星"精神,不仅培育了新时代北斗精神,也是中国航天人在建设科技强国征程上树起的又一座精神丰碑,是与"两弹一星"精神、载人航天精神既血脉赓续、又具有鲜明时代特质的宝贵精神财富。

北斗系统按期成功建成,是中国特色社会主义集中力量办大事制度优势的具体体现,也是全体北斗人万众一心、精诚合作、协作奉献的具体体现。北斗系统由卫星、火箭、发射场、测控、运控、星间链路、应用验证等七大系统组成。为了同一个梦想,四百多家单位、三十万余名科研人员聚力攻关,两名"两弹一星"元勋和几十名院士领衔出征,1.4万余家企业、超过50万人从事系统应用推广,大家众志成城,共同谱写出"举国上下一盘棋、千军万马大会战"的动人篇章。

北斗系统已成为我国迄今为止规模最大、覆盖范围最广、服务性能最好、与人民生活关联最紧密的巨型复杂航天系统。北斗系统工程技术卓越、运行服务卓越、工程实施管理卓越,体现了北斗人对"一流的北斗"的不懈追求。有问题就绝不忽视,即使1ns也不放过,北斗团队的精益求精、严慎细实,为北斗三号任务的全面成功加了一道"保险杠"。全球范围定位精度优于10m,测速精度优于0.2m/s,授时精度优于20ns,不断提升的精度,映照着北斗人追求卓越的不懈努力。

如今,颗颗北斗卫星环绕地球,成为夜空中最亮的"星"。新征程上,要大力弘扬新时代北斗精神,砥砺前行、勇攀高峰,不断书写探索浩瀚星空、建设科技强国的新篇章。

单元二 GNSS的组成、特点及应用

一、GNSS系统的组成

GNSS系统由空间部分(卫星星座)、地面监控部分(地面监控系统)和用户设备部分(信号接收机)三大部分组成。

1. 空间部分

空间部分主要由一定数量的卫星组成,称为系统的星座。BDS的卫星星座如图5-1所示。工作卫星的构造如图5-3所示,卫星呈圆柱形,直径为1.5m,重约843kg,两侧有4片拼接成的双叶太阳能电池翼板。

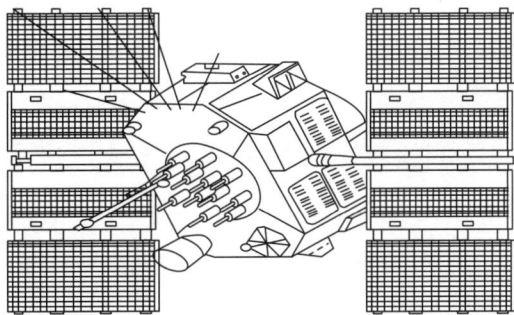

图5-3 工作卫星的构造示意图

2．地面监控部分

地面监控部分由主控站（监测和控制卫星运行）、监控站（编算卫星星历即导航电文）和注入站（保持系统时间）组成。

主控站的作用是负责整个地面监控系统的正常运行；根据各监控站得到的观测数据，计算出卫星的星历和卫星钟的改正参数等，并将这些数据通过注入站注入卫星中；对卫星进行控制，向卫星发布指令；工作卫星一旦出现故障，调度备用卫星替代失效的卫星工作。

监控站的作用是接收卫星信号，监测卫星的工作状态。

注入站的作用是将主控站发来的卫星星历和卫星钟的改正数等注入卫星中，并主动向主控站报告自己的工作情况。

3．用户设备部分

用户设备部分主要是指用户终端接收机。接收机由变频器、信号通道、微处理器、存储器及显示器组成。它的主要功能是接收卫星发射的信号，并进行处理和量测，以获取导航电文及必要的观测量。

接收机的作用是捕获按一定卫星高度截止角所选择的待测卫星的信号，并跟踪这些卫星的运行，对所接收到的信号进行变换、放大和处理，以便测量出信号从卫星到接收机天线的传播时间，解译出卫星所发送的导航电文，实时地计算出测站的三维位置、速度和时间。接收机工作原理如图5-4所示。

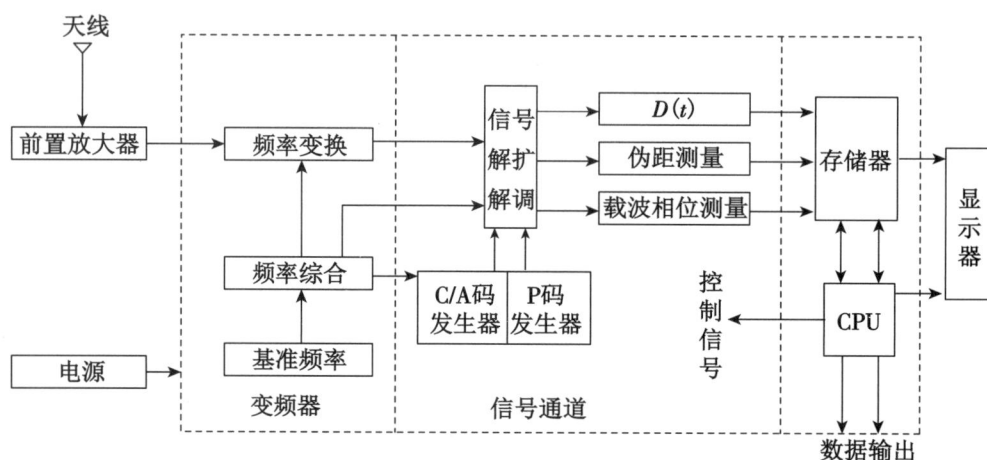

图5-4　接收机工作原理图

根据用户需求的不同，所需的接收设备各异。接收机的类型一般可分为导航型、测地型、授时型和姿态测量型四类。

二、GNSS 系统的特点

GNSS 测量技术相对于传统测量技术的优势非常明显，主要体现在以下几个方面。

1．全天候作业，测点间无须通视

传统测量技术只有测点间通视才能进行观测，且会受光线和通视条件的限制。而 GNSS 测量技术只要求测站空间视野开阔，与卫星保持通视即可，且 GNSS 卫星较多、分布均匀，保证了全球地面均被连续覆盖，使得在地球上任何地点、任何时候都可进行观测工作。不受光线和通视条件的限制,使得点位的布设方便而灵活,省去了传统测量中传算点和过渡点的测量工作,也不需建造觇标,节省了大量费用。

需要注意的是,雷雨天气时不宜观测,且为了满足用常规方法联测的需要,在布设 GNSS 控制点时,应该保证至少一个方向通视。

2. 定位精度高,作业效率高

大量的实验和工程应用表明,用载波相位观测量进行静态相对定位的 GNSS 测量,在小于 50km 的基线上,相对定位精度可达 $1 \times 10^{-6} \sim 2 \times 10^{-6}$,而在 $100 \sim 500$km 的基线上可达 $10^{-6} \sim 10^{-7}$。目前,利用经典的静态相对定位模式,观测 20km 以内的基线所需观测时间,对于双频接收机仅需 $15 \sim 20$min,利用 GNSS 技术建立控制网,可缩短观测时间,提高作业效率。

实时动态测量技术(RTK)可在野外实时得到厘米级的定位精度,且每站观测仅需几秒钟,它的出现极大提高了野外作业效率。随着 GNSS 定位技术及数据处理技术的发展,其精度还将进一步提高。

3. 可提供全球统一的三维地心坐标

传统大地测量将平面和高程采用不同方法分别施测。GNSS 测量中,在精确测定观测站平面位置的同时,可以精确测量观测站的三维坐标,且 GNSS 定位是在全球统一的地心坐标系统中计算的,可提供全球统一的三维地心坐标。

4. 能实现实时导航定位

GNSS 导航可实时确定运动目标的三维位置和速度,实时保障运动载体沿预定航线运行,亦可选择最佳路线。特别是对军事上动态目标的导航,具有十分重要的意义。

三、GNSS 系统的应用

GNSS 的应用是测量技术的一项革命性突破。随着它与计算机技术、数据通信技术及数据处理与分析技术的不断融合,GNSS 将会被更广泛应用于各行各业。以下主要介绍其与道路工程建设行业相关的应用。

1. 在道路工程测量中的应用

1)准确绘制地形图

在道路工程勘测设计阶段,需要绘制大比例尺的地形图。传统的绘图受到技术的限制,存在测量工作量大、耗费时间长、测量效率和精度无法得到保障的问题。采用 RTK 测绘技术绘制地形图,可以在短时间内获得准确的数据信息,绘制出完整的地形图。

2)参与工程控制

GNSS 定位技术基本上可满足各种类型的工程测量控制网的精度要求。由于可进行全天候观测,定位时测站间也无须保持通视等特点,因而与常规方法相比具有一定的优越性。尤其是在进行铁路、公路、输电线路、管线等线路工程测量时,其控制网将沿着一个狭长的带状区域来布设。用常规方法(一条导线或狭长的三角锁)来布设控制网时,其图形强度不好,往往会导致较大的误差。利用 GNSS 定位技术布设控制网时,其定位精度与控制网的形状之间的关系不像常规方法中那么密切，而且布网也更为灵活方便，能较好地克服上述困难。

3）测定道路中线

在公路工程施工阶段，测量人员必须按照设计好的施工图纸，在地面上标出公路的中心线再进行施工，即对公路的中心线进行测设。运用 RTK 测绘技术能够高效实现对各等级公路中心线的放样和测量。

4）测定道路纵横断面

利用 RTK 测绘技术可以轻松获得道路的纵、横向尺寸数据，并利用测绘软件和中线的桩点距离间隔绘制出道路的纵向和横向截面状况。

2. 在水下测绘过程中的应用

在一些沿海城市，北斗系统的导航测绘技术已被广泛用于沿海码头和航道的设计。此外，该技术还能提供更精确的水下地形图，帮助人们充分了解和有效利用海洋资源。需要注意的是，将北斗系统的测绘技术应用到水下工程测绘中，必须充分考虑各种安全问题，尤其是工作人员的人身安全，必须提供有力的保护。同时，水下工程的测绘工作要求技术人员具有较高的技术水平，因此需要安排专业能力性强的工作人员下水。在实际工作前，必须把握整体工作流程，以获得更好的测绘效果。

3. 在地下工程测绘中的应用

地下工程测量主要包括地面测量和地下测量两部分，其中地下测量部分尤为重要。地面部分主要是指地下工程的地面控制测量和地下工程作业过程中及施工结束后的地面变形监测，这部分与常规测量相同，因此普遍运用 3S（遥感、地理信息系统、全球定位系统）技术进行。最典型的是大型隧道工程的地面控制网工程，使用北斗导航控制网，可以大幅度提高控制网的精度和可靠性，克服传统的导线网和三角网测量不准的问题。随着卫星测量精度的提高，北斗导航测绘将应用于跨江跨海隧道工程控制测量的高程传输，以及已建成的大型地下工程运营过程中的地表变形监测，并成为至关重要的一环。

4. 在变形监测中的应用

利用 GNSS 进行变形监测可以测定被监测物体表面的水平位移和垂直位移，能达到亚米级的精度水平，能满足多数变形监测的要求，目前在桥梁、水库大坝、海上钻井平台、高层建筑等建筑物的变形监测中已得到广泛应用。

单元三　GNSS 定位原理与方法

一、GNSS 定位原理

GNSS 的定位原理类似于测量学中的空间距离后方交会，即利用空间分布的卫星以及卫星与地面点的距离交会得出地面点位置。假定空间卫星的位置已知，通过一定方法测定出待定地面点 P 至空间卫星的距离，则 P 必位于以该卫星为中心、以所测得距离为半径的圆球上。若同时观测另外两颗以上卫星至 P 点的距离，那么 P 点一定处于这 3 个以上圆球的交点上。但是由于 GNSS 卫星是分布在高空的运动载体,只有在同一时刻测定站星距才能定位,而要实现同步必须具有统一时间标准,因为 GNSS 定位除了要求解待定点的三维坐标之外,还要求解站星钟差参数。因此,要利用距离交会法解算出测站点的三维坐标及钟差参数 δ_t,必须至少同步观测 4 颗 GNSS 卫星,才能真正实现精确定位。

如图 5-5 所示,设时刻 t 在测站点 P 用 GNSS 接收机同时测得 P 点至 4 颗 GNSS 卫星 S_1、S_2、S_3、S_4 的距离为 ρ_1、ρ_2、ρ_3、ρ_4,通过 GNSS 导航电文解译出 4 颗 GNSS 卫星的三维坐标(X^j,Y^j,Z^j),$j=1,2,3,4$,用距离交会的方法求解 P 点的三维坐标(X,Y,Z)的观测方程为:

$$\begin{cases} \rho_1^2 = (X - X^1)^2 + (Y - Y^1)^2 + (Z - Z^1)^2 + c\delta_t \\ \rho_2^2 = (X - X^2)^2 + (Y - Y^2)^2 + (Z - Z^2)^2 + c\delta_t \\ \rho_3^2 = (X - X^3)^2 + (Y - Y^3)^2 + (Z - Z^3)^2 + c\delta_t \\ \rho_4^2 = (X - X^4)^2 + (Y - Y^4)^2 + (Z - Z^4)^2 + c\delta_t \end{cases} \tag{5-1}$$

式中:c——光速;

　　　δ_t——接收机钟差。

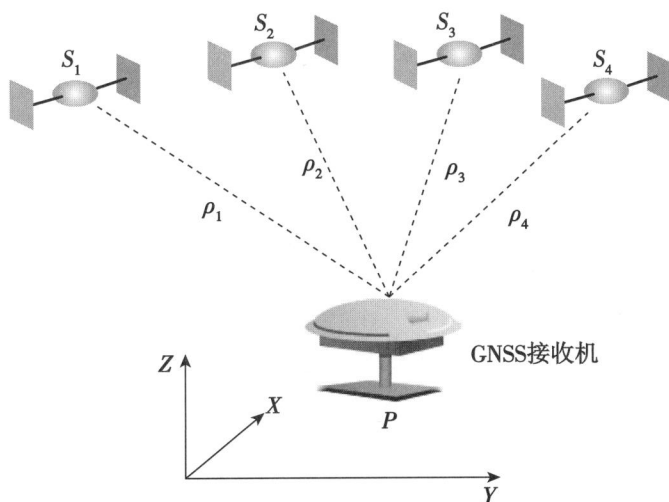

图 5-5　GNSS 定位原理示意图

由此可见,GNSS 定位中,要解决的问题有两个:一是观测瞬间如何确定 GNSS 卫星的位置,即通过 GNSS 卫星发射的导航电文实时确定卫星的位置信息;二是观测瞬间如何确定卫星至测站之间的距离,即通过测定 GNSS 卫星信号在卫星和测站点之间的传播时间来确定测站点至 GNSS 卫星之间的距离。

二、GNSS 定位方法

对于 GNSS 定位,根据采用的分类标准不同,定位方法可分为很多种。

1. 根据定位所采用的观测值分类

1)伪距定位

伪距定位采用的观测值为 GNSS 伪距观测值。其优点是数据处理简单,对定位条件的要求低,不存在整周模糊度的问题,可以非常容易地实现实时定位;其缺点是精度较低。

2）载波相位定位

载波相位定位采用的观测值为 GNSS 的载波相位观测值。其优点是观测值的精度高；其缺点是数据处理过程复杂，存在整周模糊度的问题。

2. 根据定位模式分类

1）绝对定位

绝对定位又叫单点定位，即以卫星和用户接收机之间的距离观测值为基础，并根据卫星星历确定的卫星瞬时坐标，直接确定用户接收机天线在坐标系中的坐标，如图 5-6 所示。

绝对定位的优点是只需一台接收机便可独立定位，观测的组织与实施简便，数据处理简单。其主要问题是由于采用单程测距原理，卫星钟与用户接收机钟难以保持严格的同步，所以观测的卫星与测站间的距离，含有卫星钟与用户接收机同步差以及卫星星历和卫星信号在传播过程中的大气延迟误差，定位精度较低。

2）相对定位

相对定位又称差分定位，是用两台用户接收机，分别安置在基线的两端，同步观测相同的卫星，如图 5-7 所示，通过两测站同步采集卫星数据，经过数据处理以确定基线两端点的相对位置或基线向量。这种方法可以推广到多台用户接收机安置在若干条基线的端点，通过同步观测相同的卫星，以确定多条基线向量。相对定位中，需要多个测站中至少一个测站的坐标值作为基准，利用观测出的基线向量，求解出其他各站点的坐标值。

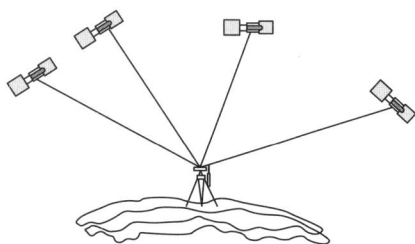

图 5-6　绝对定位示意图　　　　图 5-7　相对定位示意图

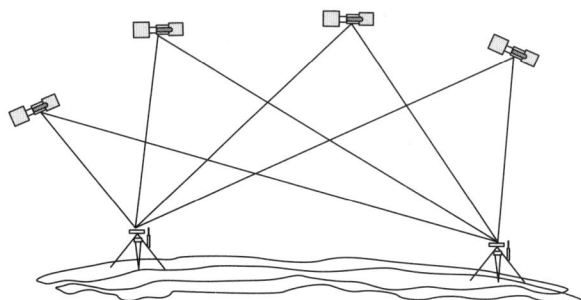

在相对定位中，两个或多个观测站同步观测同组卫星的情况下，卫星的轨道误差、卫星钟差、接收机钟差以及大气层延迟误差，对观测量的影响具有一定的相关性。利用这些观测量的不同组合，按照测站、卫星、历元三种要素来求差，可以大大削弱有关误差的影响，从而提高相对定位精度。差分定位是目前相对定位中精度最高的一种定位方法。

3. 根据定位时接收机的运动状态分类

1）动态定位

所谓动态定位，就是在进行卫星定位时，认为接收机的天线在整个观测过程中处于运动状态。也就是说，在数据处理时，将接收机天线的位置作为一个随时间改变而改变的量。

2）静态定位

所谓静态定位，就是在进行卫星定位时，认为接收机的天线在整个观测过程中处于静止状态。严格来说,这种静止状态只是相对的,通常是指接收机相对于其周围点位没有发生变化。也就是说,在数据处理时,将接收机天线的位置作为一个不随时间改变而改变的量。在测量中,静态定位一般用于高精度的测量定位,其具体观测模式为多台接收机在不同的测站上进行静止同步观测,时间为几分钟、几小时甚至数十小时不等。

三、GNSS 坐标系统

1. 2000 国家大地坐标系(CGCS2000)

2000 国家大地坐标系,简称 CGCS2000,属于地心坐标系,其原点为地球质心,是 BDS 所采用坐标系,以 ITRF97 参考框架为基准,采用的地球椭球参数为:椭球长半轴 $a = 6378.137\text{km}$;扁率 $\alpha = 1/298.257222101$。具体可参见模块一的有关内容。

2. WGS-84 坐标系(WGS84)

WGS-84 坐标系是一个地心坐标系,其原点为地球质心,是 GPS 所采用的坐标系;WGS-84 椭球及有关常数采用国际大地测量和地球物理联合会第 17 届大会对大地测量常数的推荐值。采用基本参数是:椭球长半轴 $a = 6378.137\text{km}$;扁率 $\alpha = 1/298.257223536$。

在 RTK 测量中,新建工程后要进行坐标系统设置,依据工程实际坐标系在椭球模板中选择目标椭球,套用相应的椭球参数,同时设置投影方式与中央子午线经度,设置好的坐标系统有利于高精度地转换为工程实际坐标系。

单元四　GNSS 接收机及手簿操作使用

一、GNSS 接收机

GNSS 接收机由变频器、信号通道、微处理器、存储器及显示器组成。它的主要功能是接收卫星发射的信号,并进行处理和量测,以获取用户所在位置的三维坐标。本部分以南方测绘全新第四代智能交互 RTK——创享 RTK 为例讲解 GNSS 接收机及相关操作。

1. GNSS 接收机主机

创享 RTK 主机构造及各部件的功能如图 5-8 所示。创享 RTK 主机按键及图标指示灯功能和作用见表 5-2。创享 RTK 主机显示界面如图 5-9 所示,其中数据链指示图标及含义见图 5-10。

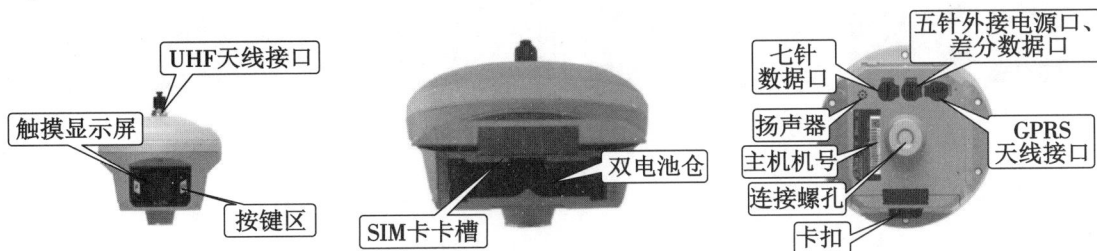

图 5-8　创享 RTK 主机

创享 RTK 主机按键及图标指示灯功能和作用表   表 5-2

按键及指示灯	功　能	作用或状态
	开关机,确定,修改	开机,关机,确定修改项目,选择修改内容
	翻页,返回	一般为选择修改项目,返回上级接口
	蓝牙灯	蓝牙接通时灯长亮
	数据指示灯	电台模式:按接收间隔或发射间隔闪烁; 网络模式:网络拨号、Wi-Fi 连接时快闪(10Hz); 拨号成功后按接收间隔或发射间隔闪烁

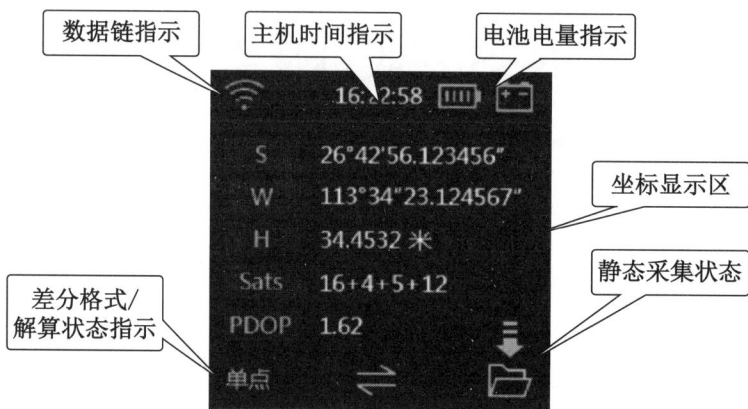

图 5-9　创享 RTK 主机显示界面

图 5-10　数据链指示图标及含义

2. GNSS 接收机手簿

创享 RTK 的配套手簿为全能型信息采集辅助终端 H6 手簿,如图 5-11 所示。H6 手簿键盘及功能键如图 5-12 所示,H6 手簿部分常用功能键功能见表 5-3。

图 5-11 H6 手簿重要部件

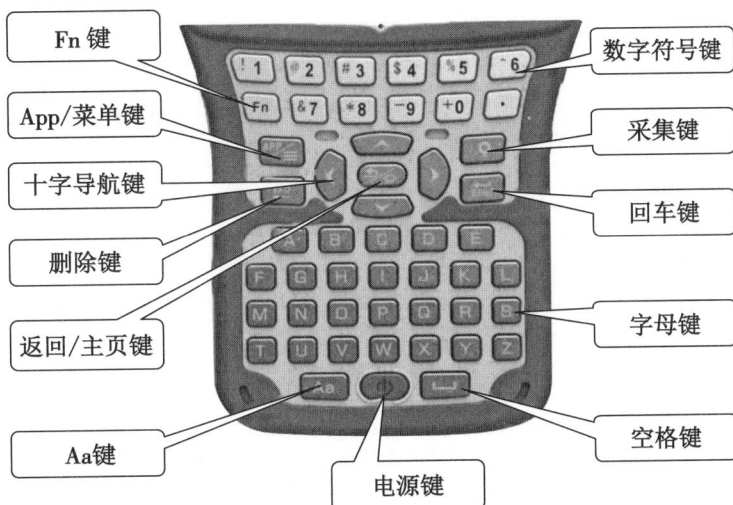

图 5-12 H6 手簿键盘及功能键

H6 手簿部分常用功能键功能表   表 5-3

功 能 键	功 能 含 义
Fn 键	数字与符号间切换,开机同时按电源键 + Fn 组合键,进入刷机界面
App/菜单键	自定义软件快捷启动,默认工程之星 5.0,长按进入后台菜单
返回/主页键	返回上一页或长按返回手簿主页面
采集键	手动进行数据采集
Aa 键	输入法大小写切换

3. GNSS 接收机测量软件(工程之星 5.0)简介

工程之星软件是一款领先的专业外业采集软件,面向各行业测量用户,是目前南方测绘 GNSS 测量的主要软件,南方测绘 GNSS 接收机出厂时一般都会给配套手簿预装上工程之星软件,用户在需要软件升级的时候直接覆盖以前的工程之星即可。本书以最新版工程之星 5.0 为例讲解 GNSS 接收机测量软件,在 H6 手簿中找到工程之星软件,单击进入工程之星主界面,如图 5-13 所示。

工程之星主界面窗口分为主菜单栏和状态栏,左上角显示出的"20210906"为当前工程的工程名,右上角四个图标为快捷功能键。

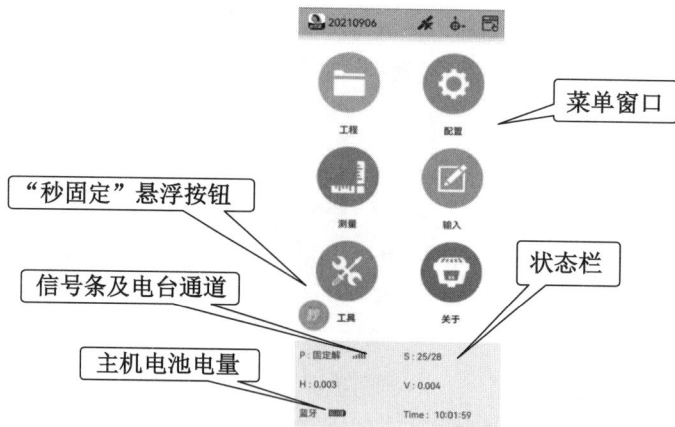

图 5-13　工程之星主界面

点击✗可以查看主机定位信息（包括点位信息、精度因子、基站信息、卫星图、信噪比、星表等）；点击◉可以查看及更改当前的工程属性；点击▣可以定制界面风格；点击●悬浮按钮，软件将直接进入高精度位置服务界面，同时，主机将自动切换为移动站，数据链：手机网络-高精度位置服务模式。

菜单栏显示六个主菜单命令：工程、配置、测量、输入、工具、关于。

状态栏"P"代表当前的解状态，包括固定解、浮点解、差分解、单点解；"S"代表 X\Y（锁定卫星数量\可视卫星数量）。注意：分类卫星 GPS（G）、GLONASS（R）、北斗（C）、GALILEO（E）、QZSS（J）的搜星颗数可于右上角✗进入定位信息在卫星图中查看；"H"和"V"分别代表水平残差和竖直残差。

4. GNSS 主要配件

GNSS 主要配件有：主机电池及其充电器、手簿充电器、主机数据线、手簿数据线、差分天线、移动站对中杆、手簿托架、外接电台、外接天线、电台 Y 形数据线、锂电池、连接器、测高片和卷尺等。

GNSS 配套差分天线有两种分别是外置网络天线和 UHF 差分天线，差分天线如图 5-14 所示，UHF 内置电台基准站模式和 UHF 内置电台移动站模式，需用到 UHF 差分天线。网络 RTK 请使用外置网络天线。

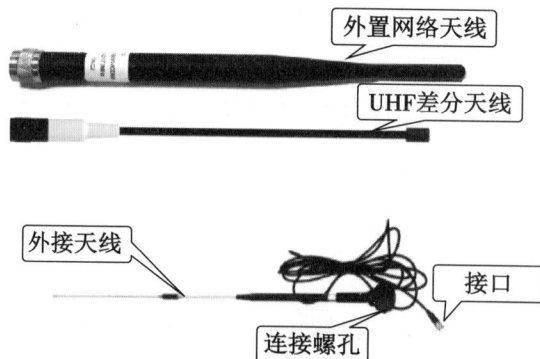

图 5-14　差分天线

外接电台，如南方测绘 GDL20 电台，如图 5-15 所示，该电台空中传输速率达 19200bps 的高速无线半手工数据传输电台，具有较大射频发射功率，应用于南方 RTK 测量系统中，配套外接天线如图 5-14 所示。

二、GNSS 接收机主机与手簿连接

目前 GNSS 接收机主机与手簿的连接可以通过蓝牙碰触和蓝牙管理器两种方式实现。

1. 蓝牙触碰连接

GNSS 主机支持 NFC 蓝牙配对功能时,软件选择 NFC 功能,将手簿背部的 NFC 读取模块贴近 GNSS 主机,如图 5-16 所示,手簿将自动完成蓝牙配对工作。

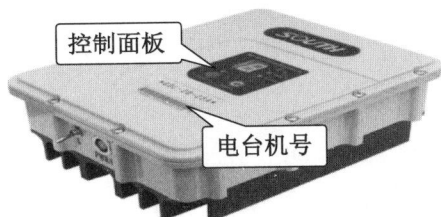

图 5-15　GDL20 电台

图 5-16　NFC 触碰连接

2. 蓝牙管理器连接

H6 手簿开机后,找到工程之星程软件点击进入工程之星主界面,点击【配置】,如图 5-17a) 所示,出现下拉菜单,选择【仪器连接】,如图 5-17b) 所示,进入蓝牙管理器界面,点击【扫描】,如图 5-17c) 所示,在扫描后出现的可用设备中,按照主机设备编号选中相应设备,点击【连接】,如图 5-17d) 所示,仪器提示输入 PIN 码进行配对,PIN 码默认为 1234,如图 5-17e) 所示,输入后确定,提示连接成功,如图 5-17f) 所示。【资源 19】

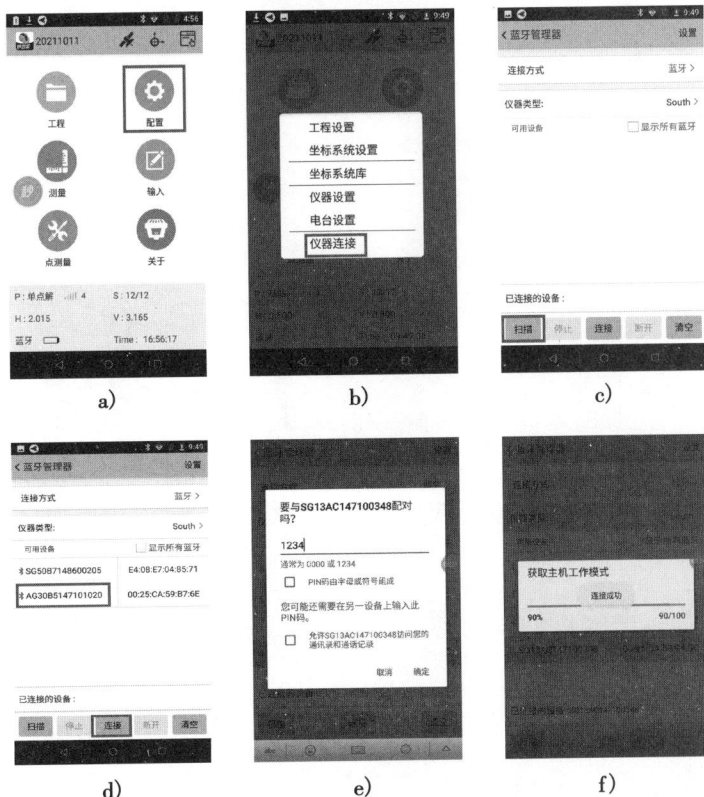

a)

b)

c)

d)

e)

f)

图 5-17　蓝牙管理器连接设置

三、GNSS 接收机的架设

GNSS 接收机的架设形式主要有三脚架架设和对中杆架设两种形式。

1. GNSS 接收机的三脚架架设

三脚架架设形式能够精确进行对中整平，主要用于高精度测量中，如静态作业模式和 RTK 作业模式下基准站的架设，架设形式如图 5-18 所示。

具体操作步骤：

（1）安置三脚架：松开三脚架紧固螺钉，将三脚架拉伸到适合高度，固定一个脚架，呈等边三角形拉开另两个脚架，使三个脚尖大致等距，且应保持架面尽量水平，并使连接螺旋中心孔尽量对准地面控制点。

（2）安置基座：从仪器箱中取出基座，将基座小心地放在三脚架上，以基座的一个边为轴微微抬起仪器，将三脚架连接螺旋与基座连接孔相连，将仪器可靠紧固。

（3）安置测高片及 GNSS 接收机主机：从仪器箱中取出主机，测高片放于下端再将连接螺钉旋入主机，然后放入基座上方连接槽中，用紧固螺钉锁死。

（4）安置天线：将天线插入相应位置。

（5）量取仪器高度：在三脚架架设形式下可以用卷尺量取垂高或斜高，如图 5-18 所示。

2. GNSS 接收机的对中杆架设

对中杆架设形式主要用于 RTK 作业模式下移动站的架设和高精度单点定位（PPP）作业模式测量，架设形式如图 5-19 所示。

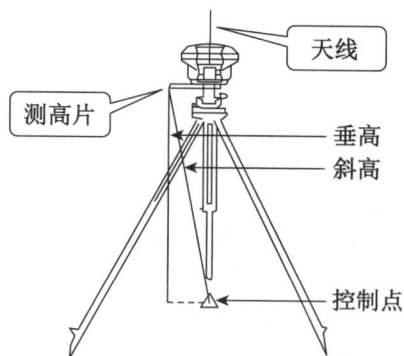

图 5-18　三脚架架设形式

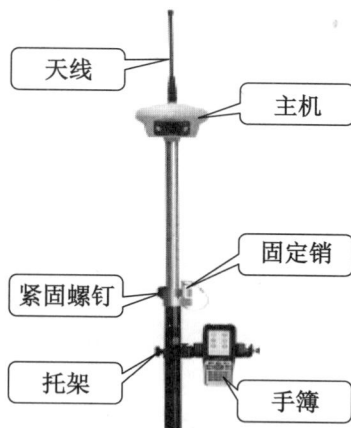

图 5-19　对中杆架设形式

具体操作步骤：

（1）安装手簿托架及手簿：拿出手簿托架安装在对中杆水准器下方，并将手簿置于托架上。

（2）安装 GNSS 接收机主机：从仪器箱中取出主机，将对中杆连接螺钉旋入主机下方并拧紧。

（3）安置天线：将天线插入相应位置。

（4）调整杆高：松开杆高紧固螺钉，调整杆高到合适高度并将固定销插入孔中，拧紧紧固螺钉，在对中杆读取杆高。

单元五　GNSS-RTK定位技术

一、RTK定位原理

RTK定位技术以载波相位观测值为基础，将两个相位的载波相位进行实时处理，及时解算出观测点的三维坐标或地方平面直角坐标，并可达到厘米级的精度，是能够满足常规工程点位测设的精度要求的卫星定位技术。

RTK定位技术需要在两台GNSS接收机之间增加一套无线数字通信系统（也称数据链），将两个相对独立的GNSS信号接收系统连成一个有机整体。基准站通过电台将观测信息和测站数据传输给移动站，移动站将基准站传来的载波观测信号与流动站本身测得的载波观测信号进行差分处理，解出两站间的基线值，同时输入相应的坐标转换和投影参数，实时得到测点坐标，因此，RTK定位的关键除数据传输技术外，还需要有很强的数据处理能力。图5-20为RTK定位原理图，图5-21为RTK定位测量示意图。

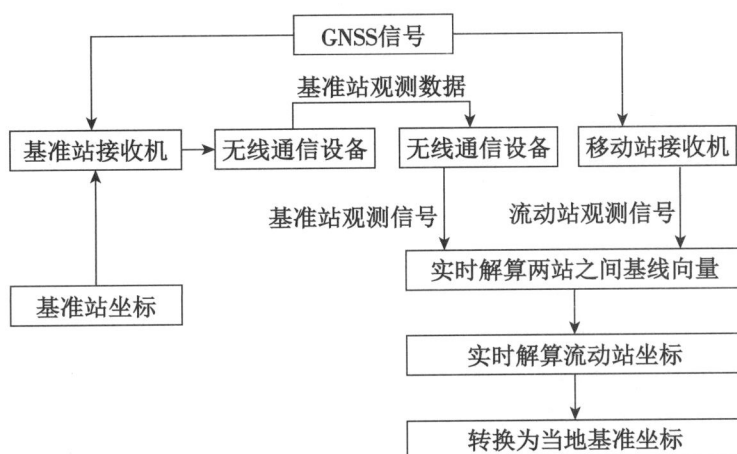

图5-20　RTK定位原理图

图5-21　RTK定位测量示意图

根据 RTK 测量原理，RTK 测量必须有基准站和移动站，目前 RTK 测量模式有电台 $1+N$ 模式、网络 $1+N$ 模式、单基站网络模式和 CORS 网络模式。电台 $1+N$ 和网络 $1+N$ 模式都需要自己架设基准站，数据链分别为电台和移动网络。单基站网络模式和 CORS 网络模式基准站为省基站，操作没有区别。本节讲解电台 $1+N$ 模式 RTK 测量步骤，单基站网络模式和 CORS 网络模式将在本模块单元六网络 RTK 定位技术中介绍。

二、电台 $1+N$ 模式 RTK 测量【资源 18】

电台 $1+N$ 模式 RTK 测量操作步骤如下。

1. 基准站与流动站的安置与设置

1）基准站的架设

基准站因电台分外置电台和内置电台两种（图 5-22、图 5-23），对应架设形式也有两种。

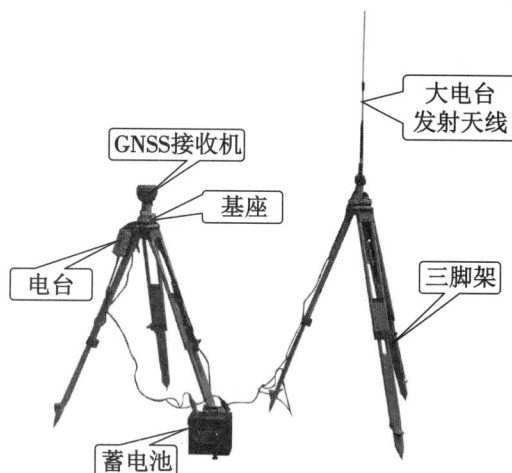

图 5-22　外置电台模式基准站　　图 5-23　内置电台模式基准站

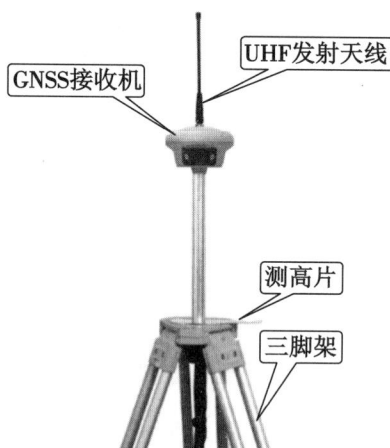

（1）基准站外置电台模式架设。

外置电台模式基准站架设形式如图 5-22 所示，具体操作步骤：

①基准站主机的架设。

将基准站主机架设在基座上并将主机固定在三脚架上。进行对中、整平。此时设置的高度截止角应不得小于 15 度。

②基准站主机电缆线安装。

将电缆线上的红色圆点对准主机上的红色圆点，将电缆线插入主机插口。

③架设基准站电台天线。

在主机一侧开阔处架设天线支架。用伸缩支架架腿的方法使支架圆水准气泡居中，天线支架应安置稳定。在天线箱中取出天线固定在支架上。

④天线电缆线安装。

将电缆线连接于天线上，卫星高度截止角不小于 15 度。

⑤基准站电台安装。

将电台安置于基准站主机三脚架上，将一体化基站主机电缆线上的红色圆点对准电台上的红色圆点，插入电缆线。

⑥安装电池组。

将电池组放在电台一侧,取出电缆线,首先将电缆线上的红色圆点对准电台上的红色圆点,插入电缆线,再将电缆线上的对中标志(凹)对准电池插孔上的(凸),插入电缆线。

(2)基准站内置电台模式架设。

基准站一般架设在未知点,可以省去对中整平操作,架设成图5-23形式。

具体操作步骤:

①架设三脚架。

②安装测高片与连接杆。

③安装GNSS接收机主机。

④安装UHF发射天线。

2)移动站架设

详见本模块单元5.4 GNSS接收机的对中杆架设。

3)主机与手簿蓝牙连接

仪器架设后,分别完成基准站和移动站手簿与主机的连接,具体操作步骤详见本模块单元四GNSS接收机及手簿操作使用。

4)主机工作模式及数据链接设置

(1)基准站设置。【资源25】【资源26】

打开工程之星软件,在主界面点击【配置】按钮,如图5-24a)所示,弹出下拉菜单,如图5-24b)所示,点【仪器设置】进入仪器设置界面,如图5-24c)所示,选择【基准站设置】进入基准站设置界面,在该界面点击【数据链】,出现数据链设置下拉菜单,如图5-24d)所示,外置电台模式需要选择"外置电台";内置电台模式需要选择"内置电台"。

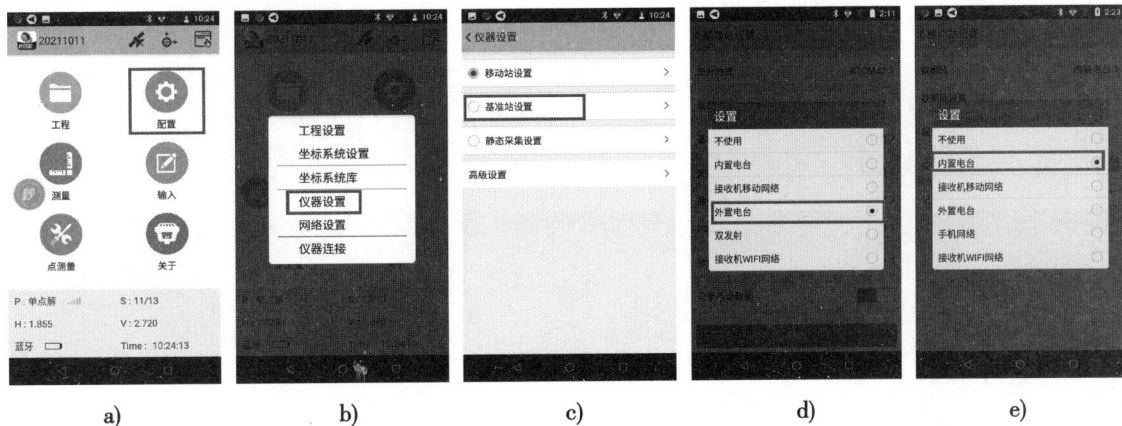

图5-24 基准站仪器设置

(2)流动站设置。【资源27】

移动站设置程序基本与基准站设置相同,只是在仪器设置界面选择【移动站设置】,进入移动站设置界面,如图5-24e)所示,在该界面点击【数据链】选择"内置电台"。

5)电台通道设置

内置电台模式在手簿设置电台通道,选择内置电台后,在相应界面中点击【数据链设置】,进入【数据链设置】—【内置电台】界面,如图5-25a)所示,点击通道设置,设置电台通道。

外置电台模式在外挂电台上设置电台通道,图 5-25b)为南方测绘 GDL20 外接电台面板,开机后,按电台界面上的 C 键可以变换电台通道。TX 灯开始每秒钟闪 1 次,表明基准站开始正常工作。

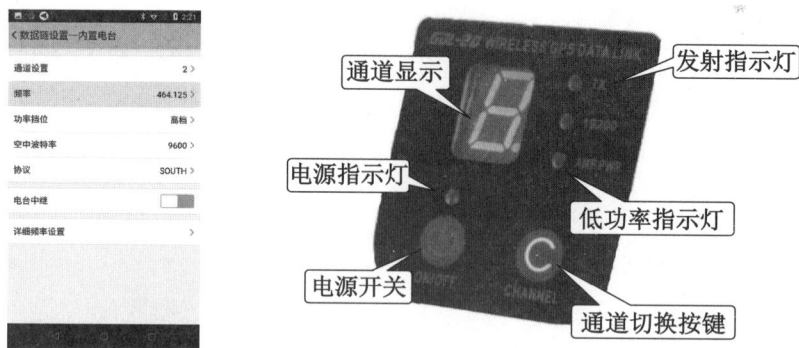

图 5-25　电台设置

注意:电台 1 + N 模式,N 台移动站电台通道要与基准站相同。连接成功后,仪器数据指示灯会指示,工程之星软件主界面状态栏"P"显示固定解。

2. 新建工程或打开已建工程

RTK 测量数据需要存储在文件中,文件在工程之星软件中称为工程,RTK 测量前需要进入对应工程。测量初期需要新建工程,后期需要打开已建工程。

1)新建工程

(1)新建工程。【资源 20】

在工程之星软件主界面点击【工程】,在弹出的下拉菜单中选择【新建工程】,如图 5-26a)所示,进入新建工程界面,首先在工程名称行输入新建工程名称,默认为当天日期,点击【确定】,新建的工程将保存在" \SOUTHGNSS_EGStar\ProjectData"目录下,如图 5-26b)所示。如果之前已经建立过工程,并且要求套用以前的工程,可以勾选套用模式,然后点击【选择套用工程】,进入工程管理界面,如图 5-26c)所示,选择想要使用的工程文件,选择后自动返回新建工程界面,点击【确定】。

a)　　　　　b)　　　　　c)　　　　　d)　　　　　e)

图 5-26　新建工程设置

工程之星 5.0 新建工程界面新增加了新建工程模式,如图 5-26b)所示,默认为【标准】,如果选择【快速】,将会自动定位获取中央子午线经度,显示目标椭球及中央子午线,默认目标椭球为 CGCS2000,如图与当前工程需求一致,可以不用再进行下面的坐标系统设置。

（2）坐标系统设置。

测量之前需要设置当前工程对应的坐标系统参数包括坐标系统名称、目标椭球、投影参数、中央子午线及各类转换参数等。工程之星 5.0 软件中,坐标系统名称默认与工程名称相同,目标椭球默认为 CGCS2000,投影方式默认为高斯投影,中央子午线默认为 E114:00:00。RTK 测量时主要根据工程实际选择合适的目标椭球,设置相应的中央子午线。

①目标椭球设置。

工程之星主界面点击【配置】,弹出下拉菜单如图 5-27a)所示,点击【坐标系统设置】,进入坐标系统设置界面,如图 5-27b)所示,点击【目标椭球】,可进入椭球参数设置界面,如图 5-27c)所示,点击【椭球模板】在弹出的下拉菜单中选择需要的目标椭球名称,如图 5-27d)所示。

图 5-27　坐标系统设置

②中央子午线设置。

坐标系统设置界面,如图 5-27b)所示,在中央子午线处可以直接输入,也可以点击定位图标自动获取。

2）打开工程

在图 5-26a)下拉菜单中选择【打开工程】,进入打开工程界面,如图 5-26d)所示,点击想要打开的工程文件,弹出提示窗口,如图 5-26e)所示,点击【确定】。

3.校正坐标系

虽然新建工程时进行了坐标系统设置,GNSS 测量的成果与实际工程坐标系还是存在很大偏差,为此我们需要进行校正坐标系工作,以及确定转换参数,常用的转换参数有:七参数和四参数。

七参数是分别位于两个椭球内的两个坐标系之间的转换参数。七参数的基本项包括:三个平移参数、三个旋转参数和一个比例尺因子,至少需要三个已知点和其对应的大地坐标才能计算出。七参数的控制范围可以达到 $50km^2$ 左右。

四参数是同一个椭球内不同坐标系之间进行转换的参数,即在投影设置下选定的椭球内 GNSS 坐标系和施工测量坐标系之间的转换参数。四参数的四个基本项分别是:x 平移、

y 平移、旋转角和比例尺。至少要用两个已知点和其对应的大地坐标才能计算。根据经验，四参数理想的控制范围一般都在 20km² 以内。

控制点等级的高低和分布情况直接决定了求取参数的精度和其所能控制的范围。七参数和四参数不能同时使用。

坐标系校正可以通过两种方式实现：一是求转换参数；二是直接输入已知的转换参数再进行校正向导。

1）求转换参数【资源21】

本模块以求解四参数为例讲解。

（1）测量已知点：新建工程后在已知点进行点测量，测量至少两个已知点。

（2）在工程之星主界面点击【输入】，在弹出的下拉菜单中点击【求转换参数】，进入求转换参数界面，如图5-28a)所示，坐标转换方法默认为"一步法"，即一步求解四参数和高程拟合参数。

（3）在求转换参数界面点击【添加】按钮，进入增加坐标界面，如图5-28b)所示，在该界面下通过调用或手动输入方式编辑增加已知点的平面坐标（已知施工坐标）和大地坐标。

（4）用同样方法添加所有已测已知点坐标，如图5-28c)所示，满足求解条件后（四参数至少2个已知点，七参数至少3个已知点）点击【计算】—【应用】，如图5-28d)、图5-28e)所示。将该参数应用到该工程以后，可以通过【配置】—【坐标系统设置】—【四参数】操作查看四参数的北偏移、东偏移、旋转角和比例尺。

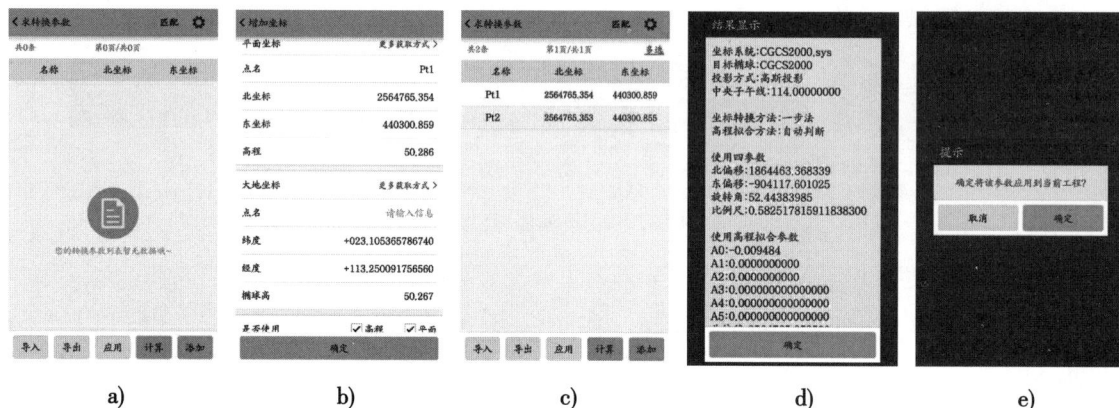

图 5-28　求转换参数设置

2）校正向导【资源22】

校正向导需要在已经打开转换参数的基础上进行。校正参数一般是用在求完转换参数而基准站进行过开关机操作，或是有工作区域的转换参数。如果直接输入参数，校正向导产生的参数实际上是使用一个公共点计算两个不同坐标的"三参数"，在软件里称为校正参数。校正向导有两种途径，即基准站架在已知点上或基准站架在未知点上。下面介绍基准站架设在未知点上的校正向导操作方法：

工程之星主界面点击【输入】，弹出下拉菜单点击【校正向导】，进入校准模式选择界面如图5-29a)所示，选择【基准站架设在未知点】，再点击【下一步】，进入求校正参数界面，如图5-29b)所示。然后将移动站对中杆立于已知点 A 上，输入 A 点的坐标、天线高和天线高的量取方式后点击【校正】，系统会提示是否校正，点击【确定】即可，如图5-29c)所示。通常情况下，非地方坐标系或非自定义坐标系的平面校正参数在几百米之内。在【配置】—【坐标系统设置】—【校正参数】里面查看校正参数,如图5-29d)所示。

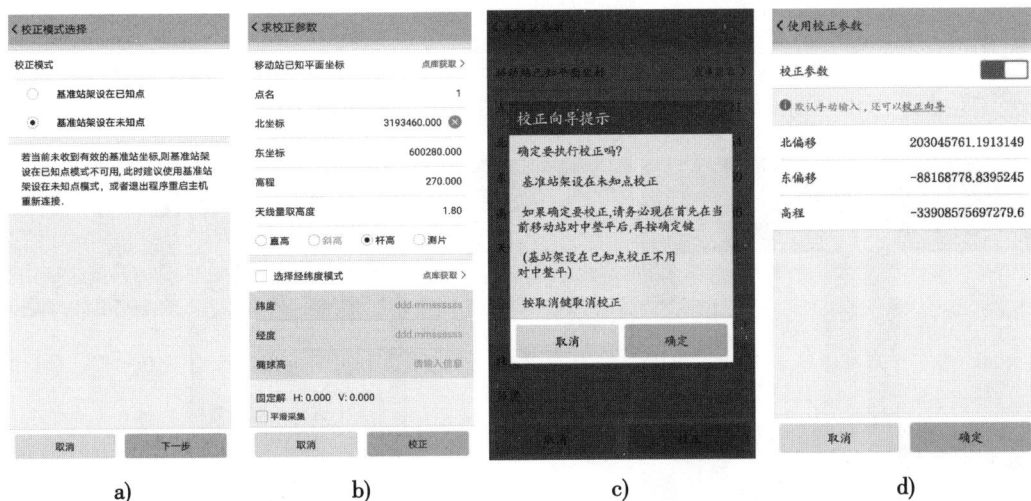

图5-29　校正向导设置

4. RTK点测量【资源28】

具体步骤如下:

(1)在移动站手簿上点击工程之星主界面菜单中的【测量】,在弹出的下拉菜单中选择【点测量】,进入点测量界面,如图5-30a)所示。

(2)在待测点的移动站对中整平后,点击图5-30a)中的【保存】按钮,或者手簿上的"采集键"或"A",将会进入保存界面,如图5-30b)所示。

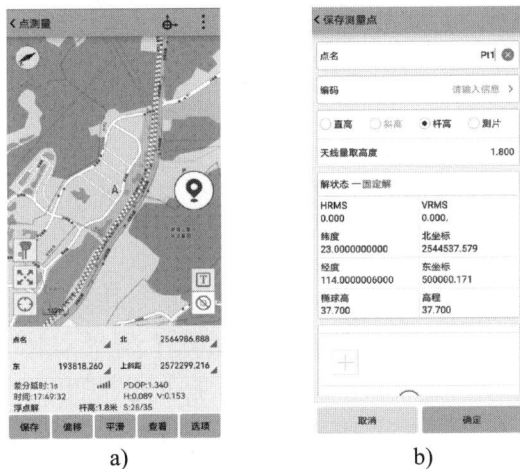

图5-30　点测量设置

(3)在保存界面输入点名、编码、天线高类型及高度,点击【确定】或手簿按"回车键",该点信息会自动保存在所在工程下的数据文件中。

(4)重复2~3步完成测区内所有特征点的测量工作。

5. RTK数据传输【资源24】

RTK数据传输是将野外数据采集所测数据文件导出,并传输给电脑,具体步骤如下:

(1)在工程之星软件主界面,点击【工程】,弹出的下拉菜单如图5-31a)所示,选择【文件导入导出】,再次弹出下拉菜单,如图5-31b)所示,选择【成果文件导出】。

（2）进入文件导出设置界面,如图 5-31c)所示,编辑导出文件名称,选择文件类型,点击【确定】。

（3）弹出导出成果窗口,如图 5-31d)所示,点击【分享】,进入分享界面,可以通过二维码、蓝牙、彩信、信息和 Android Beam 形式进行数据分享与传输,如图 5-31e)所示。

图 5-31   RTK 数据传输设置

（4）导出文件默认的输出目录为/storage/emulated/0/SOUTHGNSS_EGStar/Export,也可直接用 U 盘或连接电脑复制。

三、RTK 点放样

RTK 点放样测量主要用于施工现场标定已知坐标的点位。RTK 点放样需要在基准站与流动站的安置与设置、新建工程或打开已建工程、校正坐标系完成后,再完成以下两步。

1. RTK 放样数据准备

为了提高施工现场作业效率,在点位放样前,需要先将待放样点的坐标录入坐标管理库。

首先在工程之星软件主界面点击【输入】,在弹出下拉菜单中点击【坐标管理库】,进入坐标管理库界面,如图 5-32a)所示。该界面分两大类【测量点库】和【放样点库】,在每一类中都可以进行坐标的导入、导出、添加、查看、编辑、放样和删除。

然后待放样点坐标可以通过【导入】或【添加】录入到放样点库。

1）导入【资源 23】

在放样点库界面下,点击【导入】,进入文件导入界面,如图 5-32b)所示,选择将导入数据的类型格式,找到路径下对应的数据文件,点击该文件,如图 5-33c)所示,仪器提示导入成功,并显示已导入的坐标信息,如图 5-32d)所示。

2）添加

在放样点库界面下,点击【添加】,弹出下拉菜单,如图 5-32e)所示,选择【手动输入】,进入手动输入界面,如图 5-32f)所示,手动输入平面坐标点,点击【确定】,显示已添加的坐标信息。

a)　　　　b)　　　　c)　　　　d)　　　　e)　　　　f)

图 5-32　RTK 放样数据设置

2. RTK 点放样【资源 29】

（1）选择待放样点坐标并进入点放样界面。

工程之星 5.0 软件可以通过两种方式实现。

方法一：工程之星软件主界面，点击【测量】，在弹出的下拉菜单中点击【点放样】，进入点放样界面，如图 5-33a）所示。点击【目标】，进入坐标管理库界面，如图 5-32d）所示，点击需要放样的点会返回到点放样界面。

方法二：工程之星软件主界面，点击【输入】，在弹出的下拉菜单中点击【坐标管理库】，在坐标管理库中点击待放样点坐标会弹出下拉菜单，如图 5-33b）所示，选择【点放样】，进入点放样界面。

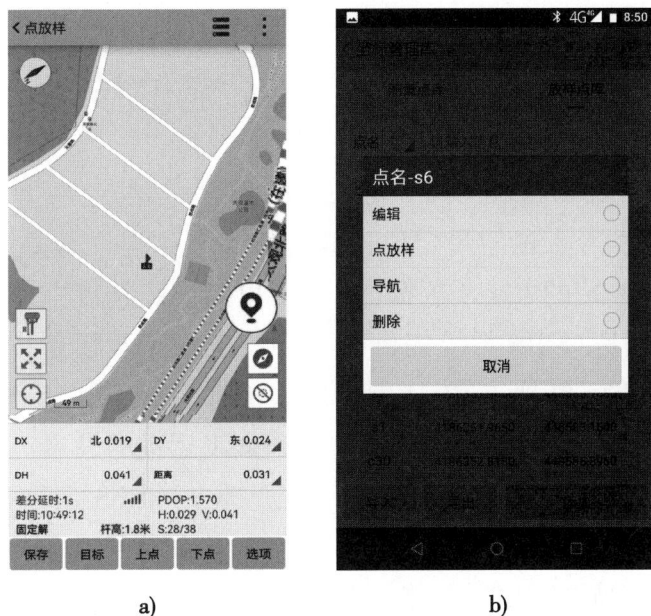

a)　　　　　　　　　　b)

图 5-33　点放样设置

（2）进入放样界面后，根据手簿屏幕提示，前后左右移动接收机寻找所要被放样的点位，最后将放样点打桩标定。

（3）放样与当前点相连的点时，可以不用进入放样点库，点击"上点"或"下点"根据提示选择即可。

主机注册

当前注册信息   复制信息

注册ID: SG70AA133361836

主机串号: 6032C01985000000

到期时间: 20220125

1	2	3	A	B
4	5	6	C	D
7	8	9	E	F
0			注册	

在线获取注册码   扫描

图5-34　主机注册设置

四、RTK测量注意事项

（1）手簿显示"无数据"。此时手簿与主机蓝牙断开。一般由于手簿与主机距离超出蓝牙控制范围，最好不要超过15m。此时手簿软件界面容易卡屏。

（2）网络设置都正确，手机卡也不欠费，就是不显示单点解，其原因是接收机主机未加外接网络天线。

（3）连接天线网络设置后仪器达不到固定解，原因有：手机卡欠费；手机卡接触不良；用户名密码错误；接入点信号不佳等。

（4）测点高程与实际差1.8m或2m左右。这是因为仪器高没有输入，测得的数据差了对中杆的高度。

（5）开机时主机嘀嘀嘀地响而且状态灯在电池充足的时候闪烁，这说明主机注册码过期。主机注册在工程之星软件主界面点击【关于】，弹出下拉菜单中选择【主机注册】，进入主机注册界面，如图5-34所示，输入正确的注册码，点击注册，手簿会提示注册成功，且到期时间跟申请的注册码有效时间一致，则说明注册成功，否则需要重新输入注册码注册。注意：注册需要接收机与控制器在连接状态下进行。

单元六　网络RTK定位技术

随着GNSS应用的普及和深入，GNSS定位方式已从单站定位（单点定位）、单参考站差分定位（相对定位）发展到今天的卫星定位连续运行参考站提供网差分定位。CORS利用现代通信技术接收各个参考站的GNSS数据，来为用户提供高精度空间定位服务和多元化信息服务，广域差分服务就是CORS系统提供的一种服务形式。随着技术的发展，CORS系统的功能和提供的服务也在不断地丰富，特别是近些年来，在CORS系统基础上发展起来的网络RTK服务大受用户欢迎，这使得CORS系统得到突飞猛进的发展。

CORS系统与网络RTK区别在于：CORS系统是基于GNSS定位技术的一种设施基础，在这个设施基础上可以开发出多种服务内容，网络RTK就是这些服务内容中特别受欢迎的一种。换句话说，CORS是物质基础，网络RTK是在这个基础上发展起来的技术形式。

一、CORS系统简介

在一定地域内建立若干个固定GNSS连续运行参考站，并通过数据通信网络将这些连续运行参考站的观测数据传送至一个或多个数据处理和监测中心，以集中进行数据处理和监控，然后通过通信网络，以这些处理过的数据为基础，根据用户需求，提供服务。这种以连续运行站网为核心，以通信网络为骨干，以用户需求为服务目标、以用户接收点为终端的集成系统,称作连续运行卫星定位服务系统(Continuous Operational Reference System),简称CORS系统。

如图5-35所示,CORS系统主要包括连续运行参考站、数据通信网络和数据中心三个部分。

1.连续运行参考站

连续运行参考站一般至少由三个参考站组成,每个参考站包括GNSS接收机(含天线)、计算机、气象设备、通信设备及电源设备、观测墩等设施。它长期连续跟踪GNSS卫星信号,通过数据通信网络定时、实时或按数据中心的要求将观测数据传输到数据

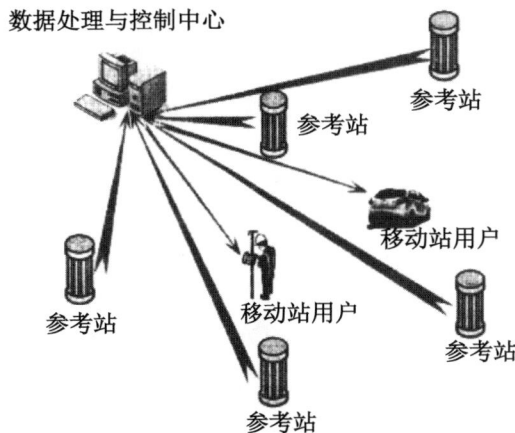

图5-35　CORS系统组成

中心,满足数据中心软件解算的需要。同时,参考站子系统也为定位提供了连续的、动态的、高精度的坐标参考框架,统一了坐标基准。

2.数据通信网络

数据通信网络的任务是完成数据传输、数据产品分发等工作,即利用通信链路,实现参考站与数据中心、数据中心与用户间数据交换,将参考站的观测数据实时发送给中心,将差分信息根据用户的需求播发给移动站用户。

3.数据中心

数据中心是汇集、存储、处理和分析参考站数据资源,远程监控参考站运行状态,并形成产品和开展服务的系统,是连续运行参考站系统的核心单元,由中心网络和软件系统组成。

二、网络RTK概念

常规RTK极大促进了实时动态高精度导航定位应用,但在实际应用中存在明显的制约:

(1)覆盖范围小。通常流动站只能在参考站附近15km内的范围才能进行RTK精确定位。

(2)精度不均匀。常规RTK流动站距离参考站越远,定位精度越差。

(3)可靠性低。流动站只能获取单一的参考站差分信息,一旦参考站观测出现粗差或发生故障,即导致流动站定位错误或不能工作。

20世纪末,出现了网络RTK技术,该技术通过集中综合处理CORS网的卫星观测数据,实时解算大气延迟等改正信息,并通过无线通信方式为用户提供改正信息,可以在其网络覆盖范围内为测码型接收机提供亚米级或米级精度的实时定位服务,为测相型接收机提供厘米级精度的实时定位服务;也可以提供毫米级精度的事后位置服务。

网络RTK定位技术与常规RTK定位技术相比的优点:

(1)相同参考站数目,前者覆盖范围更广。

(2)网络RTK在其覆盖范围之内,精度分布较均匀。

(3)更高的可靠性和可用性。在CORS网络中,如果某个参考站发生故障,网络RTK系

统可以利用剩余的参考站估计空间相关误差,继续为用户提供服务。同时,系统还可根据 CORS 的冗余观测值有效探测某个参考站的观测粗差,提高了 RTK 的可靠性和完好性。

三、网络 RTK 测量与放样

1. 架设移动站

详见本模块单元 5.4 GNSS 接收机的对中杆架设。

2. 主机与手薄蓝牙连接

具体操作步骤详见本模块单元 5.4 GNSS 接收机主机与手簿连接。

3. 主机工作模式及数据链接设置

在工程之星主界面点击【配置】,弹出菜单中选择【仪器设置】,进入仪器设置界面,选择【移动站设置】,进入移动站设置界面,在该界面点击【数据链】弹出对话框中,选择【手机网络】,如图 5-36 所示。

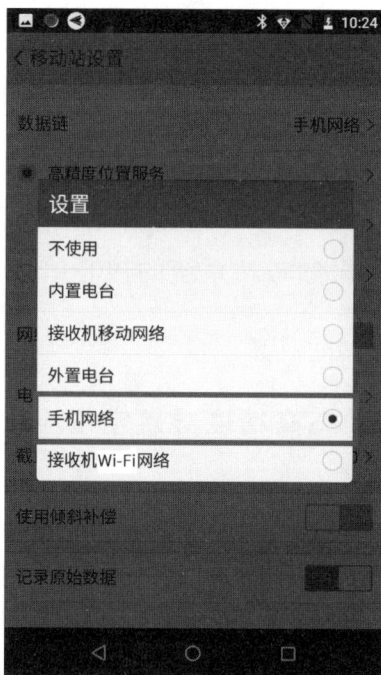

图 5-36 网络 RTK 数据链

4. 网络设置【资源 30】

(1)在图 5-37a)移动站设置界面,选择【CORS 连接设置】,进入手机网络模板参数管理界面,如图 5-37b)所示。

(2)点击【增加】,进入数据链手机网络设置界面,如图 5-37c)所示,依次输入【名称】【IP】【端口】【账户】【密码】【接入点】等相关参数,模式选择【NTRIP(移动站模式)】,完成参数配置。注意:接入点选择一般可通过接入点输入界面直接刷新获取。

(3)点击【确定】,返回模板参数管理页面,选中刚新增加的网络配置,点击【连接】,如图 5-37d)所示,再点击【确定】返回主页面,等待主机达到固定解即可进行作业。

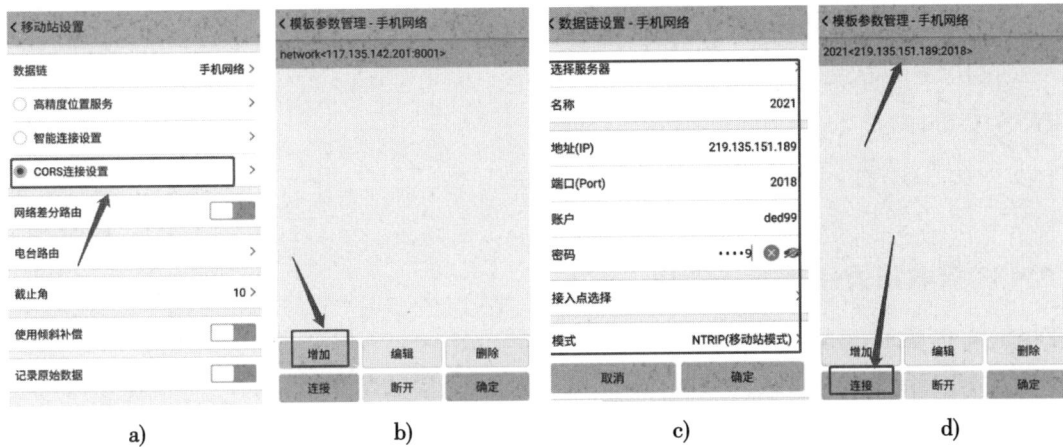

a)　　　　　　b)　　　　　　c)　　　　　　d)

图 5-37　网络设置

网络 RTK 的新建工程或打开已建工程、校正坐标系、点测量、数据传输均与本模块单元 5.5"二、电台 1 + N 模式 RTK 测量"相同。

网络 RTK 的点放样与本模块单元 5.5"三、RTK 点放样"相同。

本模块小结

一、GNSS 系统

1. 全球范围内的四大卫星导航系统

美国的 GPS 系统,俄罗斯的 GLONASS 系统,中国的北斗 BDS 系统,欧盟的 Galileo 系统。

2. 北斗三号卫星导航系统组成

30 颗组网卫星包含了 3 颗地球静止轨道(GEO)卫星、3 颗倾斜地球同步轨道(IGSO)卫星及 24 颗中圆地球轨道(MEO)卫星。

二、GNSS 的组成、特点及应用

1. GNSS 系统的组成

空间部分、地面监控部分和用户设备部分。

2. GNSS 系统的特点

(1)全天候作业,测点间无须通视;

(2)定位精度高,作业效率高;

(3)GNSS 可提供全球统一的三维地心坐标;

(4)能实现实时导航定位。

3. GNSS 系统的应用

三、GNSS 定位原理与分类

1. GNSS 空间定位原理

空间距离后方交会。

2. GNSS 定位分类

根据观测值:伪距定位和载波相位定位;

根据定位模式:绝对定位和相对定位;

根据接收机运动状态:静态定位和动态定位。

3. GNSS 坐标系统

BDS 所采用坐标系:2000 国家大地坐标系;

GPS 所采用的坐标系:WGS-84 坐标系。

四、GNSS 接收机及手簿操作使用

1. GNSS 接收机

接收机主机、手簿、测量软件及配件。

2. GNSS 接收机主机与手簿连接

蓝牙碰触连接与蓝牙管理器连接。

3. GNSS 接收机架设

三脚架架设与对中杆架设。

五、RTK 定位技术

1. RTK 定位原理

2. 电台 1 + N 模式 RTK 测量

(1)基准站与流动站的安置与设置;

(2)新建工程或打开已建工程;

(3)校正坐标系;

(4)RTK 点测量;

(5)RTK 数据传输。

3. RTK 点放样

(1)基准站与流动站的安置与设置;

(2)新建工程或打开已建工程;

(3)校正坐标系;

(4)RTK 放样数据准备;

(5)RTK 点放样。

4. RTK 测量注意事项

六、网络 RTK 定位技术

1. CORS 系统

CORS 系统主要包括连续运行参考站、数据通信网络和数据中心三个部分。

2. 网络 RTK

3. 网络 RTK 测量与放样

本模块关于 GNSS 接收机与手簿认识、技术操作、基本设置、RTK 测量、网络 RTK 测量、放样测量的实训指导和习题及参考题解详见本教材的配套教学用书《工程测量实训指导与习题集》模块五。

模块六

测量误差的基本知识

本模块学习目标

知识目标：

1. 理解偶然误差特性和算术平均值原理；

2. 识别评定观测值精度的指标。

技能目标：

1. 学会计算观测值的算术平均值及其中误差；

2. 学会计算观测值的容许误差和相对误差。

本模块参考学时

课堂学习　4 学时。

单元一　概　述

在测量工作中,由于仪器设备不够完善(仪器有误差),观测者感官与技术操作的局限性(观测有误差),以及外部环境瞬间变化的随机性(外界有影响),使得对某一量的观测值偏离了该量的真值或理论值,而产生真误差或闭合差,统称为测量误差,简称为误差。例如,对某一三角形的内角进行观测,三内角观测值之和不等于180°(三角形内角和的理论值);又如观测某一闭合水准路线,其高差闭合差的观测值不等于零(理论值)等等,均说明观测中存在误差的客观性和普遍性。也就是说,对某量(如某一个角度、某一段距离或某两点间的高差等)进行多次观测,所得的各次观测结果总是存在着差异,这种差异实质上表现为每次测量所得的观测值与该量的真值之间的差值,这种差值称为测量误差,即:

测量误差 = 真值 - 观测值

测量误差按其性质可分为系统误差和偶然误差两类。

1. 系统误差

在相同的观测条件下,对某量进行一系列的观测,若观测误差的符号及大小保持不变,或按一定的规律变化,这种误差称为系统误差。这种误差往往随着观测次数的增加而逐渐积累。如某钢尺的注记长度为30m,经鉴定后,它的实际长度为30.016m,即每量一整尺段就有 +0.016m 的系统误差。

由此可见,系统误差对观测结果影响较大,因此必须采用各种方法消除或减少它的影响。比如用改正数计算公式对丈量结果进行改正。

再例如,角度测量时全站仪的视准轴不垂直于横轴而产生的视准轴误差,水准尺刻划不精确所引起的读数误差,以及由于观测者照准目标时,总是习惯于偏向中央某一侧而使观测结果带有误差等都属于系统误差。

系统误差除可用改正数计算公式对观测结果进行改正加以消除外,也可以用一定的观测方法来消除其误差影响。如全站仪视准轴不垂直于横轴造成的误差,可以用盘左、盘右观测角度,取其平均值的方法加以消除;在水准测量中,采用使前、后视距离相等的措施来消除水准仪的视准轴不平行于水准管轴造成的误差。

2. 偶然误差

在相同观测条件下,对某量做一系列的观测,若观测误差的大小及符号变化没有任何规律性,则这种误差称为偶然误差,如估读误差、照准误差等。

从大量的测量实践中发现,虽然偶然误差从表面上看没有任何规律性,但是在相同的观测条件下,当观测次数增多时,误差却服从一定的数理统计规律,其特性如下:

(1)在一定的观测条件下,偶然误差的绝对值不会超过一定的限值。

(2)绝对值小的误差比绝对值大的误差出现的概率大。

(3)绝对值相等的正、负误差出现的概率基本相等。

(4)偶然误差的算术平均值随着观测次数的无限增加而趋于零。

$$\lim_{n \to \infty} \frac{\sum\limits_{i=1}^{n} \Delta}{n} = 0 \tag{6-1}$$

式中:$\sum\limits_{i=1}^{n} \Delta = \Delta_1 + \Delta_2 + \cdots + \Delta_n$;

n——观测次数。

在观测过程中,由于系统误差和偶然误差是同时发生的,只有消除或大大降低系统误差的影响,使偶然误差处于主导地位时,精度这一词才有其实际意义。

因此,学习误差基本知识的目的,就是了解测量误差产生的规律与原因,选用适当的观测程序,找到处理或减小误差的方法,求出被观测量的最可靠值,并衡量其成果精度。

单元二 算术平均值

在实际测量工作中,只有极少数观测量的理论值或真值是可以预知的,一般情况下,由于测量误差的影响,观测值的真值是很难测定的。为了提高观测值的精度,测量上通常采用有限的多余观测,通过计算观测值的算术平均值来代替观测量的真值,用改正数代替真误差,以解决实际问题。

一、原理

在等精度观测条件下对某量观测了 n 次,其观测结果为 L_1、L_2、$\cdots$、L_n。设该量的真值为 X,观测值的真误差为 Δ_1、Δ_2、$\cdots$、Δ_n,即:

$$\Delta_1 = X - L_1$$
$$\Delta_2 = X - L_2$$
$$\cdots$$
$$\Delta_n = X - L_n$$

将上列各式求和得:

$$\sum_{i=1}^{n}\Delta = nX - \sum_{i=1}^{n}L$$

上式两端各除以 n 得:

$$\frac{\sum_{i=1}^{n}\Delta}{n} = X - \frac{\sum_{i=1}^{n}L}{n}$$

令

$$\frac{\sum_{i=1}^{n}\Delta}{n} = \delta \qquad \frac{\sum_{i=1}^{n}L}{n} = x$$

代入上式移项后得:

$$X = x + \delta$$

δ 为 n 个观测值真误差的平均值,根据偶然误差的特性,见式(6-1),当 $n\rightarrow\infty$ 时,$\delta\rightarrow0$,则有:

$$\delta = \lim_{n\rightarrow\infty}\frac{\sum_{i=1}^{n}\Delta}{n} = 0$$

这时算术平均值就是某量的真值。即:

$$x = X$$

在实际工作中,观测次数总是有限的,也就是只能采用有限次数 n_1 的观测值来求得算术平均值,即:

$$x = \frac{\sum_{i=1}^{n_1}L}{n_1} \tag{6-2}$$

x 是根据观测值所能求得的最可靠的结果,称为观测值的算术平均值,也叫最或是值。

二、最或是误差(改正数)及特性

最或是值与观测值之差称为最或是误差,又称观测值改正数,用 V 表示,即:

$$V_i = x - L_i \qquad (i = 1, 2\cdots n)$$

取其和得:

$$\sum_{i=1}^{n}V = nx - \sum_{i=1}^{n}L$$

因为 $\quad x = \dfrac{\sum\limits_{i=1}^{n} L}{n}$

所以 $\quad \sum\limits_{i=1}^{n} V = 0$ $\hspace{4cm}$ (6-3)

这是最或是误差的一大特征，用作计算上的校核。

单元三　评定观测值精度的标准

要判断观测误差对观测结果的影响，必须建立衡量观测值精度的标准，其中最常用的有以下几种：

一、中误差

1. 用真误差来计算中误差

在等精度观测条件下，对真值为 X 的某一量进行 n 次观测，其观测值为 L_1、L_2、$\cdots$、L_n，相应的真误差为 Δ_1、Δ_2、$\cdots$、Δ_n。取各真误差平方和的平均值的平方根，称为该量各观测值的中误差，以 m 表示，即：

$$\Delta_i = X - L_i \hspace{3cm} (6\text{-}4)$$

$$m = \pm\sqrt{\dfrac{\sum\limits_{i=1}^{n}\Delta^2}{n}} \hspace{3cm} (6\text{-}5)$$

例一：对 10 个三角形的三个内角进行了两组观测，根据两组观测值的偶然误差（三角形的角度闭合差），求得中误差，如表 6-1 所列。

按观测值的真误差计算中误差 $\hspace{3cm}$ 表 6-1

次序	第一组观测			第二组观测		
	观测值 l_i (° ′ ″)	真误差 Δ_i (″)	$\Delta\Delta$	观测值 l_i (° ′ ″)	真误差 Δ_i (″)	$\Delta\Delta$
1	180 00 03	−3	9	180 00 00	0	0
2	180 00 02	−2	4	179 59 59	+1	1
3	179 59 58	+2	4	180 00 07	−7	49
4	179 59 56	+4	16	180 00 02	−2	4
5	180 00 01	−1	1	180 00 01	−1	1
6	180 00 00	0	0	179 59 59	+1	1
7	180 00 04	−4	16	179 59 52	+8	64
8	179 59 57	+3	9	180 00 00	0	0
9	179 59 58	+2	4	179 59 57	+3	9
10	180 00 03	−3	9	180 00 01	−1	1
Σ		24	72		24	130
中误差	$m_1 = \pm\sqrt{\dfrac{[\Delta\Delta]}{n}} = \pm\sqrt{\dfrac{72}{10}} = \pm 2''.7$			$m_2 = \pm\sqrt{\dfrac{[\Delta\Delta]}{n}} = \pm\sqrt{\dfrac{130}{10}} = \pm 3''.6$		

由计算得出,第二组观测值的中误差 m_2 大于第二组观测值的中误差 m_1,说明第二组观测值相对来说精度较低。

2. 用改正数来计算中误差

在实际工作中,未知量的真值往往不知道,真误差也无法求得,所以常用改正数来计算中误差。

即:

$$V_i = x - L_i \quad (i = 1, 2, \cdots, n) \tag{6-6}$$

$$m = \pm \sqrt{\frac{\sum\limits_{i=1}^{n} V^2}{n-1}} \tag{6-7}$$

例二:对于某一水平角,在等精度的条件下进行了 5 次观测,求其算术平均值及观测值的中误差,如表 6-2 所列。

按观测值的改正数计算中误差　　　　表 6-2

观测次序	观测值 l_i (° ′ ″)	改正数 V_i (″)	VV	计算算术平均值 x 和中误差 m
1	35　42　49	−4	16	算术平均值: $x = \frac{[l]}{n} = 35°42'45''$ 观测值中误差: $m = \pm\sqrt{\frac{[VV]}{n-1}} = \pm\sqrt{\frac{60}{4}} = \pm 3''.9$
2	35　42　40	+5	25	
3	35　42　42	+3	9	
4	35　42　46	−1	1	
5	35　42　48	−3	9	
Σ		0	60	

二、容许误差

根据误差理论和大量的实践证明,测量上常取 2 倍或 3 倍中误差为误差的限值,称为容许误差,即:

$$\begin{cases} \Delta_{容} = \pm 2m \\ \Delta_{容} = \pm 3m \end{cases} \tag{6-8}$$

在上述例一中假定取 2 倍中误差为允许误差,则第一组观测的允许误差是 ± 5.4(秒);第二组观测的允许误差是 ± 7.2(秒)。第二组第 7 次观测已超限。

三、相对误差

衡量测量成果的精度,有时用中误差还不能完全表达观测结果的优劣。例如用钢尺分别丈量两段距离,其结果为 100m 和 200m,中误差均为 2cm。显然,后者的精度比前者要高。也就是说观测值的精度与观测值本身的大小有关。相对误差是中误差的绝对值与观测值的比值。通常以分子为 1 的分数形式来表示,即:

$$K = \frac{|m|}{L}$$

$$K = \frac{1}{L/|m|} \qquad (6\text{-}9)$$

如上所述则前者的相对误差 $K_1 = \frac{0.02}{100} = \frac{1}{5000}$，后者的相对误差 $K_2 = \frac{0.02}{200} = \frac{1}{10000}$，说明后者比前者精度高。

相对误差是个无名数，而真误差、中误差、容许误差是带有测量单位的数值。

单元四　观测值函数中误差

在测量工作中，有些未知量不可能直接测量，或者是不便于直接测定，而是利用直接测定的观测值按一定的公式计算出来。如高差 $h = a - b$，就是直接观测值 a、b 的函数。若已知直接观测值 a、b 的中误差 m_a、m_b 后，求出函数 h 的中误差 m_h，即为观测值函数的中误差。

设有函数

$$F = K_1 x_1 \pm K_2 x_2 \pm \cdots \pm K_n x_n \qquad (6\text{-}10)$$

式中：F——线性函数；

K_i——常数，$i = 1, 2, 3, \cdots, n$；

x_i——观测值，$i = 1, 2, 3, \cdots, n$。

设 x_1 的中误差为 m_i，函数 F 的中误差为 m_F，经推导得：

$$m^2_F = (K_1 m_1)^2 + (K_2 m_2)^2 + \cdots + (K_n m_n)^2 \qquad (6\text{-}11)$$

即：观测值函数中误差的平方，等于常数与相应观测值中误差乘积的平方和。

例 6-1　在 $1:500$ 比例尺地形图上，量得 A、B 两点间的距离 $S = 163.6\text{mm}$，其中误差 $m_s = 0.2\text{mm}$。求 A、B 两点实地距离 D 及其中误差 m_D。

解：　$D = MS = 500 \times 163.6(\text{mm}) = 81.8(\text{m})$　（M 为比例尺分母）

$$m_D = M m_s = 500 \times 0.2(\text{mm}) = \pm 0.1(\text{m})$$

所以　　　　　　　　　　$D = 81.8\text{m} \pm 0.1\text{m}$

例 6-2　在三角形 ABC 中，$\angle A$ 和 $\angle B$ 的观测中误差 m_A 和 m_B 分别为 $\pm 3''$ 和 $\pm 4''$，试推算 $\angle C$ 的中误差 m_C。

解：　　　　　　　　$\angle C = 180° - (\angle A + \angle B)$

因为 $180°$ 是已知数没有误差，则得：

$$m^2_C = m^2_A + m^2_B$$

所以　　　　　　　　　　$m_C = \pm 5''$

例 6-3　某水准路线各测段高差的观测值中误差分别为 $h_1 = 15.316\text{m} \pm 5\text{mm}$，$h_2 = 8.171\text{m} \pm 4\text{mm}$，$h_3 = -6.625\text{m} \pm 3\text{mm}$，试求总的高差及其中误差。

解：　　$h = h_1 + h_2 + h_3 = 15.316 + 8.171 - 6.625 = 16.862(\text{m})$

$$m^2_h = m^2_1 + m^2_2 + m^2_3 = 5^2 + 4^2 + 3^2$$

$$m_h = \pm 7.1(\text{mm})$$

所以　　　　　　　　　　$h = 16.862\text{m} \pm 7.1\text{mm}$

例 6-4　设对某一未知量 P，在相同观测条件下进行多次观测，观测值分别为 L_1、L_2、$\cdots$、L_n，其中误差均为 m，求算术平均值 x 的中误差 M。

解：

$$x = \frac{\sum\limits_{i=1}^{n} L}{n} = L_1 + L_2 + \cdots + L_n$$

式中的 $\dfrac{1}{n}$ 为常数，根据式（6-11），算术平均值的中误差为：

$$M^2 = \left(\frac{1}{n}m_1\right)^2 + \left(\frac{1}{n}m_2\right)^2 + \cdots + \left(\frac{1}{n}m_n\right)^2$$

因为 $m_1 = m_2 = \cdots m_n = m$，得：

$$M = \pm \frac{m}{\sqrt{n}} \tag{6-12}$$

从公式中可知，算术平均值中误差是观测值中误差的 $\dfrac{1}{\sqrt{n}}$ 倍，观测次数愈多，算术平均值的误差越小，精度越高。但精度的提高仅与观测次数的平方根成正比，当观测次数增加到一定次数后，精度就提高得很少，所以增加观测次数只能适可而止。

例 6-5　在例二的表 6-2 中，观测次数 $n = 5$，观测值中误差 $m = \pm 3.9''$，求算术平均值的中误差。

解：
$$M = \pm \frac{m}{\sqrt{n}} = \frac{3.9}{\sqrt{5}} = \pm 1.8''$$

例 6-6　三角形的三个内角之和，在理论上等于 $180°$，而实际上由于观测时的误差影响，使三内角之和与理论值会有一个差值，这个差值称为三角形闭合差。

解： 设等精度观测 n 个三角形的三内角分别为 a_i、b_i 和 c_i，其测角中误差均为 $m_\beta = m_a = m_b = m_c$，各三角形内角和的观测值与真值 $180°$ 之差为三角形闭合差 $f_{\beta 1}$、$f_{\beta 2}\cdots f_{\beta n}$，即真误差，其计算关系式为：

$$f_{\beta i} = a_i + b_i + c_i - 180° \quad i = 1, 2, 3, \cdots, n$$

根据式（6-11）得中误差关系式为：

$$m_{f_\beta}^2 = m_a^2 + m_b^2 + m_c^2 = 3m_\beta^2$$

所以
$$m_{f_\beta} = \pm m_\beta \sqrt{3}$$

由此得测角中误差为：

$$m_\beta = \pm \frac{m_{f_\beta}}{\sqrt{3}}$$

按中误差定义，三角形闭合差的中误差为：

$$m_{f_\beta} = \pm \sqrt{\frac{\sum\limits_{i=1}^{n} f_\beta^2}{n}}$$

将此式代入上式得：

$$m_\beta = \pm \sqrt{\frac{\sum\limits_{i=1}^{n} f_\beta^2}{3n}} \tag{6-13}$$

式(6-13)称为菲列罗公式,是三角测量评定测角精度的基本公式。

本模块小结

一、基本概念

(1)测量误差 = 真值 - 观测值。

(2)观测误差按性质分为系统误差和偶然误差。

(3)算术平均值(最或是值):$x = \dfrac{\sum\limits_{i=1}^{n} L}{n}$($L_1$、$L_2$、$\cdots$、$L_n$ 为等精度观测值)

(4)最或是误差:$V_i = x - L_i$($i = 1,2\cdots n$)且 $\sum\limits_{i=1}^{n} V = 0$

二、评定观测值精度的标准

(1)中误差:

$$m = \pm \sqrt{\frac{\sum\limits_{i=1}^{n} \Delta^2}{n}} \qquad (\Delta_i = X - L_i, X \text{ 为真值})$$

$$m = \pm \sqrt{\frac{\sum\limits_{i=1}^{n} V^2}{n-1}} \qquad (V_i = x - L_i)$$

(2)允许误差:

$$\Delta_{容} = \pm 2m$$

或

$$\Delta_{容} = \pm 3m$$

(3)相对误差:

$$K = \frac{1}{L/m}$$

(4)算术平均值中误差及相对误差:

$$M = \pm \frac{m}{\sqrt{n}} \qquad K = \frac{1}{x/m}$$

本模块的习题及参考题解详见本教材的配套教学用书《工程测量实训指导与习题集》模块六。

本模块学习目标

知识目标：

1. 理解并描述导线测量的概念和布置形式；

2. 会坐标正算和反算；

3. 会坐标方位角的推算。

技能目标：

1. 会计算导线角度闭合差，进行角度闭合差的调整；

2. 会计算导线全长闭合差，进行坐标增量闭合差的调整；

3. 会计算导线点的坐标；

4. 与同学合作完成导线的角度、边长测量、记录、计算及校核任务。

本模块参考学时

1. 课堂学习　10 学时；

2. 课堂大作业　4 学时；

3. 课间实训　2 学时。

单元一　概　　述

导线测量是平面控制测量的一种方法，所谓导线就是测区范围内布设的控制点连接形成的连续折线，如图 7-1 所示。α_{AB} 表示起始边 D_{AB} 的坐标方位角。

导线点是指折线的转折点，如图 7-1 中的 A、B、C、E、F。

导线边是指导线点连接形成的转折边，如图 7-1 中的 D_{AB}、D_{BC}、D_{CE}、D_{EF}。

转折角是指相邻的导线边以导线点为顶点所形成的水平夹角，即图 7-1 中的 β_B，β_C，β_E。其中 β_B、β_E 在导线前进方向的左侧，称为左角；β_C 在导线前进方向的右侧，称为右角。

导线测量是测定导线边长和转折角以及联测起始边的方位角和起始点的坐标，然后根据起始点的坐标和起始边的坐标方位角，计算各导线点坐标的过程。

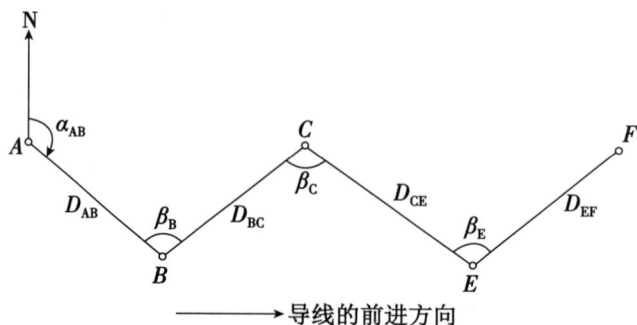

图 7-1 导线示意图

一、导线的形式

根据测区的情况，结合建筑物的形状，导线可以布设成以下三种常用形式：

1. 闭合导线

由某一高级控制点出发，经过若干个低等级控制点后，又回到该高级控制点，组成一个闭合多边形，如图 7-2a）所示。

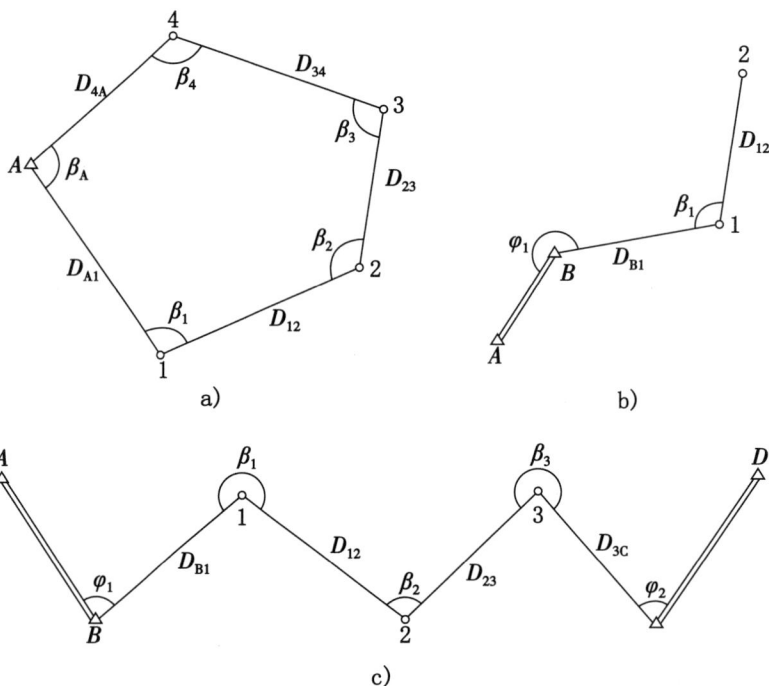

图 7-2 导线的布设形式示意图

闭合导线适用于面积较宽阔的独立地区做测图控制或者建筑物形状以面为主的控制，如桥梁、厂房、场地等工程的控制。

2. 附合导线

自某一高级控制点出发，经过几个低等级的控制点后，附合到另一高级控制点上，组成一个多边的折线，如图 7-2c）所示。

附合导线适用于带状地区的测图控制，或者建筑物的形状以线形为主的控制，如公路、铁路、管道、河道等工程的控制。

3. 支导线

从一控制点出发,既不闭合也不附合于另一控制点上的单一导线,这种导线没有已知点进行校核,不易发现错误,所以导线的点数不得超过 3 个。如图 7-2b)所示。

支导线适用于导线点的加密。

二、导线的等级

在道路工程测量中,根据测区范围和精度要求,导线测量可分为三等、四等、一级、二级和三级导线五个等级。各级导线测量的技术要求见表 7-1。

导线测量的技术要求　　　　　　　　　　　　表 7-1

等级	导线长度(km)	平均边长(km)	测角中误差(″)	测距中误差(mm)	测距相对中误差	测回数				方位角闭合差(″)	导线全长相对闭合差
						0.5″级仪器	1″级仪器	2″级仪器	6″级仪器		
三等	14	3	1.8	20	1/150000	4	6	10	—	$3.6\sqrt{n}$	≤1/55000
四等	9	1.5	2.5	18	1/80000	2	4	6	—	$5\sqrt{n}$	≤1/35000
一级	4	0.5	5	15	1/30000	—	—	2	4	$10\sqrt{n}$	≤1/15000
二级	2.4	0.25	8	15	1/14000	—	—	1	3	$16\sqrt{n}$	≤1/10000
三级	1.2	0.1	12	15	1/7000	—	—	1	2	$24\sqrt{n}$	≤1/5000

注:1. n 为测站数;

　　2. 当测区测图的最大比例尺为 1:1000 时,一、二、三级导线的导线长度、平均边长可放长,但最大长度不应大于表中规定相应长度的 2 倍。

单元二　导线测量的外业工作

导线测量的工作包括外业测量和内业计算两部分。外业工作一般包括选点、测角、测距和联测四部分;内业工作是利用外业观测的成果,经过计算,求得各导线点的平面直角坐标的过程。

一、选点

导线点位置的选择,除了满足导线的等级、用途及工程的要求外,选点前应先调查、收集已有的资料,在地形图上拟订方案,然后再进行现场踏勘,确定导线点。如果没有资料,则需根据现场地形和已有控制点的分布情况等确定布点方案,并在实地选定位置,标记下来。选点时应注意以下几点:

(1)点位应选在稳固地段,视野应开阔且方便加密、扩展和寻找;

(2)相邻点之间应通视,视线距障碍物的距离,三、四等不宜小于 1.5m,四等以下应以不受旁折光的影响为原则;

(3)当采用电磁波测距时,相邻点之间视线应避开烟囱、散热塔、散热池等发热体及强电磁场;

(4)相邻两点之间的视线倾角不宜过大;

（5）应充分利用符合要求的原有控制点。

导线点位置选好后要埋设标志，设置临时标志一般是打一木桩，桩顶中心钉一小铁钉。埋设永久标志则应埋入石桩或混凝土桩，桩顶刻凿十字或浇入锯有十字的钢筋作标志，标志的刻划应细小、清晰。

为了便于寻找，导线点应按顺序编号，绘制导线点之标记图，可将导线点及其附近的地物绘成草图，如图7-3所示。

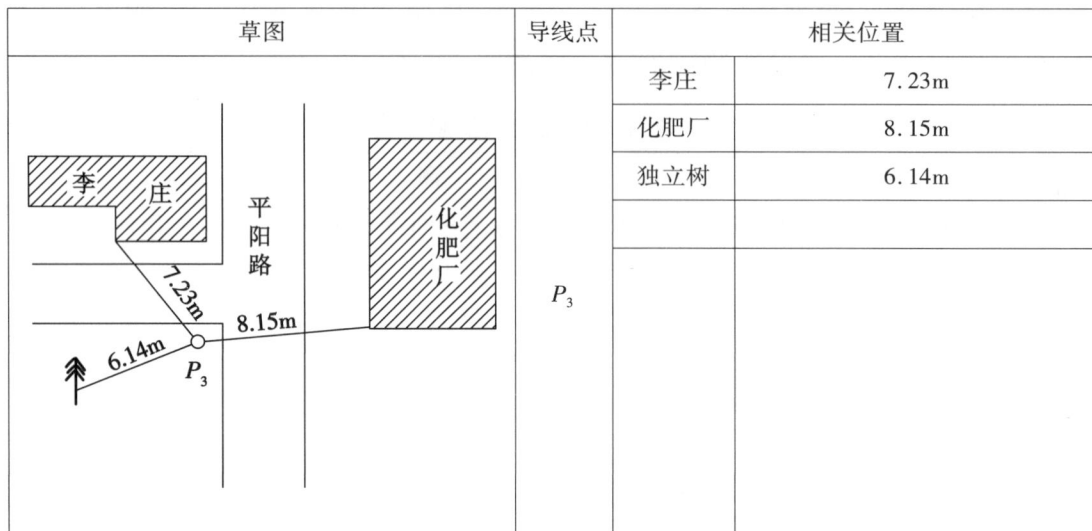

草图	导线点	相关位置	
		李庄	7.23m
		化肥厂	8.15m
	P_3	独立树	6.14m

图7-3　导线点之标记图

二、测角

测角就是测量导线的每一个转折角，按全站仪方向观测法进行观测（详见模块四角度测量的相关内容）。在导线点上可以测量导线前进方向的左角或右角。在附合导线中，一般测量导线的右角，在闭合导线中均测内角。

三、测距

测距就是测量每一条导线边的距离，一般采用全站仪或者光电测距仪进行导线边长测量，注意测量时选择平距的模式。详见模块四全站仪测距的相关内容。

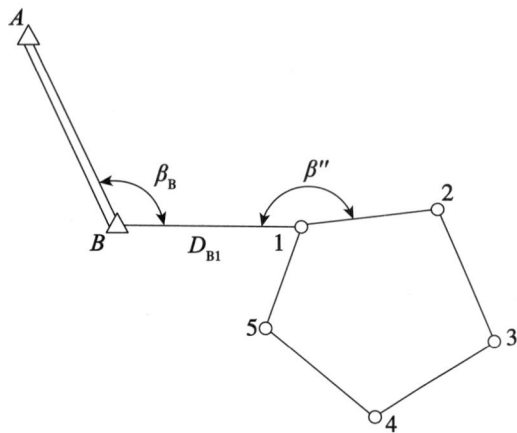

四、联测

联测就是将新布置的导线与测区周围高等级的控制点联系起来，取得导线的起算数据，即起算点的坐标和起始边的方位角。当导线与高级点连接时，需测出各连接角的角度值和连接边的边长，如图7-4中的β_B、β''为连接角，D_{B1}为连接边，点A、B为高等级控制点，点1、2、3、4、5为新布设的控制点。

图7-4　导线联测示意图

单元三　导线测量的内业计算

导线测量的内业计算就是利用外业测量的观测数据和联测得到的起算数据,通过合理的误差计算与调整,最后计算出各个导线点坐标的过程。

导线测量内业工作思路是:

(1)角度闭合差在精度要求范围内时,进行角度闭合差调整,使其与理论值相等。

(2)根据起始边的方位角和调整后的转折角推导各边的方位角。

(3)用边长和方位角计算坐标增量,导线全长闭合差符合精度要求时,进行坐标增量闭合差调整。

(4)根据起算点的坐标和调整后的坐标增量,推导各个控制点的坐标。

一、坐标计算的基本公式

1.坐标正算

坐标正算是指根据已知点坐标及已知边长和坐标方位角计算未知点坐标的过程。

如图 7-5 所示,设 A 为已知点,B 为未知点,当 A 点的坐标 (X_A,Y_A)、边长 D_{AB} 和坐标方位角 α_{AB} 均为已知时,则可求得 B 点的坐标 (X_B,Y_B)。由图可知:

$$\begin{cases} X_B = X_A + \Delta X_{AB} \\ Y_B = Y_A + \Delta Y_{AB} \end{cases} \quad (7\text{-}1)$$

其中,坐标增量的计算公式为:

$$\begin{cases} \Delta X_{AB} = D_{AB}\cos\alpha_{AB} \\ \Delta Y_{AB} = D_{AB}\sin\alpha_{AB} \end{cases} \quad (7\text{-}2)$$

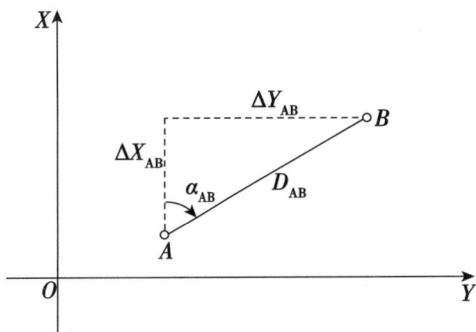

图 7-5　导线坐标计算示意图

式中,ΔX_{AB}、ΔY_{AB} 的正负号应根据 $\cos\alpha_{AB}$、$\sin\alpha_{AB}$ 的正负号决定,所以式(7-1)又可写成:

$$\begin{cases} X_B = X_A + D_{AB}\cos\alpha_{AB} \\ Y_B = Y_A + D_{AB}\sin\alpha_{AB} \end{cases} \quad (7\text{-}3)$$

例 7-1　已知 $\alpha_{B1} = 236°41'49''$,$\alpha_{12} = 155°35'33''$,$X_B = 3065.347\text{m}$,$Y_B = 2135.265\text{m}$,坐标推算路线为 $B \to 1 \to 2$,水平距离 $D_{B1} = 123.704\text{m}$,$D_{12} = 98.506\text{m}$,试计算 1、2 两点的平面坐标。

解:(1)坐标增量计算

$\Delta X_{B1} = D_{B1}\cos\alpha_{B1} = 123.704 \times \cos236°41'49'' = -67.922(\text{m})$

$\Delta Y_{B1} = D_{B1}\sin\alpha_{B1} = 123.704 \times \sin236°41'49'' = -103.389(\text{m})$

$\Delta X_{12} = D_{12}\cos\alpha_{12} = 98.506 \times \cos155°35'33'' = -89.702(\text{m})$

$\Delta Y_{12} = D_{12}\sin\alpha_{12} = 98.506 \times \sin155°35'33'' = 40.705(\text{m})$

(2)计算 1、2 点的坐标

$X_1 = X_B + \Delta X_{B1} = 3065.347 - 67.922 = 2997.425(\text{m})$

$Y_1 = Y_B + \Delta Y_{B1} = 2135.265 - 103.389 = 2031.876(\text{m})$

$$X_2 = X_1 + \Delta X_{12} = 2997.425 - 89.702 = 2907.723(\text{m})$$

$$Y_2 = Y_1 + \Delta Y_{12} = 2031.876 + 40.705 = 2072.581(\text{m})$$

2. 坐标的反算

坐标的反算是由两个已知点的坐标反算其坐标方位角和边长的过程。如图7-5所示，设 A、B 为两已知点，其坐标分别为 (X_A, Y_A) 和 (X_B, Y_B)，则可得：

$$\alpha_{AB} = \arctan \frac{\Delta Y}{\Delta X} \tag{7-4}$$

$$D_{AB} = \frac{\Delta Y_{AB}}{\sin\alpha_{AB}} = \frac{\Delta X_{AB}}{\cos\alpha_{AB}} \tag{7-5}$$

或

$$D_{AB} = \sqrt{(\Delta X_{AB})^2 + (\Delta Y_{AB})^2} \tag{7-6}$$

上式中，$\Delta X_{AB} = X_B - X_A$，$\Delta Y_{AB} = Y_B - Y_A$。

由式(7-4)可求得 α_{AB}。α_{AB} 求得后，又可由式(7-5)算出两个 D_{AB}，并做相互校核。如果仅尾数略有差异，则取中数作为最后的结果。

需要指出的是，按式(7-4)计算出来的角度是有正负号的，因此，还应按坐标增量 ΔX 和 ΔY 的正负号，确定导线边所在的象限，最后确定 AB 边的坐标方位角。按式(7-4)计算的角度值为：

$$\alpha' = \arctan \frac{\Delta Y}{\Delta X} \tag{7-7}$$

参见图7-12，根据增量的正负号确定导线边所在的象限，则 AB 边的坐标方位角 α_{AB} 为：

当 $\Delta X > 0$，$\Delta Y > 0$ 时，在第 I 象限，则 $\alpha_{AB} = \alpha'$；

当 $\Delta X < 0$，$\Delta Y > 0$ 时，在第 II 象限，则 $\alpha_{AB} = 180° + \alpha'$；

当 $\Delta X < 0$，$\Delta Y < 0$ 时，在第 III 象限，则 $\alpha_{AB} = 180° + \alpha'$；

当 $\Delta X > 0$，$\Delta Y < 0$ 时，在第 IV 象限，则 $\alpha_{AB} = 360° + \alpha'$。

需要指出的是，按坐标反算公式计算出来的坐标方位角 α' 是有正负号的，因此，还应按坐标增量 ΔX 和 ΔY 的正负号最后确定 AB 边的坐标方位角。也就是当 $\Delta X > 0$ 时，α' 应加 $360°$；当 $\Delta X < 0$ 时，α' 应加 $180°$，才是所求 AB 边的坐标方位角 α_{AB}。

例 7-2 已知 A、B 两点的坐标分别为 $A(3558.124, 4945.451)$、$B(3842.489, 4529.126)$，试求直线 AB 的坐标方位角和边长。

解：$\Delta X_{AB} = X_B - X_A = 3842.489 - 3558.124 = 284.365(\text{m})$

$\Delta Y_{AB} = Y_B - Y_A = 4529.126 - 4945.451 = -416.325(\text{m})$

$\alpha' = \arctan \dfrac{\Delta Y}{\Delta X} = \arctan \dfrac{-416.325}{284.365} = -55°39'56''$

因 $\Delta X_{AB} > 0$，$\Delta Y_{AB} < 0$，所以 AB 边在第 IV 象限，故

$\alpha_{AB} = 360° + \alpha' = 360° - 55°39'56'' = 304°20'04''$

$D_{AB} = \sqrt{(\Delta X_{AB})^2 + (\Delta Y_{AB})^2} = \sqrt{284.365^2 + (-416.325)^2} = 504.173(\text{m})$

二、坐标方位角的推算

为了计算导线点的坐标，首先应推算出导线各边的坐标方位角（以下简称方位角）。如

果导线和国家控制点或测区的高级点进行了连接,则导线各边的方位角由联测得到的起始边的方位角来推算;如果测区附近没有高级点可以连接,称为独立测区,则须测量起始边的方位角,或假定起始边的方位角,再以此起始方位角来推算导线各边的方位角。

如图7-6所示,设 A、B、C 为导线点,AB 边的方位角 α_{AB} 为已知,导线点 B 的左角为 $\beta_{左}$,由此来推算 BC 边的方位角 α_{BC}。

当用左角推算方位角时,如图7-6所示,从图中可以看出:

$$\alpha_{BC} = \alpha_{AB} + \beta_{左} - 180° \qquad (7-8)$$

根据方位角的范围($0° \sim 360°$),当用式(7-8)或式(7-9)算出的方位角大于360°时,则减去360°,当为负值时,则加上360°即可。

当用右角推算方位角时,如图7-7所示,从图中可以看出:

$$\alpha_{BC} = \alpha_{AB} - \beta_{右} + 180° \qquad (7-9)$$

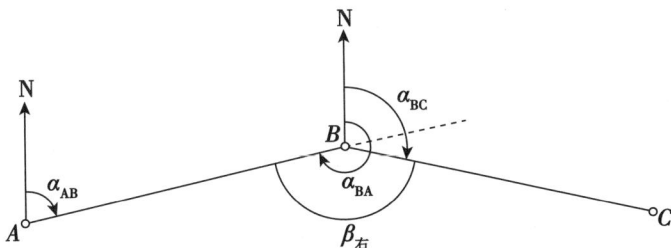

图 7-6 左转折角坐标方位角推算示意图

图 7-7 右转折角坐标方位角推算示意图

根据上述推导,如图7-8所示,以导线的前进方向为参考,导线点 B 的后边是 AB 边,其方位角为 $\alpha_{后}$;前边是 BC 边,其方位角 $\alpha_{前}$ 为:

$$\alpha_{前} = \alpha_{后} \pm 180° \begin{cases} + \beta_{左} \\ - \beta_{右} \end{cases} \qquad (7-10)$$

式中:$\alpha_{前}$、$\alpha_{后}$——导线点在前进方向上的前边方位角和后边方位角。

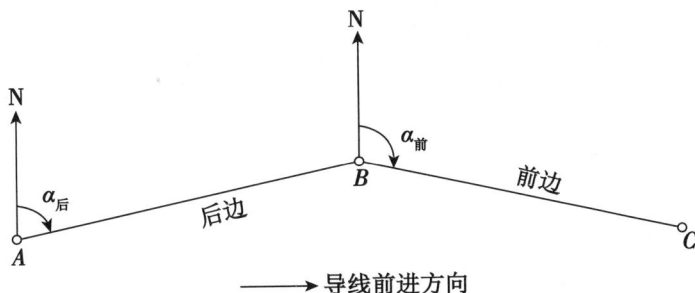

图 7-8 坐标方位角推算标准图

对于式(7-10)中180°前的正负号取用,当转折角是右角($\beta_{右}$)时,用"$+$"号;当转折角是左角($\beta_{左}$)时,用"$-$"号。导线的转折角是左角($\beta_{左}$)就加上 $\beta_{左}$;右角($\beta_{右}$)就减去 $\beta_{右}$。

式(7-10)为导线边坐标方位角的一般推算公式。

例 7-3 已知 $\alpha_{AB} = 59°12'01''$,坐标推算路线为 $B \to 1 \to 2$,测得路线上的右角为 $\beta_B = 32°30'12''$,$\beta_1 = 261°06'16''$,试推算 $B1$、12 两条边的方位角。

解：坐标方位角的推算如下：

$\alpha_{B1} = \alpha_{AB} - \beta_右 + 180° = 59°12'01'' - 32°30'12'' + 180° = 206°41'49''$

$\alpha_{12} = \alpha_{B1} - \beta_右 + 180° = 236°41'49'' - 261°06'16'' + 180° = 125°35'33''$

三、单点支导线坐标计算

单点支导线不附合到高级控制点上，所以没有校核条件，因此支导线的计算不涉及角度闭合差、坐标增量闭合差以及改正数的计算。支导线的内业计算较为简单，概括如下：

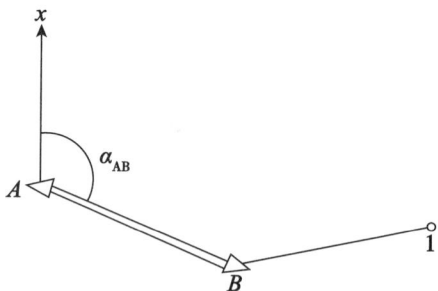

图 7-9　单点支导线示意图

（1）根据已知高级控制点的坐标反算起始边的方位角

如图 7-9 所示，已知 A 点和 B 点的坐标，根据坐标反算可计算出起始边 AB 的坐标方位角 α_{AB}。

（2）推导导线边方位角

利用外业已经测量出的 $\beta_左$ 角度值和上一步计算出的起始边 AB 的坐标方位角，用式（7-8），便可推导出 $B1$ 边的坐标方位角 α_{B1}。

（3）计算坐标增量

利用外业已经测量出的 $B1$ 边的长度和上一步推导出的 $B1$ 边坐标方位角，用式（7-2）便可计算出边 $B1$ 的坐标增量 ΔX 和 ΔY。

（4）计算控制点坐标

因为 B 点为高等级的控制点，所以坐标已知，利用上一步计算出的 $B1$ 边的坐标增量，用式（7-1）便可计算出 1 点的坐标 (X_1, Y_1)。

四、闭合导线的坐标计算

根据闭合导线外业测量的数据，经过调整计算，最后求得待测导线点的坐标，这一过程称为闭合导线的内业计算。

1. 角度闭合差的计算与调整

闭合导线从几何上看，是一多边形，如图 7-10 所示。在数学课中学过，n 边形的内角和在理论上应满足的关系式为：

$$\sum \beta_理 = (n-2) \times 180°$$

式中：n——多边形边数；

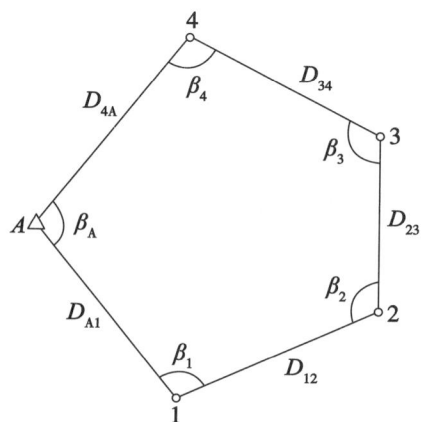

图 7-10　闭合导线示意图

$\sum \beta_理$——多边形内角和的理论值。

由于测角时不可避免地有误差存在，所以实测的内角之和与理论内角和之间会产生差值，这个差值就是角度闭合差，以 f_β 来表示。

$$f_\beta = \sum \beta_测 - \sum \beta_理$$

即

$$f_\beta = \sum \beta_测 - (n-2) \times 180° \tag{7-11}$$

式中：n——闭合导线的转折角数；

$\sum\beta_{测}$——观测角的总和。

在公路勘测中,规定角度闭合差的容许值$f_{\beta容}$(图根导线)为$f_{\beta容}=\pm40''\sqrt{n}$。

如果$f_\beta\leqslant f_{\beta容}$,说明角度观测符合要求,即可进行角度闭合差调整,否则应分析原因重测。

由于导线角度测量是在相同仪器、相同方法、相同环境下观测的,所以每个角度产生的误差大致相同,因此按反符号正比例的原则进行调整。设以$V_{\beta i}$表示各观测角的改正数,$\beta_{侧i}$表示各观测角,β_i表示改正后的角值,则:

$$V_{\beta i}=-\frac{f_\beta}{n} \qquad\qquad (7\text{-}12)$$

$$\beta_i=\beta_{测i}+V_{\beta i}(i=1,2,\cdots,n)$$

由于短边测角时,仪器对中、照准调焦引起的误差较大,所以当式(7-12)不能整除时,则将余数凑到导线短边相邻的角上。

各内角的改正数之和应等于角度闭合差,但符号相反,即$\sum V_\beta=-f_\beta$。改正后的各内角值之和应等于理论值,即$\sum\beta_i=(n-2)\times180°$。

例7-4 某导线是一个四边形闭合导线。四个内角的观测值总和$\sum\beta_{测}=359°59'14''$,求角度闭合差和各角调整值。

解:由多边形内角和公式计算可知:

$$\sum\beta_{理}=(4-2)\times180°=360°$$

则角度闭合差为:

$$f_\beta=\sum\beta_{测}-\sum\beta_{理}=-46''$$

按要求容许的角度闭合误差为:

$$f_{\beta容}=\pm40''\sqrt{n}=\pm40''\sqrt{4}=\pm1'20''$$

因此f_β在容许误差范围内,可以进行角度闭合差调整。

按照式(7-12)得各角的改正数为:

$$V_{\beta i}=-\frac{f_\beta}{n}=\frac{-46''}{n}=+11.5''$$

由于不是整秒,分配时每个角平均分配$+11''$,短边角的改正数为$+12''$。改正后的各内角值之和应等于360°。

2. 坐标方位角推算

根据起始边的坐标方位角α_{AB}及改正后(调整后)的内角值β_i,按式(7-10)依次推算各边的坐标方位角。

3. 坐标增量的计算

如图7-11所示,在平面直角坐标系中,A、B两点坐标分别为$A(X_A,Y_A)$和$B(X_B,Y_B)$,它们相应的坐标差称为坐标增量,分别以ΔX和ΔY表示,从图中可以看出:

$$X_B - X_A = \Delta X_{AB}$$
$$Y_B - Y_A = \Delta Y_{AB}$$

或

$$\begin{cases} X_B = X_A + \Delta X_{AB} \\ Y_B = Y_A + \Delta Y_{AB} \end{cases} \tag{7-13}$$

导线边 AB 的距离为 D_{AB}，其方位角为 α_{AB}，由图 7-11 可知：

$$\begin{cases} \Delta X_{AB} = D_{AB}\cos\alpha_{AB} \\ \Delta Y_{AB} = D_{AB}\sin\alpha_{AB} \end{cases} \tag{7-14}$$

ΔX_{AB}、ΔY_{AB} 的正负号从图 7-12 中可以看出，当导线边 AB 位于不同的象限，其纵、横坐标增量的符号也不同。当 α_{AB} 在 $0° \sim 90°$（即第 Ⅰ 象限）时，ΔX、ΔY 的符号均为正；当 α_{AB} 在 $90° \sim 180°$（第 Ⅱ 象限）时，ΔX 为负，ΔY 为正；当 α_{AB} 在 $180° \sim 270°$（第 Ⅲ 象限）时，ΔX、ΔY 符号均为负；当 α_{AB} 在 $270° \sim 360°$（第 Ⅳ 象限）时，ΔX 为正，ΔY 为负。

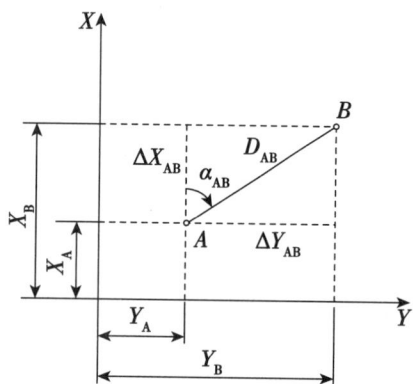

图 7-11　坐标增量计算示意图　　图 7-12　不同象限导线边坐标方位角示意图

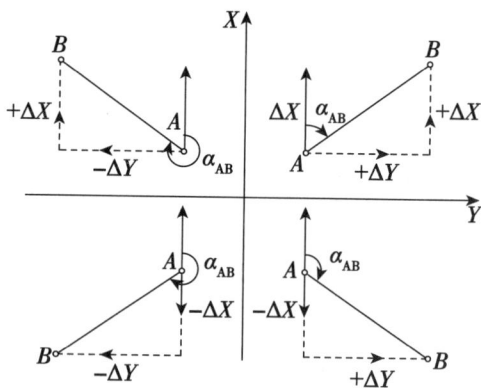

4. 坐标增量闭合差的计算与调整

1）坐标增量闭合差的计算

如图 7-13 所示，导线边的坐标增量可以看成是在坐标轴上的投影线段。理论上，从一个点出发又回到这个点，各边纵、横坐标增量的代数和应等于零。也就是说闭合导线的纵、横坐标增量之和在理论上应满足下述关系：

$$\begin{cases} \sum\Delta X_{\text{理}} = 0 \\ \sum\Delta Y_{\text{理}} = 0 \end{cases} \tag{7-15}$$

但因测角和量距都不可避免地有误差存在，因此根据观测值计算的 $\sum\Delta X_{\text{算}}$、$\sum\Delta Y_{\text{算}}$ 与零都有一个差值，这个差值就是坐标增量闭合差，分别用 f_x 和 f_y 表示。即：

$$\begin{cases} \sum\Delta X_{\text{算}} = f_x \\ \sum\Delta Y_{\text{算}} = f_y \end{cases} \tag{7-16}$$

式中：f_x——纵坐标增量闭合差；

f_y——横坐标增量闭合差。

从图 7-14 中可以看出 f_x 和 f_y 的几何意义。由于 f_x 和 f_y 的产生，使得闭合多边形出现了一个缺口,起点 A 和终点 A' 没有重合,设 AA' 的长度为 f_D,称为导线的全长闭合差,而 f_x 和 f_y 正好是 f_D 在纵、横坐标轴上的投影长度。

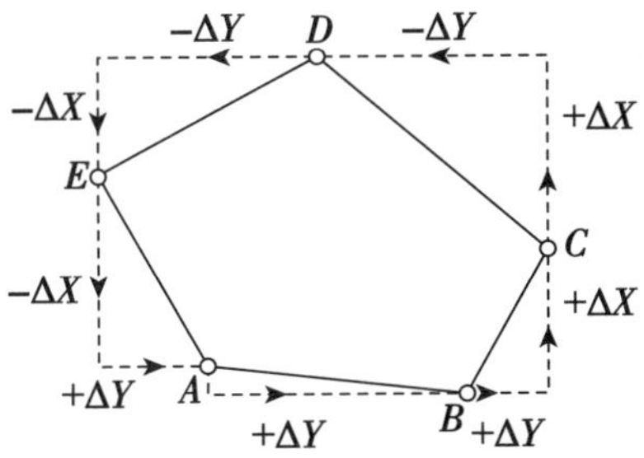

图 7-13　闭合导线坐标增量示意图 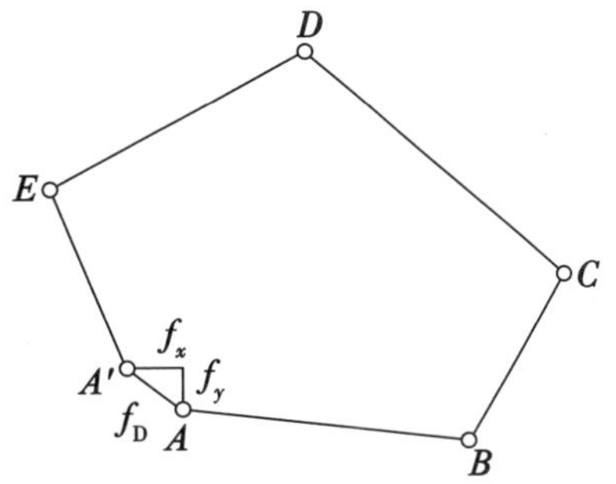　图 7-14　闭合导线坐标增量闭合差示意图

$$f_\mathrm{D} = \sqrt{f_x^2 + f_y^2} \tag{7-17}$$

2）导线精度的衡量

导线全长闭合差 f_D 的产生,与测角和量距的误差息息相关,所以一般用它来衡量导线的观测精度。可是导线全长闭合差是一个绝对闭合差,导线越长,边数与转折角越多,对全长闭合差的影响也就越大,因此,须采用相对闭合差来衡量导线的精度。设导线的总长为 $\sum D$,则导线全长相对闭合差 K 为:

$$K = \frac{f_\mathrm{D}}{\sum D} = \frac{1}{\sum D/f_\mathrm{D}} \tag{7-18}$$

若 $K \leqslant K_容$,则表明导线的精度符合要求,否则应查明原因进行补测或重测。

3）坐标增量闭合差的调整

如果导线的精度符合要求,即可将增量闭合差进行调整,使改正后的坐标增量满足理论上的要求。由于是等精度观测,所以增量闭合差的调整原则是反符号按与边长成正比例分配在各边的坐标增量中。设 $V_{\Delta X_i}$、$V_{\Delta Y_i}$ 分别为纵、横坐标增量的改正数,即

$$\begin{cases} V_{\Delta X_i} = -\dfrac{f_x}{\sum D} D_i \\[3mm] V_{\Delta Y_i} = -\dfrac{f_y}{\sum D} D_i \end{cases} \tag{7-19}$$

式中:$\sum D$——导线边长总和;

　　　D_i——导线某边长($i = 1, 2, \cdots, n$)。

所有坐标增量改正数的总和,其数值应等于坐标增量闭合差且符号相反,即:

$$\begin{cases} \sum V_{\Delta X} = V_{\Delta X_1} + V_{\Delta X_2} \cdots V_{\Delta X_n} = -f_x \\[2mm] \sum V_{\Delta Y} = V_{\Delta Y_1} + V_{\Delta Y_2} \cdots V_{\Delta Y_n} = -f_y \end{cases} \tag{7-20}$$

改正后的坐标增量应为:

$$\begin{cases} \Delta X_i = \Delta X_{算_i} + V_{\Delta X_i} \\[2mm] \Delta Y_i = \Delta Y_{算_i} + V_{\Delta Y_i} \end{cases} \tag{7-21}$$

5. 坐标推算

用改正后的坐标增量,可以从导线起点的联测坐标或者假设的坐标依次推算其他各个

导线点的坐标，即：

$$\begin{cases} X_i = X_{i-1} + \Delta X_{i-1,i} \\ Y_i = Y_{i-1} + \Delta Y_{i-1,i} \end{cases} \tag{7-22}$$

闭合导线的坐标计算示例见闭合导线计算表 7-2。【资源32】

闭合导线计算表　　　　　　　　　　　　　　　　表 7-2

点名	观测角（左角）(° ′ ″)	改正数 (″)	改正后的角值 (° ′ ″)	坐标方位角 (° ′ ″)	边长 (m)	改正数 (m) 坐标增量计算值 (m) ΔX′	ΔY′	改正后坐标增量 (m) ΔX	ΔY	坐标 (m) X	Y
A										3850157.586	514644.656
				23 40 39	191.61	−0.001 175.480	−0.002 76.948	175.479	76.946		
B	99 03 40	2	99 03 42	302 44 21	179.44	−0.001 97.044	−0.002 −150.934	97.043	−150.936	3850333.065	514721.602
C	84 50 10	2	84 50 12	207 34 33	222.68	−0.001 −197.383	−0.002 −103.084	−197.384	−103.086	3850430.108	514570.666
D	127 45 06	3	127 45 09	155 19 42	96.42	−0.001 −87.618	−0.001 40.247	−87.619	40.246	3850232.724	514467.580
E	109 27 31	3	109 27 34	84 47 16	137.40	−0.001 12.482	−0.002 136.832	12.481	136.830	3850145.105	514507.826
A	118 53 21	2	118 53 23	23 40 39						3850157.586	514644.656
Σ	539 59 48	12	540 00 00		827.55	0.005	0.009	0	0		

辅助计算	$\sum\beta_{理} = 180°(5-2) = 540°$ $f_\beta = \sum\beta_{测} - \sum\beta_{理} = 539°59'48'' - 540° = -12''$ $f_{β容} = \pm40''\sqrt{5} = 89''$ $f_\beta < f_{β容}$（合格）	$f_x = \sum\Delta X_{算} = 0.005\text{m}$ $f_y = \sum\Delta Y_{算} = 0.009\text{m}$ $f_D = \sqrt{f_x^2 + f_y^2} = 0.010\text{m}$ $K = \dfrac{f_D}{\sum D} = \dfrac{1}{\sum D/f_D} = \dfrac{1}{82755}$ $K < K_容 = 1/15000$（合格）

五、附合导线的坐标计算

附合导线的坐标计算方法与闭合导线的基本相同，但由于布置形式不同，且附合导线两端与已知点相连，所以只有角度与坐标增量的闭合差计算与调整不同，其他内业计算完全相同，这里不再赘述。下面介绍角度与坐标增量闭合差的计算方法。

1. 角度闭合差的计算

如图 7-15 所示，附合导线连接在高级控制点 A、B 和 C、D 上，它们的坐标均已知。连接角为 φ_1 和 φ_2，起始边坐标方位角 α_{AB} 和终边坐标方位角 α_{CD} 可根据坐标反算求得。用起始边

方位角 α_{AB} 和连接角、观测角,运用方位角推导公式,可推算出终边的方位角 α'_{CD},此方位角在理论上应与反算求得的方位角(已知值) α_{CD} 相等。由于测角的误差,推算的 α'_{CD} 与已知的 α_{CD} 不可能相等,其差值即为附合导线的角度闭合差 f_β,即:

$$f_\beta = \alpha'_{CD} - \alpha_{CD} \tag{7-23}$$

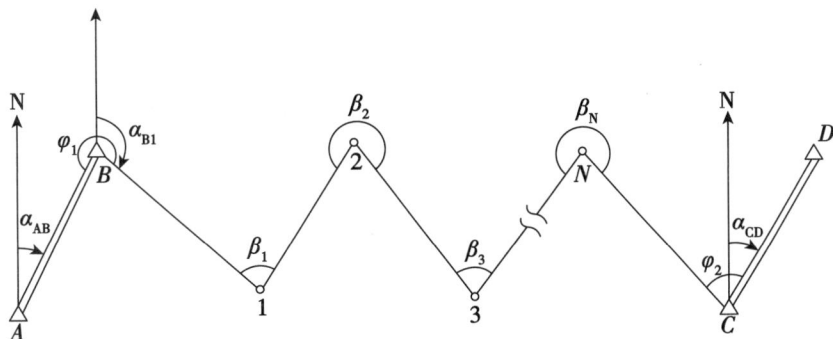

图 7-15　附合导线示意图

用观测导线的左角来计算方位角,其公式为:

$$\alpha'_{CD} = \alpha_{AB} - 180°n + \Sigma\beta_{左} \tag{7-24}$$

用观测导线的右角来计算方位角,其公式为:

$$\alpha'_{CD} = \alpha_{AB} + 180°n - \Sigma\beta_{右} \tag{7-25}$$

式中: n ——转折角的个数。

将式(7-24)和式(7-25)代入式(7-23)可得附合导线的角度闭合差计算公式为:

$$\begin{cases} f_\beta = (\alpha_{AB} - \alpha_{CD}) + \Sigma\beta_{左} - 180°n \\ f_\beta = (\alpha_{AB} - \alpha_{CD}) + 180°n - \Sigma\beta_{右} \end{cases} \tag{7-26}$$

当角度闭合差满足精度要求时,应进行调整:若观测角为左角,则将闭合差反符号平均分配到各观测角上(与闭合导线分配一致);若观测角为右角,则将闭合差同符号平均分配到各观测角上(与闭合导线分配符号相反)。

2. 坐标增量闭合差的计算

如图 7-16 所示,附合导线各边坐标增量的代数和在理论上应等于起、终两已知点的坐标值之差,即:

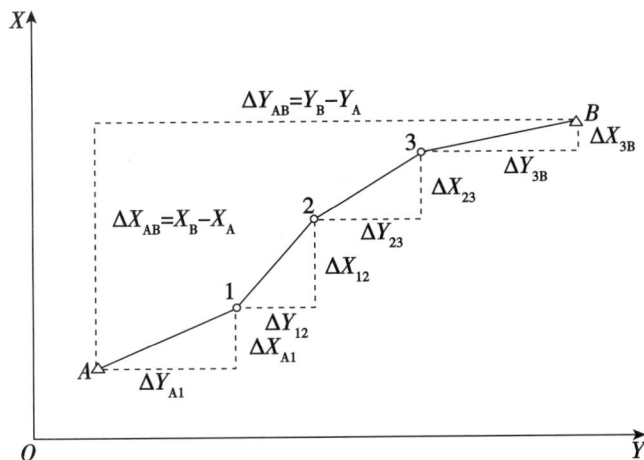

图 7-16　附合导线坐标增量示意图

$$\begin{cases} \sum \Delta X_{理} = X_B - X_A \\ \sum \Delta Y_{理} = Y_B - Y_A \end{cases} \tag{7-27}$$

由于测角和量边有误差存在,所以计算的各边纵、横坐标增量代数和不等于理论值,产生纵、横坐标增量闭合差,其计算公式为:

$$\begin{cases} f_X = \sum \Delta X_{算} - (X_B - X_A) \\ f_Y = \sum \Delta Y_{算} - (Y_B - Y_A) \end{cases} \tag{7-28}$$

附合导线坐标增量闭合差的调整方法以及导线精度的衡量均与闭合导线相同。

附合导线的坐标计算示例见附合导线计算见表 7-3。

附合导线计算表

表 7-3

点号	观测角 （右角）	改正数	改正角	坐标方位角 α	距离 D(m)	增量计算值		改正后增量		坐标值		点号
						ΔX(m)	ΔY(m)	ΔX(m)	ΔY(m)	X(m)	Y(m)	
1	2	3	4 = 2 + 3	5	6	7	8	9	10	11	12	13
A				236°44′28″								A
B	205°36′48″	−13″	205°36′35″	211°07′53″	125.36	+4 −107.31	−2 −64.81	−107.27	−64.83	1536.86	837.54	B
1	290°40′54″	−12″	290°40′42″	100°27′11″	98.76	+3 −17.92	−2 +97.12	−17.89	+97.10	1429.59	772.71	1
2	202°47′08″	−13″	202°46′55″	77°40′16″	144.63	+4 +30.88	−2 +141.29	+30.92	+141.27	1411.70	869.81	2
3	167°21′56″	−13″	167°21′43″	90°18′33″	116.44	+3 −0.63	−2 +116.44	−0.60	+116.42	1442.62	1011.08	3
4	175°31′25″	−13″	175°31′12″	94°47′21″	156.25	+5 −13.05	−3 +155.70	−13.00	+155.67	1442.02	1127.50	4
C	214°09′33″	−13″	214°09′20″	60°38′01″						1429.02	1283.17	C
D												D
Σ	1256°07′44″	−77″	1256°06′27″		641.44	−108.03	+445.74	−107.84	+445.63			

辅助计算

$\alpha'_{CD} = \alpha_{AB} + 6 \times 180° - \sum \beta_R = 60°36′44″$

$\sum \Delta X = -108.03$

$\sum \Delta Y = +445.74$

$f_\beta = \alpha'_{CD} - \alpha_{CD} = -1′17″$

$x_C - x_B = -107.84$

$y_C - y_B = +445.63$

$f_{\beta容} = \pm 60″\sqrt{6} = \pm 147″$

$f_x = -0.19$

$f_y = +0.11$

$|f_\beta| < |f_{\beta容}|$

$f_D = \sqrt{f_x^2 + f_y^2} = 0.22$

$K = \dfrac{f_D}{\sum D} = \dfrac{0.22}{641.44} = \dfrac{1}{2900} < \dfrac{1}{2000}$

本模块小结

一、导线的形式

闭合导线;附合导线;支导线

二、导线测量外业工作

选点;测角;测边;联测

三、导线测量内业计算

1. 基本公式

(1)坐标正算公式。

坐标增量计算:

$$\Delta X_{AB} = D_{AB}\cos\alpha_{AB}$$
$$\Delta Y_{AB} = D_{AB}\sin\alpha_{AB}$$

坐标计算:

$$X_B = X_A + \Delta X_{AB}$$
$$Y_B = Y_A + \Delta Y_{AB}$$

(2)坐标反算公式。

边长计算:

$$D_{AB} = \sqrt{(\Delta X_{AB})^2 + (\Delta Y_{AB})^2}$$

方位角计算:

$$\alpha' = \arctan\frac{\Delta Y}{\Delta X}$$

当$\Delta X > 0, \Delta Y > 0$时,在第 I 象限,$\alpha_{AB} = \alpha'$;

当$\Delta X < 0, \Delta Y > 0$时,在第 II 象限,$\alpha_{AB} = 180° + \alpha'$;

当$\Delta X < 0, \Delta Y < 0$时,在第 III 象限,$\alpha_{AB} = 180° + \alpha'$;

当$\Delta X > 0, \Delta Y < 0$时,在第 IV 象限,$\alpha_{AB} = 360° + \alpha'$。

(3)方位角的推算。

$$\alpha_{BC} = \alpha_{AB} + \beta_{左} - 180°(左角)$$
$$\alpha_{BC} = \alpha_{AB} - \beta_{右} + 180°(右角)$$

2. 闭合导线坐标计算

(1)角度闭合差的计算与调整。

$$f_\beta = \sum\beta_{测} - (n-2)\cdot 180°$$
$$V_{\beta i} = -\frac{f_\beta}{n}$$

(2)推算各边的坐标方位角。

（3）计算各边的坐标增量ΔX、ΔY。

$$\Delta X = D\cos\alpha$$
$$\Delta Y = D\sin\alpha$$

（4）坐标增量闭合差的计算与调整。

$$f_x = \sum \Delta X_算$$
$$f_y = \sum \Delta Y_算$$
$$f_D = \sqrt{f_x^2 + f_y^2}$$
$$K = \frac{1}{\sum D / f_D}$$
$$V_{\Delta X_i} = -\frac{f_x}{\sum D} D_i$$
$$V_{\Delta Y_i} = -\frac{f_y}{\sum D} D_i$$

（5）各导线点的坐标计算。

$$X_i = X_{i-1} + \Delta X_{i-1,i}$$
$$Y_i = Y_{i-1} + \Delta Y_{i-1,i}$$

3. 附合导线坐标计算

附合导线坐标计算步骤与闭合导线相同，只是角度闭合差计算和坐标增量闭合差计算公式不同而已。

$$f_\beta = (\alpha_{AB} - \alpha_{CD}) + \sum \beta_左 - 180°n$$
$$f_\beta = (\alpha_{AB} - \alpha_{CD}) + 180°n - \sum \beta_右$$
$$f_x = \sum \Delta X_算 - (X_终 - X_始)$$
$$f_y = \sum \Delta Y_算 - (Y_终 - Y_始)$$

本模块关于单点支导线测量与坐标计算的实训指导和习题及参考题解详见本教材的配套教学用书《工程测量实训指导与习题集》模块七。

大比例尺地形图的测绘与应用

本模块学习目标

知识目标：

1. 理解测图比例尺的概念；

2. 掌握地物地貌要素的表示方法；

3. 掌握地形图测绘的基本知识；

4. 掌握野外数据采集的方法；

5. 了解地形图的应用。

技能目标：

1. 学会利用全站仪和 RTK 进行野外数据采集的操作方法；

2. 学会利用 CASS 软件进行地形图的绘制。

本模块参考学时

1. 课堂学习　10 学时；

2. 课间实训　10 学时；

3. 在教学实训场地集中实训一周。

单元一　概　　述

将地面上的地物和地貌按水平投影的方法(沿铅垂线方向投影到水平面上)，并按一定的比例尺和图式符号缩绘到图纸上，这种图称为地形图。

地球表面有高低起伏变化的各种地貌，还有人工的和自然的各种地物。在测区建立控制网后，根据控制点的位置，通过实地观测，按照一定的比例尺和规定的符号，将测区内的地物和地貌在图纸上绘制成地形图，这种测量工作就是地形图的测绘。

1. 地形图比例尺

在测绘地形图之前，首先要明确地形图比例尺的概念，地形图上某一线段的长度 d 与地面上相应线段的实际水平距离 D 之比，称为地形图的比例尺，即 d/D。用数字表示时，通常以分子等于1的分数形式表示，如 1/500、1/1000，或 1∶5000、1∶10000，即 1/M 或 1∶M，M 称为比例尺分母。则地形图的比例尺为：

$$\frac{d}{D} = \frac{1}{M} \tag{8-1}$$

利用公式可将地形图上的线段和实地对应线段长度进行换算。在测图时可将实地的水平距离 D 换算为图上的长度 d；在用图时也可将图上长度 d 换算为实地上相应的水平距离 D，其公式为：

$$d = \frac{D}{M} \quad 或 \quad D = dM \tag{8-2}$$

在工程建设工作中，常使用大比例尺地形图，尤其是比例尺为 1∶500、1∶1000、1∶2000 的地形图使用较多。

2. 比例尺精度

地图比例尺的大小决定着实地范围在地图上缩小的程度，以及图上量测的精度和表示地形的详略程度。由于人眼在图上能分辨的最小距离为 0.1mm，因此把地形图上 0.1mm 所代表的地面上的实地水平距离称为比例尺精度，即：

比例尺精度 = 0.1M （mm）

工程上常用的几种大比例尺地形图的比例尺精度见表 8-1。

常用比例尺及其精度要求　　　　　　表 8-1

比例尺	1∶500	1∶1000	1∶2000	1∶5000
比例尺精度（m）	0.05	0.10	0.20	0.50

比例尺越小，地形图精度越低，表示地形变化的状况也越简略；反之，比例尺越大，地形图的量测精度越高，表示地形变化的状况越详细，但测量时所耗费的人力物力和时间就越多。因此，在测绘地形图时，应根据工程规划和设计需要，合理选用适当的测图比例尺。

单元二　地形在图上的表示方法

地形是地物形状和地貌的总称，具体指地表以上分布的固定物体所共同呈现出的高低起伏的各种状态。地形在图上都是用简明、准确、易于判断实物的规定符号表示的，这些符号称为地形图图式，由国家测绘主管部门统一编制、印刷发行，成图的比例尺不同，相应地形图中符号的形状、大小以及表示的详细程度等也会有所区别。

一、地物要素表示方法

地物要素分为两大类：一类是自然地物要素，如森林、湖泊、河流等，另一类是人工地物要素，如道路、桥梁、房屋、管线、水渠等。地物要素在地形图上使用地物符号来表示，这些地物符号统称地形图图式。表 8-2 大比例尺地形图图式样图就是依据《国家基本比例尺地图图式　第 1 部分：1∶500　1∶1000　1∶2000 地形图图式》（GB/T 20257.1—2017），列出了部分常用地物和地貌要素的图式。

表 8-2

大比例尺地形图图式样图

编号	符 号 名 称	符 号 式 样			编号	符 号 名 称	符 号 式 样		
		1:500	1:1000	1:2000			1:500	1:1000	1:2000
1	一般房屋	 混3		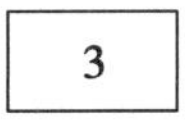 3	8	花圃、花坛	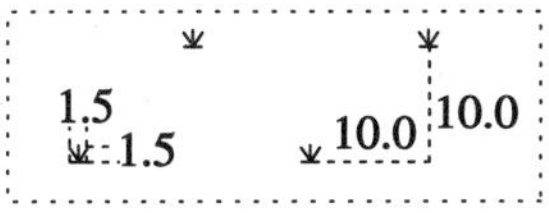		
2	建筑中房屋	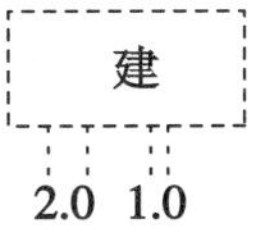 建 2.0 1.0			9	大面积灌木林	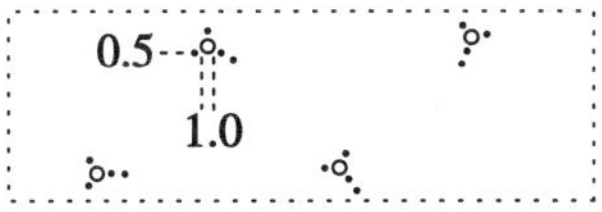		
3	破坏房屋	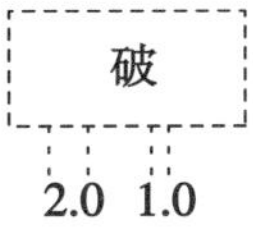 破 2.0 1.0			10	旱地	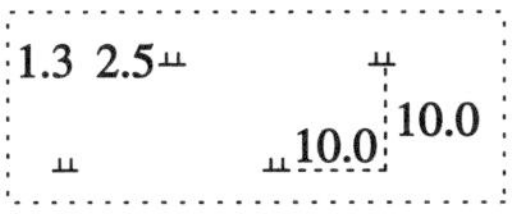		
4	台阶	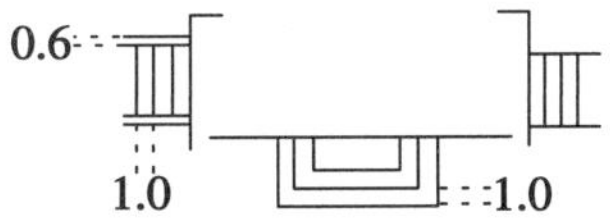			11	疏林	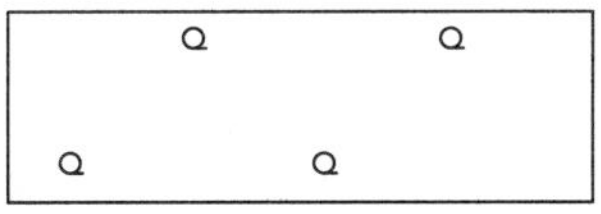		
5	棚房 a.四边有墙的 b.一边有墙的 c.无墙的	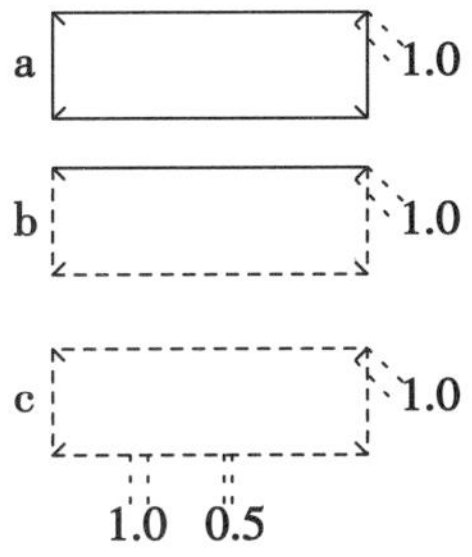			12	行树 a.乔木行树 b.灌木行树	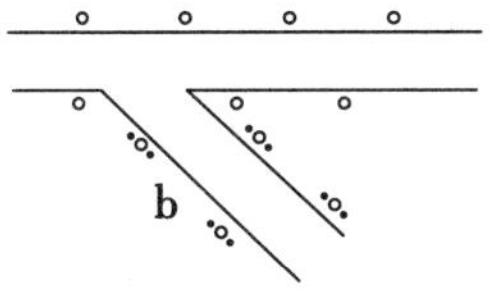		
6	蒙古包、放牧点 a.依比例尺的 b.不依比例尺的 (3—6)—居住月份				13	天然草地	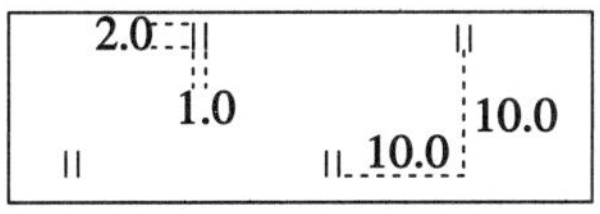		
7	果园	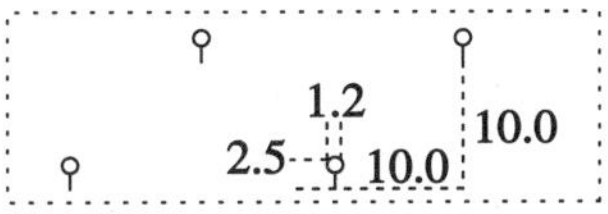			14	独立树 a.阔叶 b.针叶	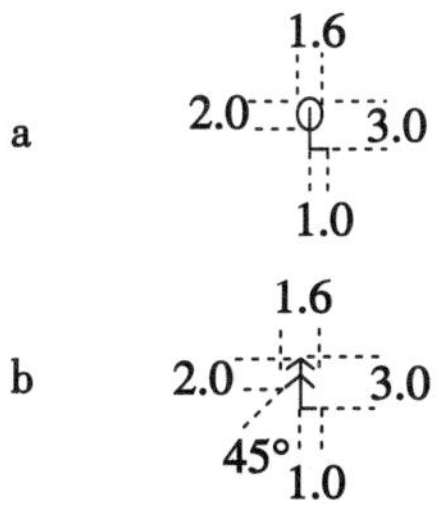		

续上表

编号	符号名称	符号式样			编号	符号名称	符号式样		
		1：500	1：1000	1：2000			1：500	1：1000	1：2000
15	独立石 a.依比例尺的 b.不依比例尺的				22	冲沟			
16	路灯				23	地面河流 a.岸线（常水位岸线、实测岸线） b.高水位岸线（高水界） 清江—河流名称			
17	等高线及其注记 a.首曲线 b.计曲线 c.间曲线 d.助曲线 e.草绘等高线 25—高程				24	湖泊 龙湖—湖泊名称 （咸）—水质			
18	斜坡 a.未加固的 a1.天然的 a2.人工的 b.已加固的				25	涵洞 a.依比例尺 b.半依比例尺			
19	陡崖、陡坎 a.土质的 b.石质的 18.6,22.5—比高				26	围墙 a.依比例 b.不依比例			
20	人工陡坎 a.未加固的 b.已加固的				27	栅栏、栏杆			
21	示坡线				28	篱笆			

续上表

编号	符号名称	符号式样			编号	符号名称	符号式样		
		1:500	1:1000	1:2000			1:500	1:1000	1:2000
29	国界 a. 已定界和界桩、 界碑及编号 b. 未定界	2号界碑 a ⊙ ━ ━ · ━ · ━ · 0.75 1.3 4.5 4.5 b ┠━━┨ ┠━━┨ 1.6 4.5 4.5			34	省道 a. 一级公路 a1. 隔离设施 a2. 隔离带 b. 二至四级公路 c. 建筑中的 ①、②—技术等级 代码(S305)、 (S301)—— 省道代码 及编号	0.3 a 0.15 ━①-(S305)━ a2 0.3 b ② (S301) 0.3 c ▬ ▬ ▬ ▬ 0.3 15.0 2.0		
30	省级行政区 界线和界标 a. 已定界 b. 未定界 c. 界标	c a ━ · ━ ━ · ━ ⊙ · 0.6 4.5 4.5 1.0 b ━ ━ ━ ━ 1.5 4.5			35	小路	4.0 1.0 ━ ━ ━ ━ ━ 0.3		
31	地类界	1.6 ·····∴····· 0.3			36	乡村路 a. 依比例尺的 b. 不依比例尺的	4.0 1.0 a ▬ ▬ ▬ ▬ 0.2 8.0 2.0 b ▬ ▬ ▬ 0.3		
32	电线塔 a. 依比例 b. 不依比例	a ━━⊠━━ 4.0 1.0 b ━━■━━ 4.0			37	省、县、乡公路、 主干道、轻轨 线路名称	西铜公路 正等线体(3.0)		
33	国道 a. 一级公路 a1. 隔离设施 a2. 隔离带 b. 二至四级公路 c. 建筑中的 ①、②—技术等级 代码(G305)、 (G301)—— 国道代码 及编号	0.3 a 0.15 ━a1━①-(G305)━ a2 0.3 b ② (G301) 0.3 c ▬ ▬ ▬ ▬ 0.3 3.0 20.0			38	地级以上 政府驻地	唐山市 粗等线体(7.5)		

续上表

编号	符号名称	符号式样			编号	符号名称	符号式样		
		1:500	1:1000	1:2000			1:500	1:1000	1:2000
39	导线点 I23-等级、点号 94.40-高程	2.4 ⊕	$\dfrac{I23}{94.40}$		40	水准点 II—等级 京石 5—点名点号 32.805—高程	2.0 ⊗	$\dfrac{II京石5}{32.805}$	

注:1.本部分适用于 1:500、1:1000、1:2000 地形图的测绘。

2.符号的尺寸:①符号旁以数字标注的尺寸值,均以毫米(mm)为单位。②符号旁只注一个尺寸值的,表示圆或外接圆的直径、等边三角形或正方形的边长;两个尺寸值并列的,第一个数字表示符号主要部分的高度,第二个数字表示符号主要部分的宽度;线状符号一端的数字,单线是指其粗度,两平行线是指含线划粗的宽度(街道是指其空白部分的宽度)。符号上需要特别标注的尺寸值,则用点线引示。③符号线划的粗细、线段的长短和交叉线段的夹角等,没有标明的均以本图式的符号为准。一般情况下,线划粗为 0.15mm,点的直径为 0.3mm,符号非主要部分的线划长为 0.5mm,非垂直交叉线段的夹角为 45°或 60°。

3.图式中除特殊标注外,一般实线表示建筑物、构筑物的外轮廓与地面的交线(除桥梁、坝、水闸、架空管线外),虚线表示地下部分或架空部分在地面上的投影,点线表示地类范围线、地物分界线。

根据地物形状大小和描绘方法的不同,地物符号又分为以下三种:

(1)依比例尺符号,是指地物依测图比例尺缩小后,其长度和宽度能依比例尺表示的地物符号。有些地物的轮廓较大,如房屋、池塘、运动场、湖泊、森林、田地等,这些地物能按测图比例尺缩绘在图纸上,所绘制的轮廓能表示地物位置以及它的形状和大小。

(2)半依比例尺符号,是指地物依测图比例尺缩小后,其长度能依比例尺而宽度不能依比例尺表示的地物符号。半依比例尺符号表示的地物一般是一些带状地物,如河流、道路、通信线、管道、垣栅、篱笆等,此类地物的长度可按比例尺缩绘,而宽度按规定尺寸绘出。

(3)不依比例尺符号,是指地物依比例尺缩小后,其长度和宽度均不能依比例尺表示,而选用相应的规定符号。如有些地物轮廓较小,例如水井、里程碑、独立树、测量控制点、钻孔等,这些地物按测图比例尺缩小后在图上无法表示出来,必须采用一种特定的符号来表示。不依比例尺符号只能表示物体的位置和类别,不能用来确定物体的尺寸。

地物在地形图上的表示原则是:凡是能依比例尺表示的地物,则将它们水平投影位置的几何形状相似地描绘在地形图上,如房屋、运动场等;或是将它们的边界位置表示在图上,边界内再绘上相应的地物符号,如森林、草地、沙漠等。对于不能依比例尺表示的地物,在地形图上是以相应的地物符号表示在地物的中心位置上,如水塔烟囱、纪念碑、单线道路、单线河流等。各种符号是地形图阅读的主要依据,测图时必须正确使用。

二、地貌要素表示方法

地貌是指地球表面的各种起伏形态,按其起伏的变化程度分为山地、丘陵、高原、平原、盆地等。地貌的形状,虽然千差万别,但实际都可以看作是一个个不规则的曲面,这些曲面是由不同方向和不同倾斜度的平面所组成。两相邻倾斜相交处即为棱线,这些棱线就是地貌的特征线或地性线,如山脊线、山谷线、山脚线、变坡线等。在地面不同方向、不同坡度平面交线变化处的点,如山顶点、盆地中心点、鞍部最低点、谷口点、山脚点、坡度变换点等,都称为地貌特征点。这些特征点和特征线就构成了地貌的轮廓特征。

对于大比例尺地形图通常用等高线表示。

1.等高线的概念

1)等高线的形成和定义

用不同高程而间隔相等的一组水平面与地表面相截,在各平面上得到相应的截取线,将这些截取线沿着垂直方向正射投影到水平面上,便得到表示该地表面的一些闭合曲线,即等高线。如图8-1所示的就是地面高程为100m、110m、120m、130m的等高线,所以等高线就是地面上高程相等的相邻点连接而成的闭合曲线。

图8-1 等高线示意图

2)等高距和等高线平距

两条相邻等高线的高差称为等高距,常用 h 表示,图8-1中等高距为10m。在同一幅图内,等高距通常取定值。

相邻等高线间的水平距离称为等高线平距,常用 d 表示,其大小随着地面的起伏情况而变化,等高线平距需要按比例尺从图中量取得到。

h 与 d 的比值就是地面坡度,反映地表的起伏变化程度,常用 i 表示。

$$i = \frac{h}{d} \tag{8-3}$$

等高距越大,等高线越稀疏,地貌显示就越粗略;等高距越小,等高线越密集,地貌显示就越详细,但等高距过小,图上等高线将很密,会使地形图不清晰。因此,要根据测图比例尺和地面倾斜角及用图的目的来选择等高距。

2.等高线的分类

等高线按其用途可分为首曲线、计曲线、间曲线和助曲线,如图8-2所示。

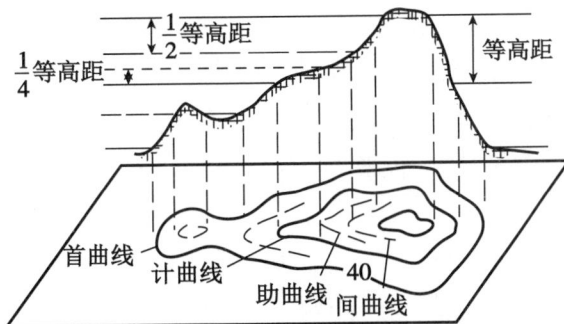

图8-2 等高线分类示意图

首曲线:又称基本等高线,是在同一幅图上,按所选定的等高距描绘的等高线,用 0.15mm 线宽的细实线表示。

计曲线:又称加粗等高线,是为了读图方便,从高程起算面算起,每隔四条首曲线加粗描绘的一条等高线,用 0.33mm 线宽的粗实线表示,并在适当位置注记高程,字头朝向高处。

间曲线:又称半距等高线,在地貌复杂的局部地区,用基本等高线不足以表示地貌的实际状态时,可用二分之一等高距的等高线来表示,用长虚线表示。

助曲线:又称辅助等高线,在使用半距等高线后,如果尚有部分地貌未能表示清楚,可再加用四分之一等高距的辅助等高线来表示,用短虚线表示。

3. 几种典型地貌的等高线

用等高线表示的几种典型地貌如图 8-3 所示。

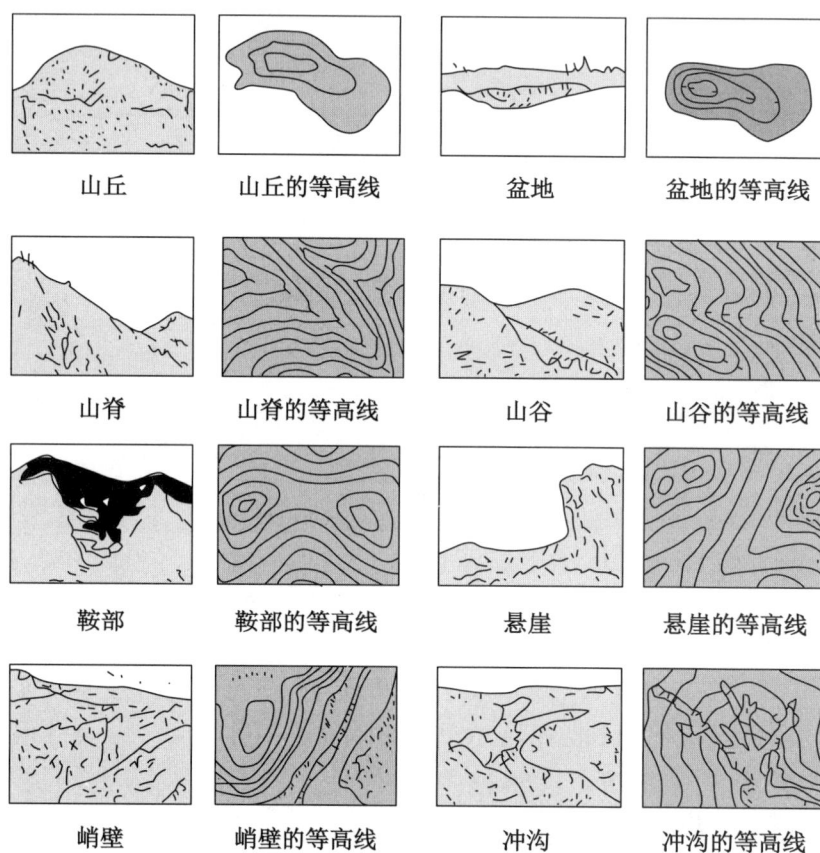

图 8-3　典型地貌及等高线图

1）山丘和盆地

凸起而高于四周的高地称为山地,高大者为山峰,低矮者为山丘,山的最高点是山顶;低于四周且经常无水的低地称为凹地,大范围的凹地称为盆地,小范围的凹地称为洼地。山丘和盆地两种地貌所绘出的等高线均为一组封闭的曲线,在外形上看起来非常相似。其区别是山丘的等高线,由外向内,高程数字逐渐增大,而盆地的等高线,由外向内,高程数字逐渐减小。

2）山脊和山谷

山脊是由两个坡向相反、坡度不一的斜坡相遇组合而成条形脊状延伸的凸形地貌形态。山脊最高点的连线就是两个斜坡的交线,叫作山脊线。山脊线是由高处向低处凸出的部分,是水流的分水岭,又称分水线。山脊的等高线是一组凸向低处的曲线,山脊线两侧的等高线略呈平行状,等高线穿过河谷时,向上游弯曲,呈反 V 字形。

山谷是指两山间低凹而狭窄处,其间多有洞溪流过。山谷中最低点的连线称为山谷线,雨水从山脊流下来,在山谷处汇集,因此,山谷线又称集水线。山谷的等高线为一组凸向高处的曲线,等高线最大弯曲处的点的连线,表示山谷线。

山脊线和山谷线统称为地性线。

3）鞍部

鞍部是连接两山顶之间的低洼凹地,形似马鞍状的地貌。鞍部是两个山脊和山谷的汇合点。鞍部的等高线是由两组相对的山脊线和山谷线组成,其特征为:一条封闭的曲线,内部套有两组高于鞍部高程的闭合曲线。

4）悬崖和陡崖（峭壁）

悬崖是山顶凸出,而山腰又凹入的山坡,俯视时,山顶会遮住凹进去的山腰部分,其等高线在图上呈交叉状。在绘制时,遮挡部分的等高线应用虚线表示。陡崖,也称峭壁,是坡度陡峭的山坡部分,坡度一般大于70°,其等高线非常密集,若坡度达90°,则等高线在图上将呈重叠状。

5）冲沟

冲沟是由间断流水在地表冲刷而形成的沟槽。

综上,自然地貌变化多样,是由不同的地貌组合而成的,只有掌握典型地貌的特征及其等高线的表现形式后,才能够用等高线来表示地表面地形的综合地貌。图 8-4 为某一地区综合地貌和其等高线图。

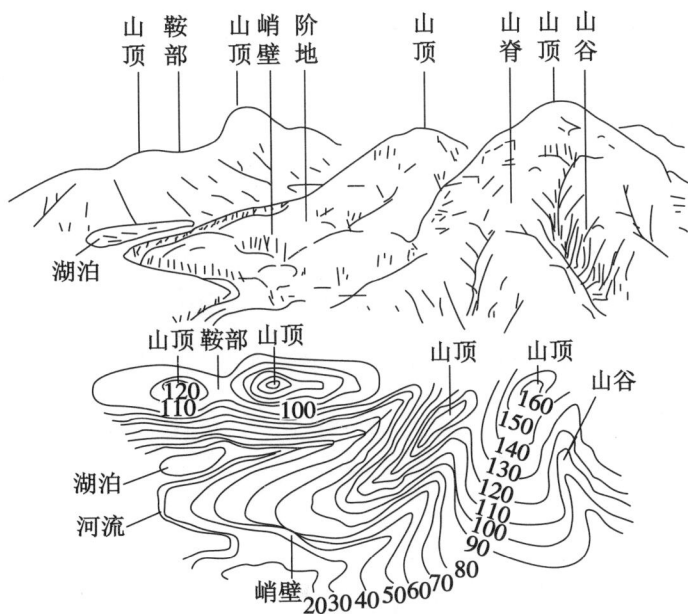

图 8-4　综合地貌及等高线图

4.等高线的特性

（1）在同一条等高线上各点的高程相等。

（2）每条等高线必为闭合曲线,不得在图内突然中断,如某条等高线不在本幅图内闭合,也必然在相邻的图幅内闭合。

（3）除特殊地形外，不同高程的等高线不能重合、相交。当等高线重叠时，表示陡坎、悬崖或绝壁。

（4）山脊线（分水线）、山谷线（集水线）均与等高线垂直相交。

（5）等高线平距与坡度成反比。在同一幅图上，平距小表示坡度陡，平距大表示坡度缓，平距相等表示坡度相同。即，坡度越陡的地方，等高线越密集，坡度越缓的地方，等高线越稀疏。

（6）等高线跨河时，不能直穿河流，须绕经上游正交于河岸线，中断后再从彼岸折向下游。

单元三　地形图测绘基本知识

一、地形图测绘原理

地形图测绘是一种观测与绘图相结合的方法。它可以同时测定地形点的平面位置和高程，然后依比例尺将地形点位置绘制在图纸上。

如图 8-5 所示，设地面上有 A、B、O 三点，在 O 点上安置一块贴有图纸的水平图板，将地面 O 点沿垂线方向投影到图纸上得 o 点，然后沿 OA 和 OB 方向正射投影到图板平面上，与图板面的交线 oA' 和 oB' 所夹的角度就是 AOB 的水平角，用仪器测出 OA 和 OB 的水平距离 oA' 和 oB'，并按一定的比例尺将实测的水平距离 oA' 和 oB' 缩绘在图纸上，定出 a 和 b 点，使图上 a、o、b 三点组成的图形与地面上相应的 A、O、B 三点组成的图形相似。这样即将地形点 A、B 按照比例尺测绘到图纸上了，这就是地形图测绘的原理。

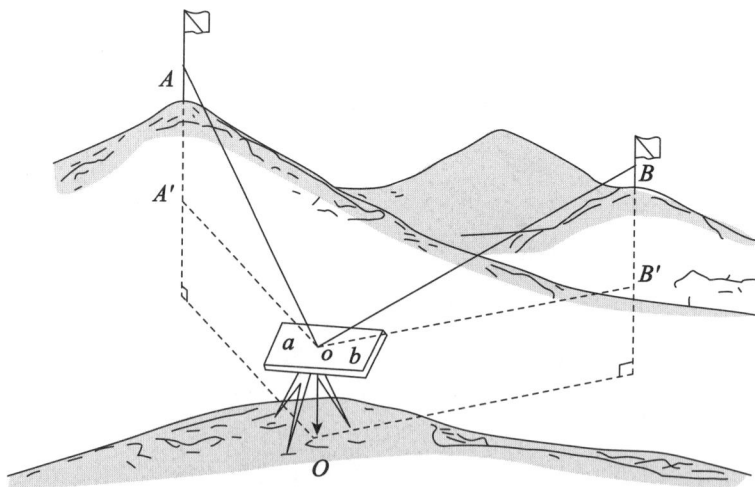

图 8-5　测绘原理示意图

二、白纸测图

传统的大比例尺地形图测绘方法是先测量地貌地物特征点到测站的距离及其相对某一参考方向的角度，再使用量角器、比例尺等绘图工具在绘图纸上定点，以规定的图式符号手工绘制地形图。因其直接在绘图纸上绘图，被称为白纸测图或模拟法测图。

采用白纸测图法作业时,观测员要多次进行照准、读数等操作,而绘图员要根据观测员的报数,完成量角、按比例尺将实际距离换算成图面距离、图面定点等工作,还要观察测点位置及相邻特征点间的关系,按地形图符号将测点连接绘图。因此,此方法工作量大、作业效率低,并且由于读数、记数、量角、距离换算、展点、绘图等环节众多,出错概率大,使得地形图成果质量难以保证。此外,以图纸为载体的地形图,因存在图面负载能力有限、成图周期长、不便于更新维护等缺点,因此,白纸测图已经难以适应数字化时代经济建设对测绘的要求,目前已较少使用。

三、数字化测图

随着光电测距和计算机技术在测绘领域的广泛应用,全站型电子速测仪或 GNSS-RTK 和计算机辅助制图系统,两者结合逐步形成一套从野外数据采集到内业制图的系统,实现了全过程数字化的大比例尺地形测绘,即野外数字测图技术,简称数字化测图。

1. 数字化测图的基本思路

数字化测图的基本思路如图 8-6 所示,用全站仪或 GNSS-RTK 采集地面上的地貌、地物要素的三维坐标以及描述其性质与相互关系的信息,并绘制草图,将这些信息记录在数据终端上再传输给计算机,或直接传输给便携式计算机,然后借助于计算机绘图系统对有关信息进行加工处理后形成绘图数据文件,最后保存至存储设备中或打印出所需的地形图。

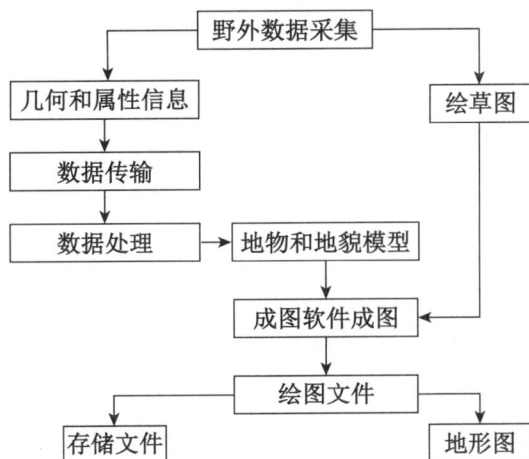

图 8-6　数字化测图的基本思路

2. 数据采集

将地貌、地物要素转换为数字信息的过程称为数据采集。数据采集有多种方法,本模块主要介绍全站仪和 GNSS 野外数据采集的方法。

一切地形图都可以分解为点、线、面三种图形要素,其中点是最基本的图形要素。野外数据采集主要通过全站仪或 GNSS 接收机实地测定地形特征点的三维坐标(平面位置和高程)。除此之外,还必须采集点位的连接信息和描述其性质的属性信息。点位的三维坐标是定位信息(亦称点位信息),使用设备采集并自动计算存储在设备内存或电子手簿中。各个点之间以点号区别,点号在测图系统中是唯一的,根据它可以提取点位坐标。连接信息是指测点的关联关系,它包括相邻连接点号和连接线形等,据此可将相关的点连接成一个地物图形。点位信息和连接信息合称为图形信息,又称为几何信息。

非几何信息又称为属性信息,一般用拟定的符号和文字表示,如地名、植被类型、河流名等。属性的定量信息是说明地形图要素的性质、特征或强度的,例如面积、楼层、人口数量、河流流速等,一般用数字表示。

测量人员可边施测边通过草图法记录碎部采集点的特征信息,每个地形特征点的记录都应包括点号、平面坐标、高程以及与其他点之间的连接关系等。

3.数据处理与成图

数据采集工作完成后,将存储在仪器或电子手簿内的数据传输至计算机,利用专业的数字化地形图编辑成图软件,通过计算、展点、识别、连接、加注记符号等步骤,将采集的数据编辑成地形图。数据处理过程中,绘图系统通过碎部点的几何信息将相关的点连接成一个个地貌、地物符号,并据此绘制房屋、道路、河流、地类界、等高线、陡坎等地形图元素。

在此阶段,计算机是进行数据存储、处理的基本设备,而专业的数字化成图软件则是核心,其主要部分是各类地形图元素编辑处理工具。

4.地形图存储/输出

数据处理后得到了带有测区地形几何信息和属性信息的图形文件,即数字地图,我们可以通过控制不同层的数据显示,来编制和输出各种专题地图(如地籍图、平面图、路网图、管线图、电网图、规划图等),以满足不同的工作需要,这些地形图成果可以永久保存在硬盘,也可以将其转换成地理信息数据文件存储在地理数据库中。

单元四　野外数据采集

一、地形特征点的选择

地物、地貌的平面轮廓由描述其位置及形状的特征点所决定,这些地物、地貌的特征点统称为地形特征点。地形图测绘就是以图根点为测站,根据测图比例尺,用测量仪器,依据某种测量方法,测定地形特征点平面位置和高程并加注地物、地貌符号,最后经过整饰使之成为地形图的过程。其中地形特征点测量极其重要,直接决定了成图的质量与效率,而地形特征点的正确选择是保证成图质量和提高测图效率的关键。

1.地物特征点的选择

地物特征点主要是地物轮廓线和边界线的转折点、交叉点、曲线上的弯曲交换点、独立地物的中心点等,如建筑物、农田等面状地物的棱角点和转角点;道路、河流、围墙等线形地物交叉点;电线杆、井盖、独立树、纪念碑等点状地物的几何中心等。这些点测定之后,将其连接便可得到与地面物体相似的轮廓图形。如图8-7所示,房屋的6个棱角点为其特征点,如果能确定1~6各点的平面位置,这所房屋的位置就确定了;如图8-8所示,河流弯曲部分可以看成是由折线所组成的,只要确定7~13各点的平面位置,这条河流的位置也就确定了。

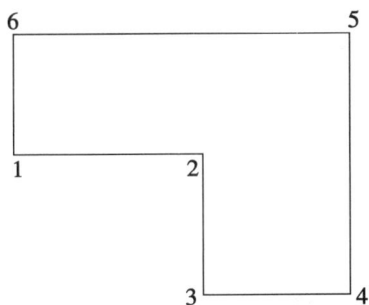

图 8-7　某房屋的平面图　　　　图 8-8　某河流的平面图

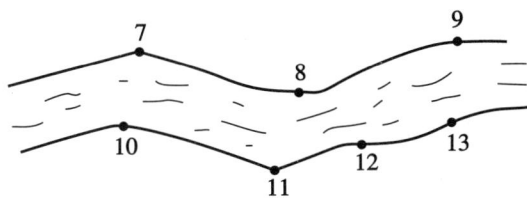

2.地貌特征点的选择

尽管地貌形态各不相同,但地貌的表面都可以近似地看成是由各种坡面组成的。测绘地貌时,应选择山顶点、盆地中心点、鞍部最低点、谷口点、山脚点、坡度变换点等地貌特征点进行碎部采集,待测定之后,根据高程勾绘等高线,就能把地貌描绘在地形图上。

在地形图测绘中,碎部点和采集路线的选择对地形图的质量和测图效率都有直接影响。测图开始前,测绘工作人员应提前做好准备工作。在采集地貌特征点时,一般在地性线明显地区可沿地性线和坡度变换点依次采集;在平坦地区,一般常用环形法和迂回路线法来设定采集路线。采集地物特征点时,最好是沿地物轮廓逐点进行,以方便绘图。

二、数据采集准备工作

数据采集前的准备工作主要包括图根控制测量、测区划分、资料准备和人员设备配备等。

1.图根控制测量

图根控制测量主要是在测区高级控制点密度满足不了大比例尺数字测图需求时,适当加密布设控制点的测量方法。图根控制测量主要包括平面控制测量和高程控制测量。平面控制测量确定图根点的平面坐标,高程控制测量确定图根控制点的高程。

大比例尺数字测图既可以用传统的先控制后碎部测量、先整体后局部的作业方法,也可以采用图根控制测量和碎部测量同时进行的一步测量法。对于高等级的测量,一般采用传统的先控制后碎部的作业原则。

对于小区域工程建设,由于高等级控制点点位较稀少,为了满足测图的需要,还要在测区内建立控制网,目前平面控制网的布设一般采用 GNSS-RTK 或导线测量。高程控制网一般采用四等水准测量。

测站点是地形碎部测量过程中安置仪器的点,应尽量选择各级控制点,如果测区地形较复杂,在碎部测量中需要增设测站点时,可以以已知图根控制点为基础,加密测设临时测站点,以满足测图的需要。

2.测区划分

为了便于多个作业组作业,在野外采集数据之前,通常要对测区进行"作业区"划分。数字测图无须按图幅测绘,而是以道路、河流、沟渠、山脊线等明显线状地物为界,将测区划分为若干个作业区,分块测绘。对于地籍测量来说,一般以街坊为单位划分作业区。分区的原则是各区之间的数据(地物)尽可能地独立(不相关)。对于跨区的地物,如电力线等,应测定其方向线,供内业编绘。

3. 资料准备和人员设备配备

在测图前要明确任务和要求,然后进行踏勘测区,查清测区情况和平面、高程控制网点的分布情况及其点位,做出因地制宜、切实可行的测图计划,拟定测图方案,并抄录有关平面控制和水准点高程等资料。

根据测图方案所要求的测图方法,准备好测绘、计算等所需的各种仪器工具和所用物品,并配备技术人员,对仪器进行检验校正,查看所有附件是否齐全,工具是否完好。

三、全站仪野外数据采集

1. 人员设备配备

(1)仪器设备:全站仪一台(套)、对讲机、充电器、电子手簿或便携机、备用电池、通信电缆、反光棱镜、皮尺或钢尺、草图本、工作底图、铅笔、油漆等(若采用简码作业或者电子平板测图,可省去绘制草图。

出测前应为全站仪、对讲机充足电,同时对全站仪的内存进行检查,确认有足够的内存空间,如果内存不够则需要删除一些无用的文件,如全部文件无用可将内存初始化。

(2)每作业小组一般需配备人员:采用草图法时,测站观测员(兼记录员)1 人,镜站跑尺员 1~2 人,领尺员(绘草图)1~2 人;采用简码作业时,观测员 1 人,镜站跑尺员 1~2 人;采用电子平板作业时,观测员 1 人,绘图员 1 人(也可以由观测员承担),镜站跑尺员 1~2 人。

2. 图根点成果资料的准备

备齐所要测绘范围内的图根点的坐标和高程成果表,必要时也可先将图根点的坐标和高程成果传输到全站仪中,需要时调用即可。

3. 野外数据采集

(1)仪器安置。

在控制点或图根点上安置全站仪,量取仪器高。

(2)新建工程与测站设置。

野外数据采集的点的坐标以文件形式存储在仪器中,该文件称为项目或工程。安置好全站仪后,将仪器开机,新建工程后,进行测站设置,即把测站点坐标值、仪器高和棱镜高等输入全站仪(详见本教材模块四的有关内容)。

(3)后视定向。

应选择远处的图根点作为测站定向点,测站设置好后照准后视已知点进行精确瞄准定向。然后施测另一图根点坐标和高程,作为测站检核。

(4)测定地物和地貌特征点。

将棱镜置于地形特征点上,观测员用全站仪瞄准地物和地貌特征点上的棱镜并进行观测,输入第一个立镜点的点号(如0001),按键进行测量,即可直接获得地物和地貌特征点的坐标和高程。第一点测量数据保存后,全站仪屏幕自动显示下一立镜点的点号(点号顺序增加,如0002)。

（5）工作草图绘制。

野外数据采集除采集碎部点的坐标外,还要获取与绘图有关的其他信息,如地物和地貌特征点的地形要素名称、地物和地貌特征点连接线形等,以便计算机生成图形文件时进行图形处理。所以,在野外数据采集的同时还要在野外绘制工作草图,并在工作草图上记录地形要素名称、地物和地貌特征点连接关系和相关信息。

（6）迁站。

在一个测站上将测站四周待测的全部地物和地貌特征点测完后,经过全面检查无误和无遗漏,将测量数据保存在全站仪后,即可迁至下一测站,重新按上述方法、步骤依次测量其他碎部点。

4.注意事项

（1）仪器的对中偏差不应大于 5 mm,仪器高和棱镜高测量应精确至 1 mm。

（2）每次观测时,要注意检查水准管气泡是否居中;如重新对中、整平后,应重新定向。

（3）立镜人员应将棱镜杆立直,并随时观察立尺点周围地形,弄清地形特征点间关系;地形复杂时还需协助草图绘制人员绘制草图。

（4）一测站工作结束时,应检查有无地物地貌遗漏,确认无遗漏后,方可迁站。

（5）作业过程中和作业结束前应对定向方位进行检查。

（6）当采用草图法作业时,应按测站绘制草图,并应对测点进行编号;草图的绘制,宜简化标示地形要素的位置、属性和相互关系等。在数据采集过程中要特别注意的是绘制草图的人员必须与观测员和立棱镜人员保持良好的通信联系,使草图上的测点编号与仪器的记录点号相一致。

（7）数字外业测图可按图幅施测,也可分区施测。按图幅施测时,每幅图应测出图廓线外 5 mm;分区施测时,应测出各区界线外图上。

（8）每日观测完成后,宜将全站仪采集的数据转存至计算机,并进行检查处理,删除或标注作废数据、重测超限数据、补测错漏数据,生成原始数据文件并备份。

四、RTK 野外数据采集

1.人员设备配备

（1）仪器设备:GNSS 接收机、碳纤对中杆、电子手簿、草图纸、观测记录手簿、对讲机、充电器、备用电池、铅笔、油漆、手机等。出测前应为 GNSS 接收机、电子手簿、对讲机充足电。

（2）每作业小组一般需配备技术人员 1~3 人,分别负责记录、观测、绘制草图等。

2.测前资料准备

（1）搜集测区的控制点成果、卫星定位测量资料及连续运行基准站系统的覆盖情况。

（2）搜集测区的平面基准和高程基准的参数,应包括参考椭球参数、中央子午线经度、纵横坐标的加常数、投影面高程、平均高程异常等。

（3）搜集卫星导航系统的地心坐标框架与测区地方坐标系的转换参数及相应参考椭球的大地高程基准与测区的地方高程基准的转换参数。

（4）网络 RTK 使用前，应在服务中心进行登记、注册，并应获得系统服务的授权。

3. 野外数据采集

本单元主要以南方测绘 GNSS 接收机——创享 RTK 为例，介绍草图法网络 RTK 野外数据采集的方法，其步骤如下（具体仪器操作见本教材模块五的有关内容）：

（1）移动站安装。

将移动站主机接在碳纤对中杆上，安置好接收天线，同时将手簿使用托架夹在对中杆的适合位置。

（2）仪器设置与网络设置。

主机、手簿开机后，在工程之星软件中将手簿与主机通过蓝牙进行连接，设置主机工作模式为移动站，设置主机数据链为网络。根据网络账号信息，对网络进行设置。其操作为：【工程之星】→【配置】→【仪器设置】→【移动站设置】→【数据链】→【手机网络】→【CORS 连接设置】。

（3）新建工程。

在新测区，需要新建一个工程，用来存储采集的数据，以便后期数据的导出，在此应设置合理的工程名称。其操作为："工程之星"→"工程"→"新建工程"。

（4）工程设置与坐标系统设置。

选择"工程之星"→"配置"→"工程设置"，设置"天线高"。

选择"工程之星"→"配置"→"坐标系统设置"→设置"目标椭球"和"中央子午线"。如果已知四参数或七参数，可以直接在"水平"或"七参数"中输入，否则要自己进行坐标系的校正。

（5）校正坐标系。

校正坐标系的方法有两种，一是求转换参数，二是直接输入已知的转换参数再进行校正向导。网络 RTK 主要是求转换参数（具体操作见模块五的有关内容）。

（6）地物和地貌特征点测量。

在地形特征点进行 RTK 点测量，获取点位信息，为绘图提供必要数据。其操作为："工程之星"→"测量"→"点测量"，按手簿上"采集键"或"A"键进行测量，输入编码、天线高类型及高度，并输入"点号"（如 0001），继续测量存点时，点号将自动累加（如 0002）。

（7）工作草图绘制。

为了便于室内机助成图，一般要在野外绘制工作草图，也就是在工作草图上记录地形要素名称和碎部点连接关系。工作草图的绘制方法和全站仪野外数据采集一致。

4. 注意事项

（1）流动站接收机天线高设置宜与测区环境相适应，变换天线高时应对手簿做相应更改。

（2）流动站作业的有效卫星数不宜少于 6 颗，多星座系统有效卫星数不宜少于 7 颗，PDOP（位置精度因子）值应小于 6，并应采用固定解成果。

（3）流动站的初始化，应在对空开阔的地点进行。

（4）若作业中出现卫星信号失锁，应重新初始化，并应经重合点测量检查合格后，方可继续作业。

（5）RTK 测图分区作业时,应测出各区界线外图上 5mm。

（6）结束前,应进行已知点检查,对 RTK 采集的数据进行检查处理,删除或标注作废数据、重测超限数据、补测错漏数据。

（7）每日观测完成后,应转存测量数据至计算机,并应做好数据备份。

五、数据传输

数据传输的目的是将外业采集数据以绘图时的数据格式传输到计算机中,并以数据文件形式记录保存下来,为数字绘图提供数据源。

1. 全站仪数据导出与数据传输

数据导出（以南方全站仪 NTS-340 为例）：在全站仪中,每个项目对应一个文件,项目中将保存测量和输入的数据,可以通过"项目"→"导出"将数据导出,如图 8-9 所示。图 8-10 为导出设置界面,填写参数如下：

导出位置:选择导出文件存放的介质。

数据类型:导出的数据类型。

数据格式:导出数据的数据格式。

点击"继续"按钮后,来到全站仪数据导出界面（图 8-11）,输入导出数据的文件名就可以成功导出数据。

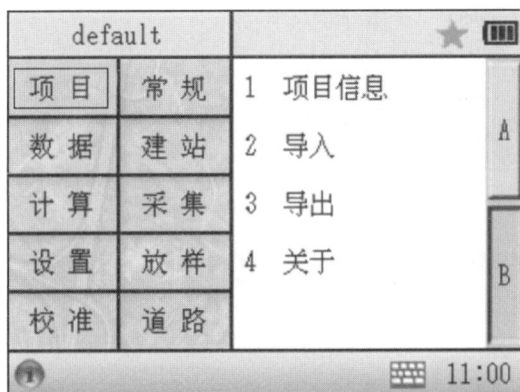

图 8-9　项目管理菜单

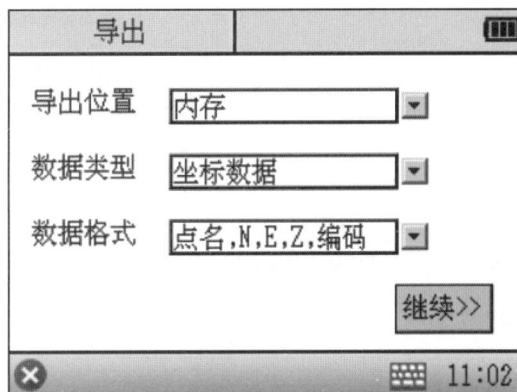

图 8-10　导出设置界面

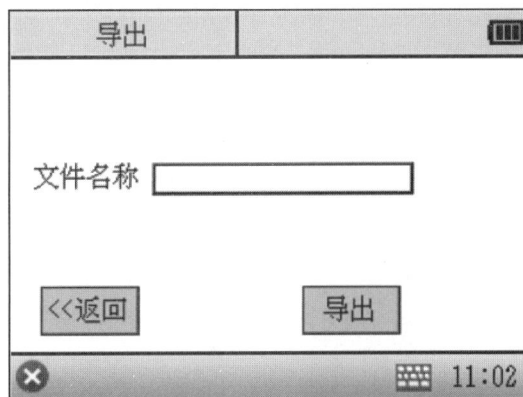

图 8-11　全站仪数据导出

数据传输:全站仪数据传输的方式有多种,大都支持 SD 存储卡、U 盘、USB、蓝牙连接、数据线等与计算机进行连接,数据的传输简单易行。

2. RTK 测量数据导出与数据传输

数据导出(以南方测绘创享 RTK 为例):"工程"→"文件导入导出"→"文件导出"→选择相应的导出文件类型及保存路径(图 8-12),点击"确定"即可,系统提示"导出数据成功"则数据导出完毕。

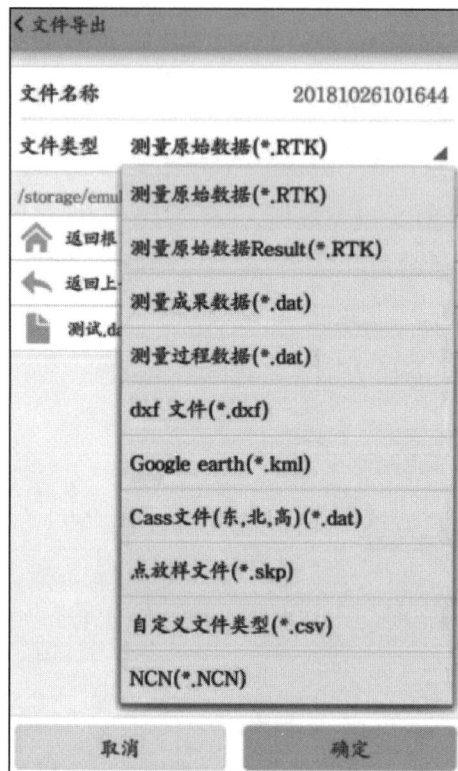

图 8-12　RTK 数据文件导出

数据传输:数据可以直接通过 USB 数据线连接计算机从手簿里复制出,也可以用 U 盘直接从手簿里复制出。

单元五　内 业 绘 图

一、CASS10.1 简介

常用的数字测图软件有很多,本单元将介绍广东南方数码科技股份有限公司 CASS10.1 (以下简称 CASS10.1)的基本使用方法。

CASS10.1 的操作界面主要包括:顶部菜单面板、右侧屏幕菜单、工具条和属性面板,如图 8-13 所示。每个菜单项均以对话框或命令行提示的方式与用户交互应答,操作灵活方便。

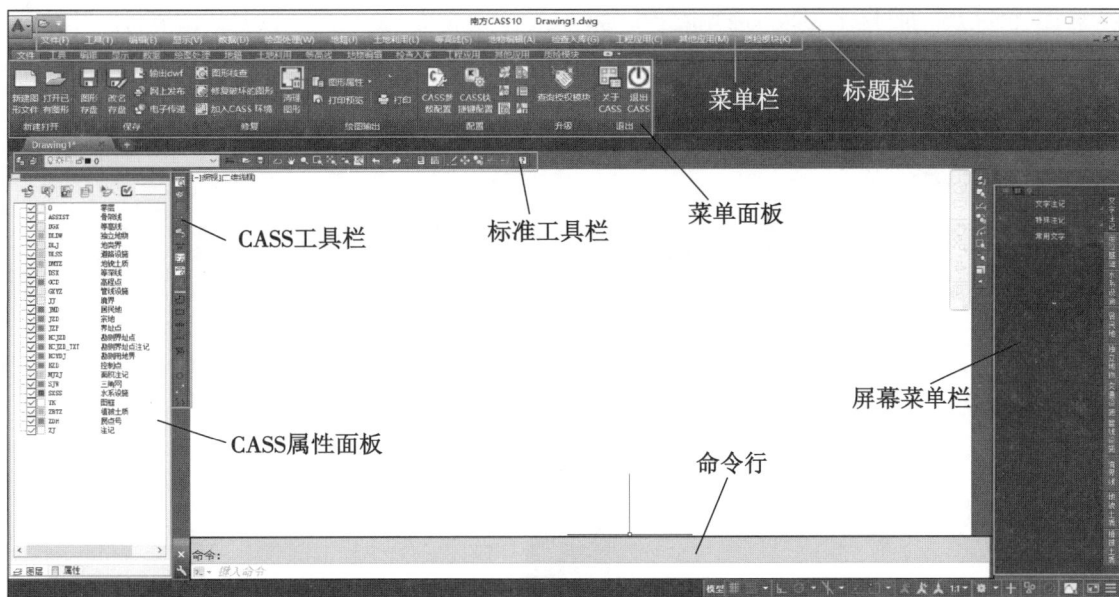

图 8-13 CASS10.1 主界面

1. CASS10.1 顶部菜单面板

几乎所有的 CASS10.1 命令及 AutoCAD 的编辑命令都包含在顶部的菜单面板中,例如文件管理、图形编辑、工程应用等相关命令都在其中,文件菜单面板如图 8-14 所示。

图 8-14 文件菜单面板

2. CASS10.1 右侧屏幕菜单

CASS10.1 屏幕的右侧设置了"屏幕菜单",这是一个测绘专用交互绘图菜单。如图 8-15 所示,居民地、水系设施、交通设施、管线设施、境界线、地貌土质、植被等图式符号均在其中,在进行图形编辑时,可根据外业草图和屏幕展点点号,用鼠标选择对应的地物、地貌符号,将其绘制在屏幕上。

▦ 按钮:以列表形式显示地物类别。

▦ 按钮:以图标形式显示地物类别。

◉ 按钮:进入定点方式的选择模块。

3. CASS10.1 工具条

当启动 CASS10.1 以后,可以看到在屏幕的上部和左侧分别有一个工具条。

其中上部的工具条(标准工具栏)是 AutoCAD 本身就有的,如图 8-16 所示,它包含了 AutoCAD 的许多常用功能,如图层的设置、打开图形、图形存盘、重画屏幕等。屏幕左侧的工具条

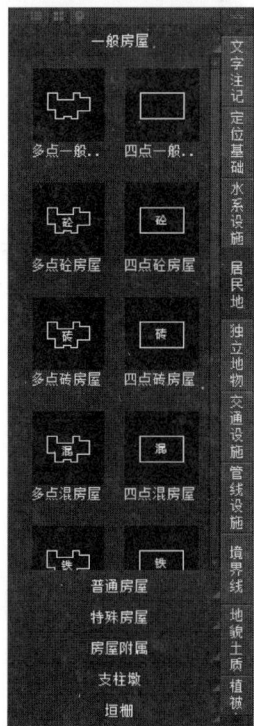

图 8-15 CASS10.1 右侧屏幕菜单

（CASS 实用工具栏）则是 CASS 所特有的,如图 8-17 所示,它包含了 CASS 的一些较常用功能,如查看实体编码、加入实体编码、查询坐标、注记文字等。当鼠标指针在这两个工具栏的某个图标上停留 1～2s 时,鼠标的尾部将出现该图标的说明,鼠标移动将消失,此功能为在线提示。

图 8-16　标准工具栏

图 8-17　CASS 实用工具栏

4. CASS 属性面板

在绘制图形时,我们经常用到属性面板,CASS10.1 属性面板在主界面的左侧,如图 8-18 所示,面板图层有两种显示格式:CAD 格式和 GIS 格式,两种格式可以在顶端的功能选项中进行切换,以利于 GIS 的数据交互,例如:将 SHP 文件转入 CASS 环境中。

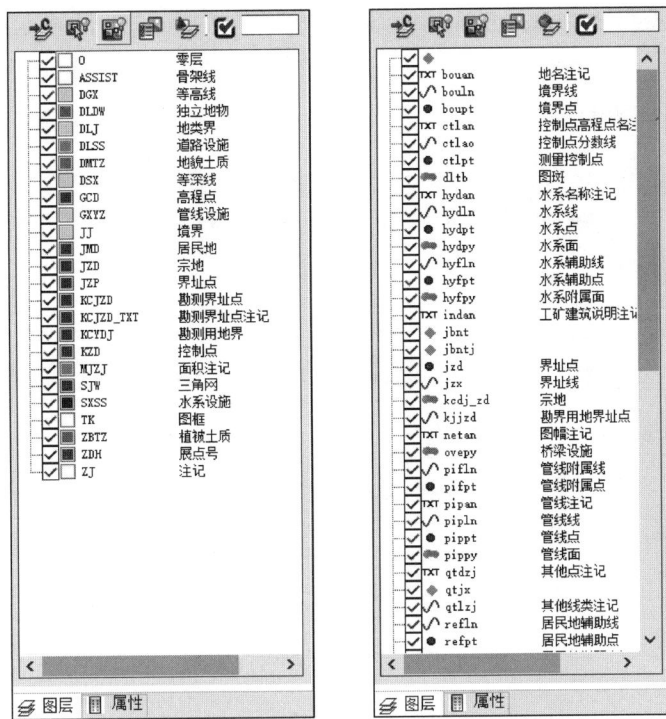

| a)CAD图层显示 | b)GIS图层显示 |

图 8-18　CASS10.1 属性面板

二、地形图编辑

CASS10.1 提供了"草图法""简码法""电子平板法"等多种成图作业方式,并可实时地将地物定位点和邻近地物(形)点显示在当前图形编辑窗口中,操作十分方便。本模块主要介绍草图法成图的基本方法。

1.定显示区

在"绘图处理"下拉菜单中,选择"定显示区"项,在弹出的对话框输入野外数据采集的地形特征点坐标数据文件名,(此处以 C:\Cass10.1ForAutoCAD2016\DEMO\YM-SJ.DAT 数据为例),如图 8-19 所示,也可参考 WINDOWS 选择打开文件的操作方法操作。

这时,命令区显示:

最小坐标(米):$X = 31067.315, Y = 54075.471$;

最大坐标(米):$X = 31241.270, Y = 54220.000$。

2.选择测点点号定位

在右侧屏幕菜单选择"坐标定位/点号定位"项,在弹出的对话框中输入点号、坐标点数据文件名 C:\Cass10.1ForAutoCAD2016\DEMO\YMSJ.DAT 后,命令区提示:读点完成! 共读入 60 点。

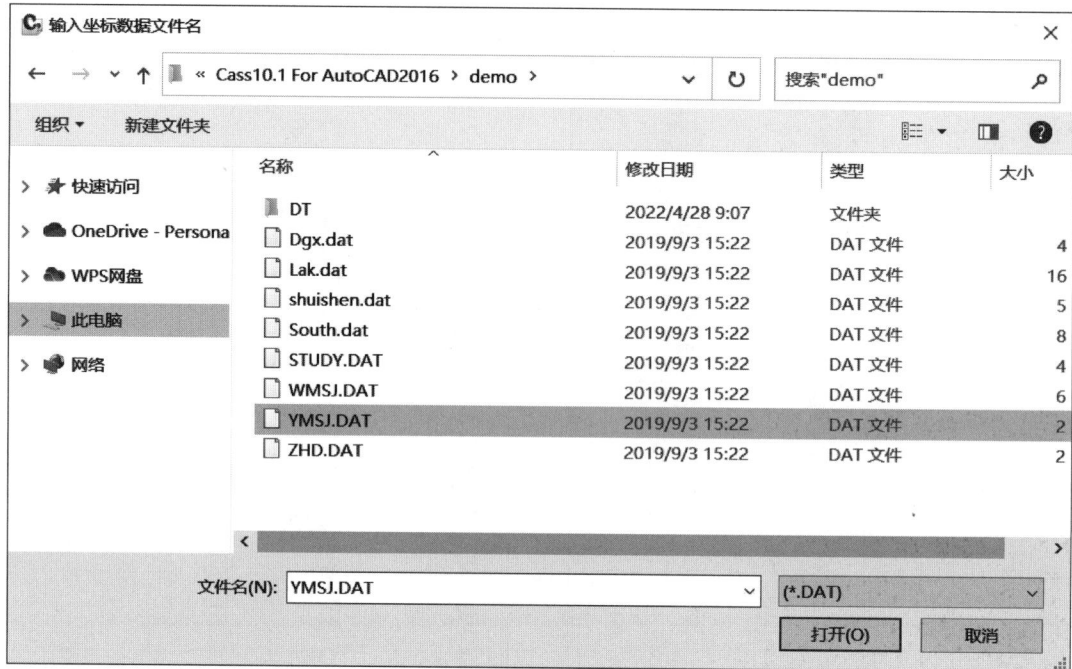

图 8-19　定显示区对话框

3.绘平面图

在"绘图处理"下拉菜单中,选择"展野外测点点号"项,在弹出的对话框中输入对应的坐标数据文件名 C：\Cass10.1ForAutoCAD2016\DEMO\YMSJ.DAT 后,便可在屏幕展出野外测点的点号,如图 8-20 所示。

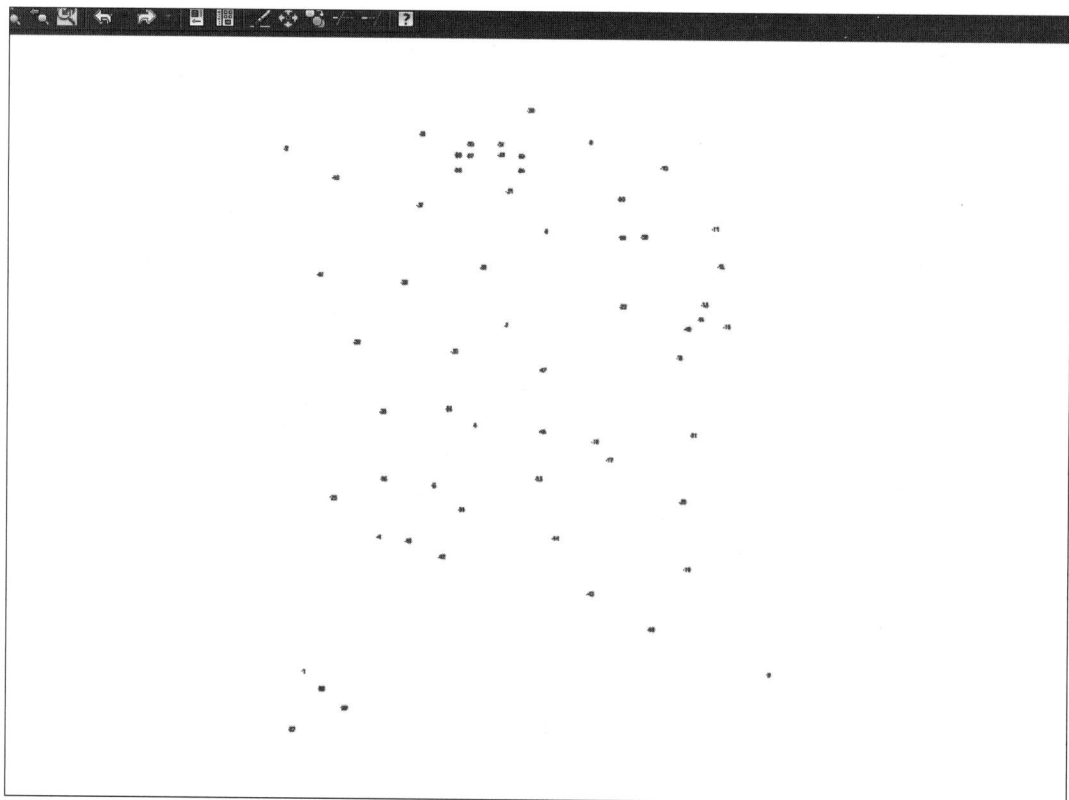

图 8-20　展野外测点点号

根据野外数据采集时绘制的草图,如图 8-21 所示,在右侧屏幕菜单选择相应的地图图式符号在屏幕上将平面图绘出。

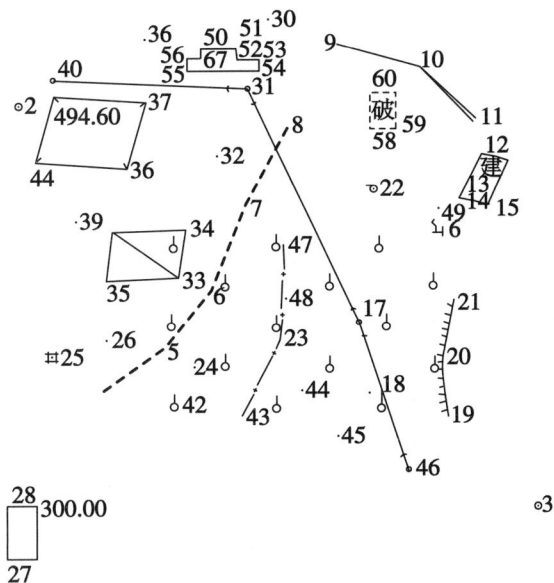

图 8-21 野外作业草图

如图 8-21 所示,由 33、34、35 号点连成一间普通房屋;37、38、41 号点绘成四点棚房;60、58、59 号点绘成四点破坏房子;12、14、15 号点绘成四点建筑中房屋;50、52、51、53、54、55、56、57 号点绘成多点一般房屋;27、28、29 号点绘成四点房屋。以上房屋均从右侧屏幕菜单中的"居民地"中选取相应的图式进行绘制。

同样,在"居民地/垣栅"层选取"依比例围墙"的图标,将 9、10、11 号点绘成依比例围墙;在"居民地/垣栅"层选取"篱笆"的图标,将 47、48、23、43 号点绘成篱笆。在"地貌土质/人工地貌"层选择"未加固陡坎"的图标,把 19、20、21 号点连成一段陡坎。注意:陡坎上的坎毛生成在绘图方向的左侧。

这样,重复上述操作便可以将所有测点用地图图式符号绘制出来,绘制结果如图 8-22 所示。在左侧 CASS 属性菜单中,通过勾选图层前的复选框,可以控制图层的显示。

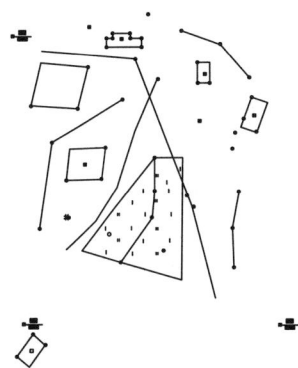

图 8-22 根据 YMSJ. DAT 数据绘制完成的平面图

4. 绘制等高线

在地形图中,等高线是表示地貌起伏的一种重要手段。在数字化自动成图系统中,等高线由计算机自动勾绘,生成的等高线精度相当高。数字地面模型(DTM),是在一定区域范围内规则格网点或三角网点的平面坐标(x,y)和其地物性质的数据集合,如果此地物性质是该点的高程 Z,则此数字地面模型又称为数字高程模型(DEM)。这个数据集合从微分角度三维地描述了该区域地形地貌的空间分布。

CASS10.1 在绘制等高线之前,必须先根据野外测得的高程点建立数字地面模型(DTM),然后在数字地面模型上生成等高线。下面以"C:\CASS 10.1ForAutoCAD2016\DEMO\DGX. DAT"为例,进行介绍。

1）建立数字地面模型（构建三角网）

（1）展高程点。

展高程点之前，先"定显示区"及"展点"，"定显示区"的操作与前述"草图法"中"点号定位"法的工作流程中"定显示区"的操作相同。展点后，命令行提示"读点完成，共读入126个点！"。在"绘图处理"下拉菜单中，点击"展高程点"，在打开的对话框中选择数据文件。

命令区提示"输入绘图比例尺"，以1:500为例。

命令区提示"注记高程点的距离（米）"，根据规范要求输入高程点注记距离（即注记高程点的密度），按回车键默认为注记全部高程点的高程。这时，所有高程点和控制点的高程均自动展绘到图上。

（2）建立DTM模型。

在屏幕顶部"等高线"菜单面板中，点击"建立三角网"选项，出现如图8-23所示对话框。

首先选择建立DTM的方式，分为两种方式：由数据文件生成和由图面高程点生成。如果选择由数据文件生成，则在坐标数据文件名中选择坐标数据文件；如果选择由图面高程点生成，则在绘图区选择参加建立DTM的高程点。然后选择结果显示，分为三种：显示建三角网结果、显示建三角网过程和不显示三角网。最后选择在建立DTM的过程中是否考虑陡坎和地性线。

点击"确定"后生成如图8-24所示的三角网。

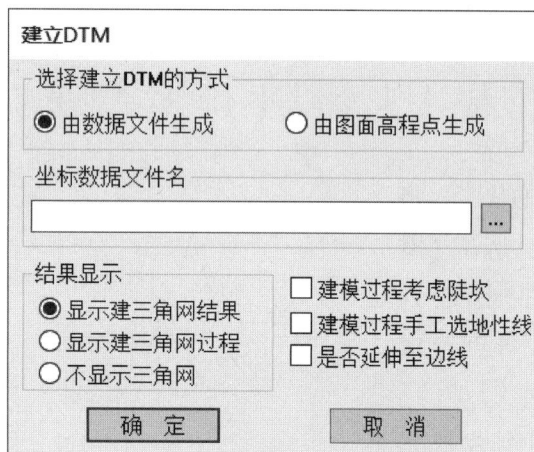

图8-23　选择建模高程数据文件　　图8-24　根据 DGX. DAT 数据文件建立的三角网

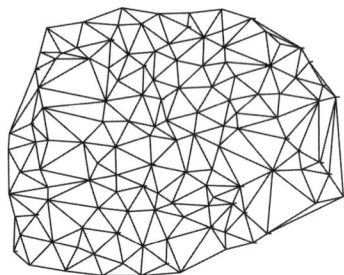

2）修改数字地面模型（修改三角网）

一般情况下，由于地形条件的限制，在外业采集的碎部点很难一次性生成理想的等高线，如楼顶上的控制点。另外，因现实地貌的多样性和复杂性，自动构成的数字地面模型与实际地貌不太一致，这时可以通过修改三角网来修改这些局部不合理的地方。对三角网的修改，CASS10.1提供了以下方法：

（1）删除三角形。

如果在某局部内没有等高线通过，则可将其局部内相关的三角形删除。删除三角形的操作方法是：先将要删除三角形的地方局部放大，再选择"等高线"下拉菜单的"删除三角形"项，命令区提示选择对象，这时便可选择要删除的三角形。

（2）过滤三角形。

如果在建立三角网后点无法绘制等高线，可过滤掉部分形状特殊的三角形。另外，如果生成的等高线不光滑,也可以用此功能将不符合要求的三角形过滤掉再生成等高线。

（3）增加三角形。

如果要增加三角形,可选择"等高线"菜单中的"增加三角形"项,依照屏幕的提示在要增加三角形的地方用鼠标点取,如果点取的地方没有高程点,系统会提示输入高程。

（4）三角形内插点。

选择此命令后,可根据提示输入要插入的点,通过此功能可将此点与相邻的三角形顶点相连构成三角形,同时原三角形会自动被删除。

（5）删三角形顶点。

一个点会与周围很多点构成三角形,当发现某一点坐标错误时,要将它从三角网中删除的情况下,用此功能可将所有由该点生成的三角形删除。

（6）重组三角形。

指定两相邻三角形的公共边,系统自动将两三角形删除,并将两三角形的另两点连接起来构成两个新的三角形,这样做可以改变不合理的三角形连接。

（7）删除三角网。

生成等高线后则不再需要三角网,这时如果要对等高线进行处理,三角网比较碍事,可以用此功能将整个三角网全部删除。

（8）修改结果存盘。

通过以上命令修改了三角网后,选择"等高线"菜单中的"修改结果存盘"项,把修改后的数字地面模型存盘。这样,绘制的等高线不会内插到修改前的三角形内。修改了三角网后一定要进行此步操作,否则修改无效!

当命令区显示"存盘结束!"时,表明操作成功。

3）绘制等高线

在屏幕顶部"等高线"菜单面板中,选择"绘制等值线"项,弹出如图 8-25 所示对话框。

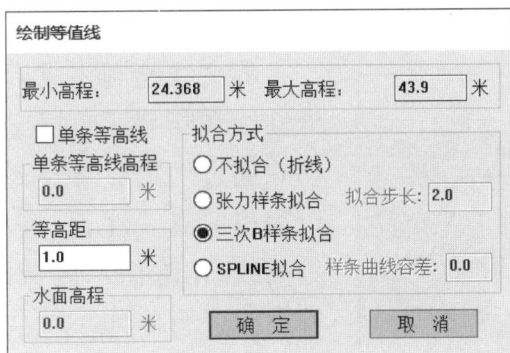

图 8-25　绘制等值线对话框

对话框中会显示参加生成 DTM 的高程点的最小高程和最大高程。如只生成单条等高线,那么就在单条等高线高程中输入此条等高线的高程;如需生成多条等高线,则在等高距框中输入相邻两条等高线之间的等高距。根据需要选择等高线的拟合方式。

当命令区显示"绘制完成",便完成绘制等高线的工作,如图 8-26 所示。

最后在屏幕顶部"等高线"菜单面板中选择"删除角网"按钮,将三角网删除,结果如图 8-27 所示。

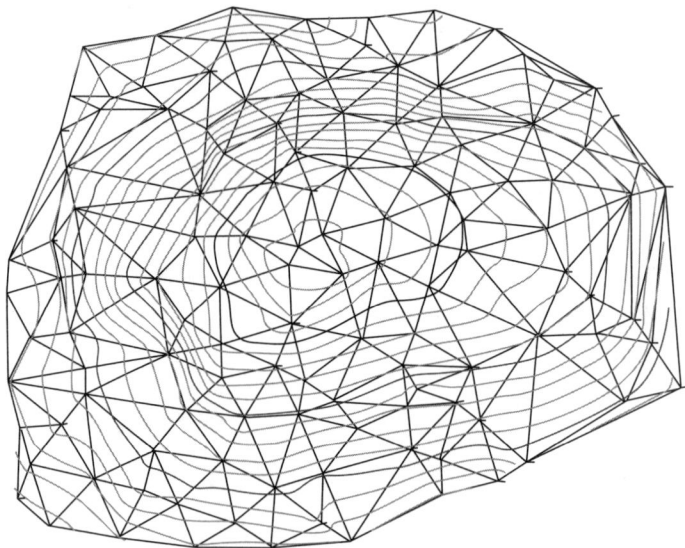

图 8-26　完成绘制等高线的工作

图 8-27　删除三角网后的等高线

图 8-28　文字注记对话框

等高线绘制完成后，需要充分考虑等高线通过地性线和断裂线时情况的处理，如陡坎、陡崖等，并切除通过地物、注记、陡坎的等高线。CASS10.1 可以通过等高线注记、等高线修剪、切除指定二线间等高线、切除指定区域内等高线、等值线过滤等对等高线进行修饰。

5. 地形图的整饰与输出

1）添加文字注记

在需要添加文字注记的位置绘制一条拟合的多功能复合线，点击右侧屏幕菜单的"文字注记"—"通用注记"，弹出如图 8-28 所示对话框，输入注记内容并选择注记排列和注记类型，输入文字大小，确定后选择绘制拟合的多功能复合线即可完成注记。

2）图形分幅

在图形分幅前,应做好分幅的准备工作,明确图形数据文件中的最小坐标和最大坐标。注意:在CASS10.1下侧信息栏显示的数学坐标和测量坐标是相反的,即CASS10.1系统中前面的数为Y坐标(东方向),后面的数为X坐标(北方向)。

在屏幕顶部"绘图处理"菜单面板,选择"批量分幅/建方格网",命令区提示:

请选择图幅尺寸:(1)50*50(2)50*40(3)自定义尺寸<1>按要求选择。

此处直接按回车键默认选1。

输入测区一角:在图形左下角点击左键。

输入测区另一角:在图形右上角点击左键。

这样在所设目录下就产生了各个分幅图,自动以各个分幅图的左下角的东坐标和北坐标结合起来命名,如:"29.50-39.50""29.50-40.00"等。如果要求输入分幅图目录名时直接按回车键,则各个分幅图自动保存在安装了CASS10.1驱动器的根目录下。

选择"绘图处理/批量分幅/批量输出到文件",在弹出的对话框中确定输出的图幅的存储目录名,然后点"确定"即可批量输出图形到指定的目录。

3）图幅整饰

点击"绘图处理"中"标准图幅(50*50CM)",显示如图8-29所示的对话框。输入图幅的名字、邻近图名、批注,在左下角坐标的"东""北"栏内输入相应坐标。可根据实际需要,选择是否"删除图框外实体",最后用鼠标单击"确定"按钮即可为图形添加图廓,如图8-30所示。

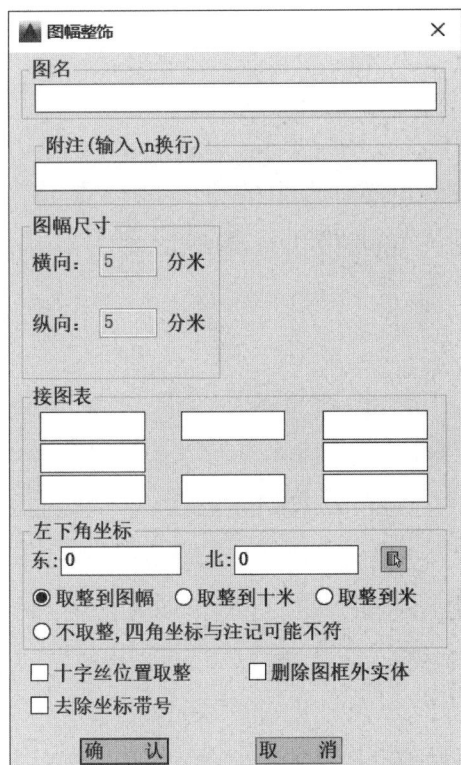

图8-29 输入图幅信息对话框

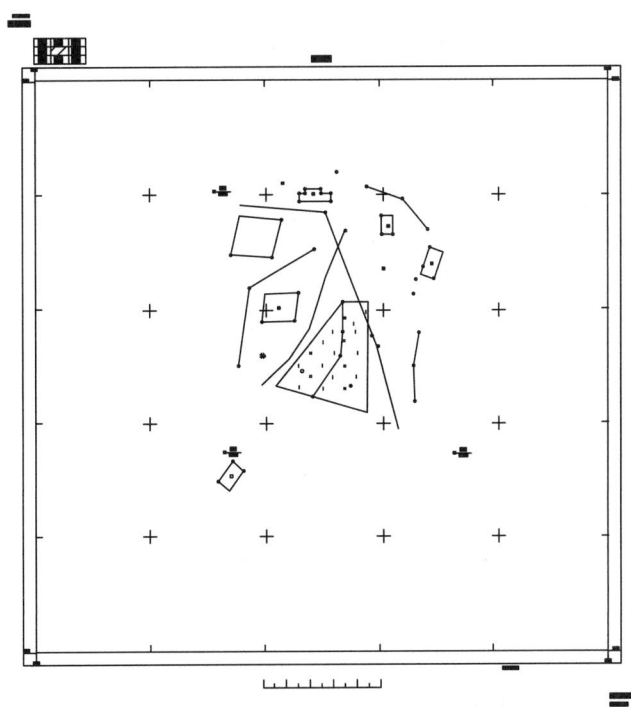

图8-30 加入图廓的平面图

单元六　地形图在工程中的应用

一、数字地形图的基本应用

大比例尺地形图是工程规划、设计和施工中的重要地形资料,我们可以直接利用软件中的功能,从地形图上查询点线面等基本信息。本节主要介绍在 CASS10.1 中,如何查询指定点坐标、两点距离及方位、线长以及实体面积。

1. 查询指定点坐标

点击"工程应用"面板中的"查询指定点坐标",根据提示用鼠标点取所要查询的点即可,也可以先进入点号定位方式,再输入要查询的点号。

说明:系统左下角状态栏显示的坐标是笛卡儿坐标系中的坐标,与测量坐标系的 X 和 Y 的顺序相反。用此功能查询时,系统在命令行给出的 X、Y 是测量坐标系的值。

2. 查询两点距离及方位

点击"工程应用"面板中的"查询两点距离及方位"。根据提示用鼠标分别点取所要查询的两点即可。也可以先进入点号定位方式,再输入两点的点号。利用本功能可以计算两个指定点之间的实际距离和方位角。

3. 查询线长

点击"工程应用"面板中的"查询线长",根据提示选择所需精度,用鼠标点取图上曲线即可。在地形图中曲线的线长难以用普通方法测量,利用本功能可以计算并显示线性地物的长度。

说明:选择精度越高,计算时间越长。

4. 查询实体面积

点击"工程应用"面板中的"查询实体面积",根据提示选择适用的方式进行查询,如选择"选取实体边线",则需注意实体应该是闭合的。利用本功能可以计算地形图中面状地物的面积。

5. 计算表面积

对于不规则地貌,其表面积很难通过常规的方法来计算,在这里可以通过建模的方法来计算,系统通过 DTM 建模,在三维空间内将高程点连接为带坡度的三角形,再通过每个三角形面积累加得到整个范围内不规则地貌的面积。如图 8-31 所示,拟计算图中范围内地貌的表面积。

选择"工程应用"面板中的"计算表面积"—"根据坐标文件"命令,命令区提示:

请选择:(1)根据坐标数据文件(2)根据图上高程点,此处回车选 1;

选择土方边界线,用拾取框选择图上的复合线边界;

请输入边界插值间隔(米):<20>5,输入在边界上插点的密度;

显示结果:表面积 = 5965.855 平方米,详见 surface. log 文件,如图 8-32 所示。显示计算结果,surface. log 文件保存在\CASS10.1\SYSTEM 目录下面。

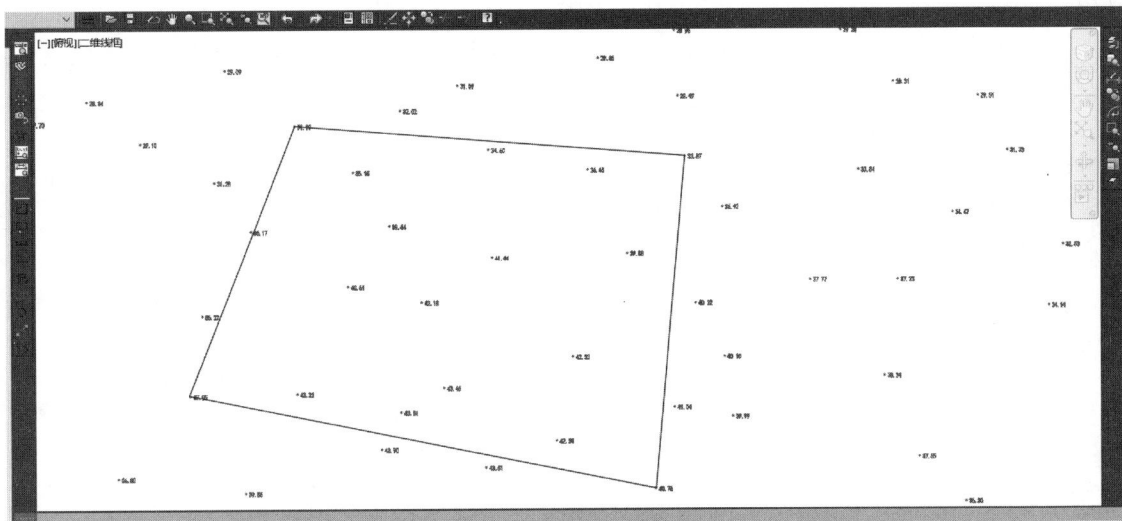

图 8-31　选定计算区域

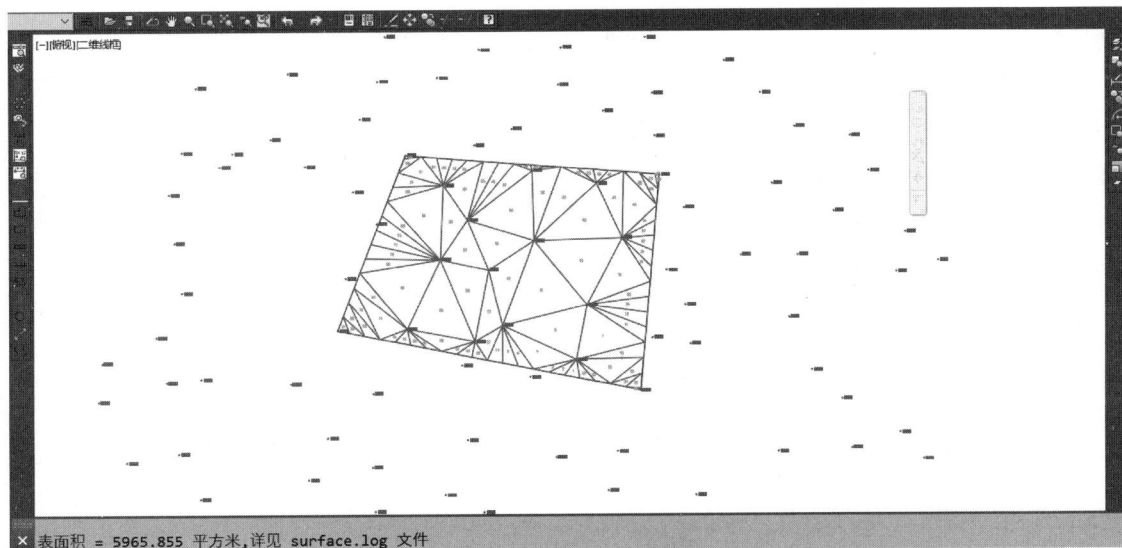

图 8-32　表面积计算结果

另外,计算表面积还可以根据图上高程点,操作的步骤相同,但计算的结果会有差异,因为由坐标文件计算时,边界上内插点的高程由全部的高程点参与计算得到,而由图上高程点来计算时,边界上内插点只与被选中的点有关,故边界上点的高程会影响到表面积的结果。到底选哪种方法计算更合理与边界线周边的地形变化条件有关,变化越大的,越趋向于从图面上来选择高程点。

6.计算土方量

CASS10.1 提供了多种土方量的计算方法,本节以 DTM 法土方计算为例展开介绍。

由 DTM 模型来计算土方量是根据实地测定的地面点坐标(X,Y,Z)和设计高程,通过生成三角网来计算每一个三棱锥的填挖方量,最后累计得到指定范围内填方和挖方的土方量,并绘出填挖方分界线。

DTM 法土方计算共有三种方法,一种是由坐标数据文件计算,一种是依照图上高程点进行计算,第三种是依照图上的三角网进行计算。前两种算法包含重新建立三角网的过程,第三种方法直接采用图上已有的三角形,不再重建三角网。下面介绍由坐标数据文件计算的操作过程:

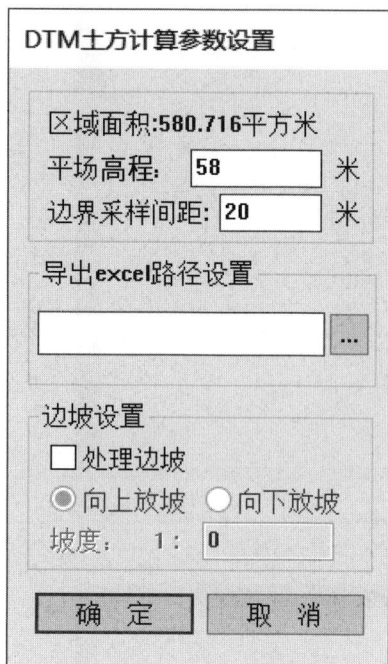

图 8-33　土方计算参数设置

（1）用复合线画出所要计算土方的区域,一定要闭合,但是尽量不要拟合。因为拟合过的曲线在进行土方计算时会用折线迭代,影响计算结果的精度。

（2）用鼠标点取"工程应用\DTM 法土方计算\根据坐标文件"。

（3）提示:选择边界线。用鼠标点取所画的闭合复合线,弹出如图 8-33 土方计算参数设置对话框。

区域面积:该值为复合线围成的多边形的水平投影面积。

平场高程:设计要达到的目标高程。

边界采样间隔:边界插值间隔的设定,默认值为 20 米。

边坡设置:选中处理边坡复选框后,则坡度设置功能变为可选,选中放坡的方式（向上或向下:平场高程相对于实际地面高程的高低,平场高程高于地面高程则设置为向下放坡。不能计算向内放坡,即不能计算向范围线内部放坡的工程）,然后输入坡度值。

（4）设置好计算参数后屏幕上显示填挖方的提示框,如图 8-34 所示。命令行显示:

$$挖方量 = \times \times \times \times 立方米,填方量 = \times \times \times \times 立方米$$

同时图上绘出所分析的三角网、填挖方的分界线（白色线条）。

计算三角网构成详见 cass\system\dtmtf. log 文件。

（5）关闭对话框后系统提示,请指定表格左下角位置:<直接回车不绘表格>。用鼠标在图上适当位置点击,CASS10.1 会在该处绘出一个表格,包含平场面积、最大高程、最小高程、平场标高、填方量、挖方量和图形,如图 8-35 所示。

三角网法土石方计算

图 8-34　填挖方提示框

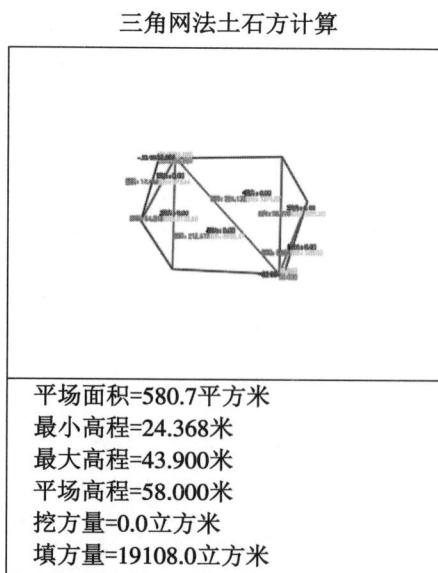

平场面积=580.7平方米
最小高程=24.368米
最大高程=43.900米
平场高程=58.000米
挖方量=0.0立方米
填方量=19108.0立方米

计算日期:2022年6月9日　计算人:

图 8-35　填挖方量计算结果表格

7. 计算两期土方

两期土方计算指的是对同一区域进行了两期测量,利用两次观测得到的高程数据建模后叠加,计算出两期之中的区域内土方的变化情况。适用的情况是两次观测时该区域都是不规则表面。

土方计算之前,要先对该区域分别进行建模,即生成 DTM 模型,并将生成的 DTM 模型保存起来。然后点取"工程应用\土方计算\计算两期土方量"命令区提示:

第一期三角网:(1)图面选择(2)三角网文件<2>,图面选择表示当前屏幕上已经显示的 DTM 模型,三角网文件指保存到文件中的 DTM 模型。

第二期三角网:(1)图面选择(2)三角网文件<1>1,同上,默认选1。则系统弹出计算结果如图 8-36 所示。

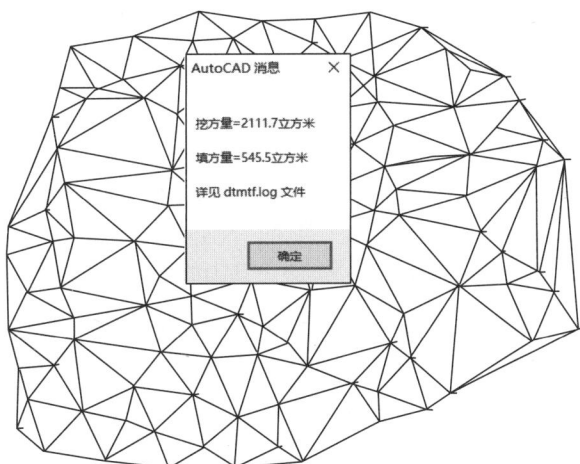

图 8-36　两期土方计算结果

点击"确定"后,屏幕出现两期三角网叠加的效果如图 8-37 所示,蓝色部分表示此处的高程已经发生变化,红色部分表示没有变化。

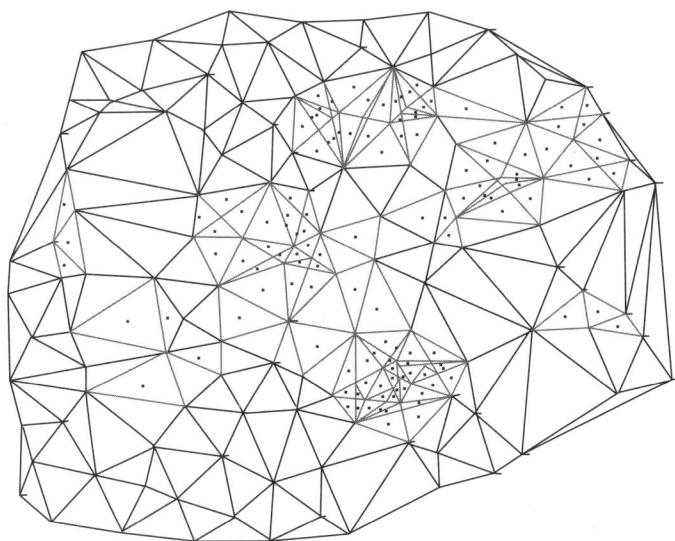

二期间土方计算

	一期	二期
平场面积	50487.3平方米	50487.3平方米
三角形数	224	204
最大高程	43.900米	43.508米
最小高程	24.368米	24.368米
挖方量	2111.7立方米	
填方量	545.5立方米	

计算日期: 2022年6月9日　计算人:
审核人:

图 8-37　两期土方计算效果图

二、线划地形图的工程应用

1. 按指定坡度选定线路

直线的坡度 i 是其两端点的高差 h 与水平距离 D 之比，即：

$$i = \tan\alpha = \frac{h}{D} \tag{8-4}$$

在公路上坡度一般以百分数表示，即：

$$i = \frac{h}{D} \times 100\%$$

在公路路线设计时，往往要求在线路不超过某一限制坡度的条件下，选定一条最短路线。如图 8-38 所示，若地形图的比例尺为 1:5000，等高距 $h = 2\text{m}$，今由 A 点到 D 点选一条路线，其路线的平均纵坡规定为 $i = 4\%$，则相邻等高线间应有的图上距离为：

$$d = \frac{h}{iM} \tag{8-5}$$

$$d = \frac{2}{0.04 \times 5000} = 10 \text{(mm)}$$

因其图上距离为 10mm，使两脚规开口长度为 10mm，从 A 点起用两脚规画圆弧于较高的等高线上交出 1 点，再从 1 点用同法在较高的等高线上交出 2 点，如此继续下去即得 3、4、5、…、D 的交点位置。若直线 34 长度大于两脚规距离，说明 34 直线坡度小于 4%，图上有两条路线可走，最后根据路线的选线设计要求，从中选定一条路线。

2. 计算汇水面积

汇水面积是指雨水流向同一山谷地面的受雨面积。跨越河流、山谷修筑道路时需要修建桥梁和涵洞，兴修水库必须筑坝拦水。而桥梁涵洞孔径的大小、水坝的设计位置与坝高、水库的蓄水量等都要根据这个地区的降水量和汇水面积来确定。

汇水面积的边界线是由一系列的山脊线和道路、堤坝连接而成。由图看出，由山脊线与公路上的 AB 线段所围成的面积，就是这个山谷的汇水面积。在图上作设计道路（或桥涵）的中心线与山脊线（分水线）的交点。沿山脊及山顶点划分范围线（如图 8-39 中的虚线），该范围线及道路中心线 AB 所包围的区域就是雨水汇集范围。

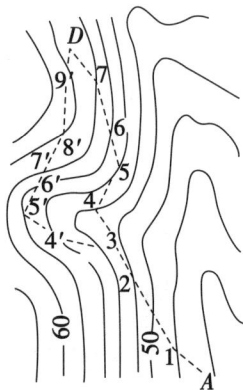

图 8-38　按制定坡度选线示意图

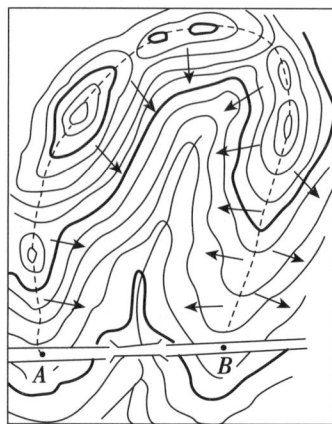

图 8-39　雨水汇集范围

CASS10.1中提供了三种面积计算的方法:计算指定范围的面积、计算指定点所围成的面积、统计指定区域的面积。我们可以选取合适的方法进行汇水面积的计算。下面介绍计算指定范围面积的操作方法:

选择"工程应用\计算指定范围的面积"命令。

提示:1.选目标/2.选图层/3.选指定图层的目标＜1＞。

输入1,可用鼠标直接指定需计算面积的地物,此时我们可以选择汇水面积边界线作为目标。可用窗选、点选等方式,计算结果注记在地物重心上,且用青色阴影线标示。

输入2,系统将提示输入图层名,结果把该图层的封闭复合线地物面积全部计算出来并注记在重心上,且用青色阴影线标示。

输入3,则先选图层,再选择目标,特别采用窗选时系统自动过滤,只计算注记指定图层被选中的以复合线封闭的地物。

提示:是否对统计区域加青色阴影线? ＜Y＞默认为"是"。

提示:总面积=×××××.××平方米。

计算结果如图8-40所示。

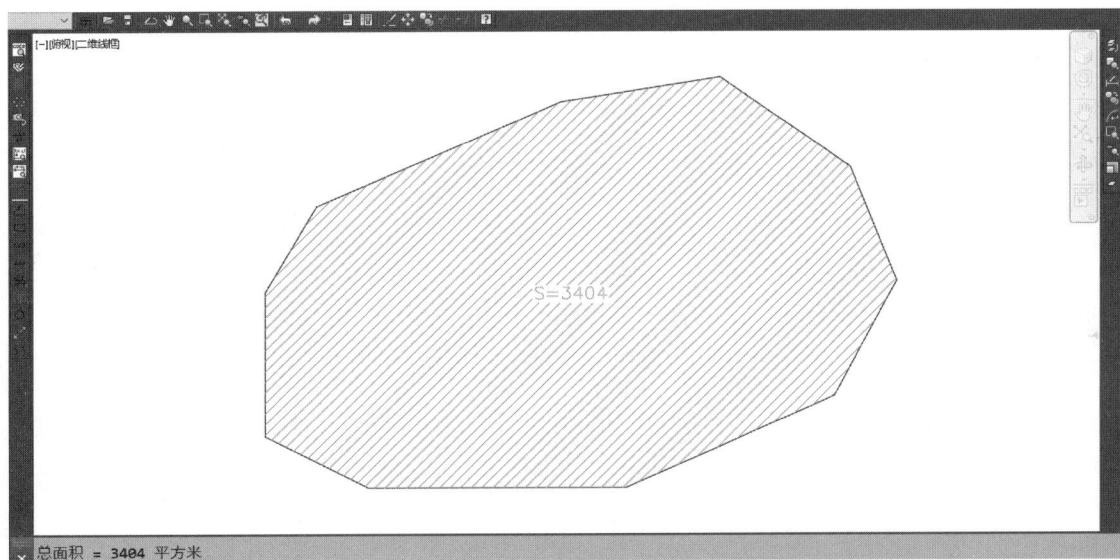

图8-40　汇水面积计算结果

本模块小结

一、地形图基本知识

1.地形图比例尺

2.比例尺精度

二、地形在图上的表示方法

1.国家基本比例尺地图图式

2. 地物要素表示方法

3. 地貌要素表示方法

4. 等高线的概念、分类

5. 几种典型地貌的等高线

6. 等高线的特性

三、地形图测绘基本知识

1. 地形图测绘方法

2. 数字化测图的基本工作流程

四、野外数据采集

1. 地形特征点的选择

2. 数据采集准备工作

3. 全站仪野外数据采集

4. RTK 野外数据采集

5. 数据传输

五、内业绘图

1. CASS10.1 简介

2. 地形图成图

六、地形图在工程中的应用

1. 数字地形图的基本应用

2. 线划地形图在工程中的应用

本模块关于全站仪数字测图、RTK 数字测图、测图软件（CASS10.1）基本操作使用的实训指导和习题及参考题解详见本教材的配套教学用书《工程测量实训指导与习题集》模块八。

本模块学习目标

知识目标：

1. 理解并掌握交点、转点、转角和分角线的测设方法；

2. 会计算圆曲线测设元素，掌握圆曲线测设原理；

3. 会计算道路中桩坐标，理解中桩测设原理。

技能目标：

1. 学会交点、转点、转角、分角线方向测定方法；

2. 学会圆曲线和缓和曲线的测设；

3. 学会用全站仪进行道路中桩测设；

4. 学会用 GNSS-RTK 进行道路中桩测设。

本模块参考学时

1. 课堂学习　16 学时；

2. 课间实训　10 学时；

3. 在教学实训场地集中实训一周。

单元一　概　　述

道路的中线线形受地形条件、地物、水文、地质以及其他因素的限制而改变路线方向。为保证行车的舒适性和安全性，在道路转向处需要用曲线将两边的直线连接起来。这种曲线称为平曲线。道路中心线的平面线形是由直线和曲线构成的，如图 9-1 所示。因此，中线测量的主要任务是通过直线和曲线的测设，把公路中心线的平面位置具体地测设到地面上，并实测其里程。它是测绘路线纵、横断面图和平面图的基础。

一、交点测设

道路路线的转折点称为交点，用 JD 表示。对于一般低等级公路，通常采用一次定测的方法直接放线，在现场标定交点位置。对于高等级公路或地形复杂的地段，需在带状地形图上进行纸上定线,然后把纸上定好的路线放到地面上,一般采用下述方法标定交点位置。

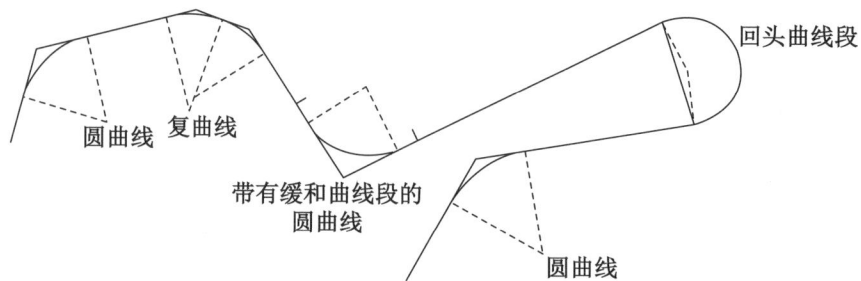

图 9-1　道路中线示意图

1. 穿线交点法

1）准备数据

如图 9-2 所示,从测图导线点 D_2、D_3、D_4…出发作导线边的垂线,它们与路线设计中线（即路线导线）交于 N_2、N_3、N_4 等点。在图上量取各垂线的长度 l_2、l_3、l_4…直角和垂线长度就是放线所需要的数据。

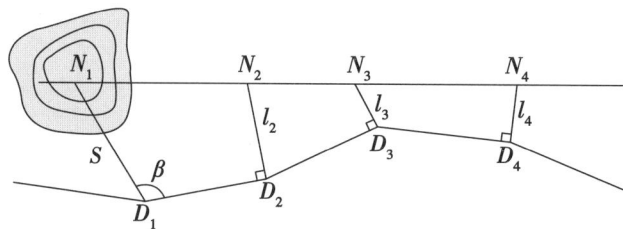

图 9-2　穿线交点法图解数据示意图

有时为了穿线时通视的需要,在中线通过高地的地方拟定一点 N_1,这时可以从图上量取角度 β 和距离 S,用极坐标法从导线点 D_1 放出 N_1 点。

2）放临时点

实地在导线点上安置全站仪设置直角并按相应的垂线长度量距,即可标出一系列临时性的点 N_2、N_3、N_4…如图 9-3a）所示。为了检查和比较,相邻交点间的直线上至少要放三个点。如果垂距较短,可以用方向架设置直角,如果垂距较长,宜用全站仪设置直角。

3）穿线

由于图解量取的放线数据不准确和测量误差的影响,同一直线边上的临时点往往不在一条直线上,因此要利用全站仪定出一条尽可能多地穿过或靠近临时点的直线,这一步工作称穿线。然后在地势较高、通视良好的直线位置设转点桩将直线标定出来,如图 9-3a）所示的 ZD_1、ZD_2 和 ZD_3、ZD_4,同时清除原来的临时桩。

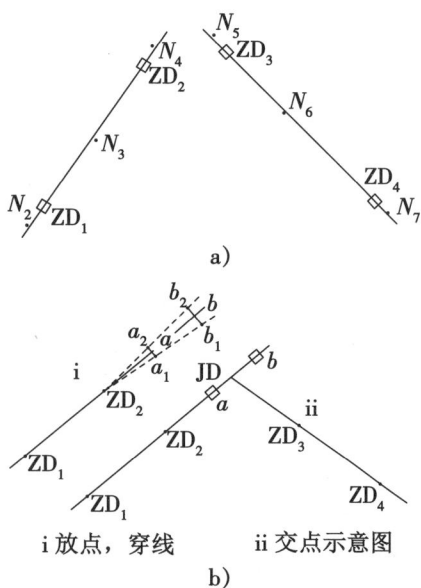

i 放点,穿线　　　ii 交点示意图

b）

图 9-3　穿线交点法实地放点示意图

4）交点

相邻两直线经穿线在实地标定后,如果通视良好,即可直接延长直线进行交会定点。如图 9-3b) 所示，ZD_1、ZD_2、ZD_3、ZD_4 是穿线时标定的转点桩，将全站仪安置于 ZD_2 上，盘左照准后视点 ZD_1，倒转望远镜，沿视线方向在交点概略位置前后打下两桩 a_1、b_1（称为骑马桩），并在桩顶分别标出其中心位置，盘右位置仍照准 ZD_1，倒转望远镜，在骑马桩 a_2、b_2 上标出其中心位置。取 a_1 与 a_2 的中点 a 和 b_1 与 b_2 的中点 b 作为骑马桩的使用点位（如图 9-3bi、ii) 所示），这种延长直线的方法称为正倒镜分中法。

将全站仪安置于 ZD_3 点，后视 ZD_4，用正倒镜分中法延长直线与 a、b 两点连线相交，在相交处打桩标定点位，此点即为路线交点位置。

2. 拨角放线法

这是一种按极坐标法原理直接定出路线交点的方法，它不需要穿线交点，具体方法如下：

1）准备放线数据

在室内，根据纸上定线的交点纵横坐标值，用坐标反算的方法（参见模块七有关内容）计算相邻交点间的距离和方位角，并根据方位角之差算出交点处的转角。放线的起算数据（β_0、S_0）可根据测图导线点的坐标值和第一个待放交点的坐标值反算求得。如图 9-4 所示，测图导线点（D_1、D_2）作为放线的起算点，其坐标值是已知的，交点 JD_1、JD_2、$JD_3\cdots$ 为待放点，其坐标值已在纸上定线时确定。通过坐标反算可推算其放线数据为：β_0、S_0、β_1、S_1、β_2、$S_2\cdots$

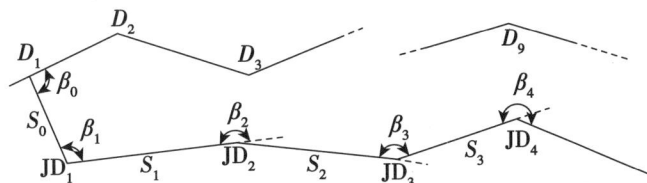

图 9-4　拨角放线法示意图

2）实地放点

在导线点 D_1 安置全站仪，后视 D_2，拨角 β_0 并量距 S_0 得交点 JD_1；将全站仪移至 JD_1，后视 D_1，拨角 β_1 并量距 S_1 得交点 JD_2；按照同样的方法可定出其他各交点 JD_3、$JD_4\cdots\cdots$

为进行检核和防止误差积累，放出几个交点后应与近旁的测图导线点联测一次（如图 9-4 所示在交点 JD_4 处与导线点 D_9 联测）。如果联测计算的闭合差在限差之内，一般可不作闭合差调整，但需以联测导线点作为新的起算点，重新计算起算数据再继续放线，这样可以有效地截断误差积累。

由于相邻交点间的距离往往很长，因而在放线过程中需要采用正倒镜分中法延长直线，并在直线的适当位置钉设必要的转点桩。应用正倒镜分中法延长直线时，其后视点不宜太近，一般以 $100\sim300\text{m}$ 为宜。

二、转点测设

在相邻交点间距离较远或不通视的情况下，需在其连线上测设一些供放线、交点、测角、量距时照准之用的点，这样的点称为转点，其测设方法如下。如图 9-5 所示，JD_5、JD_6 为相邻不通视的交点，ZD' 为初定转点，现欲在不移动交点的条件下精确定出转点 ZD，具体方法是

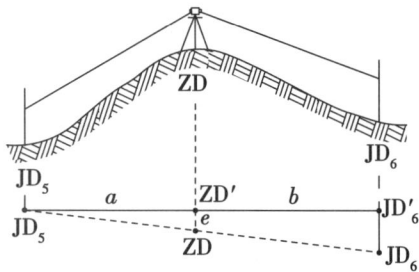

图 9-5　转点测设示意图

这样的:将全站仪安置于 ZD′,后视 JD$_5$,用正倒镜分中法得 JD$_6$′,用视距法测定前后交点与 ZD′的视距分别为 a、b。如果 JD$_6$′与 JD$_6$ 的偏差为 f,则 ZD′应横移的距离 e 可用下式计算:

$$e = \frac{a}{a+b}f \qquad (9-1)$$

按计算值 e 移动 ZD′定出 ZD,然后将仪器移至 ZD,检查 ZD 是否位于两交点之连线上,如果偏差在容许范围内,则 ZD 可作为 JD$_5$ 与 JD$_6$ 间的转点。

三、转角测定

转角是在路线前进方向上,路线由一个方向偏转到另一方向时,偏转后的方向与原方向的水平夹角。转角有左角、右角之分。如图 9-6 所示,偏转后的方向位于原方向左侧的转角称为左转角,用 α_z 表示,位于原方向右侧的转角称为右转角,用 α_y 表示,转角一般不采用直接测定,而是根据实测的路线右角 $\beta_右$ 按下式计算而得:

$$\begin{cases} 若\ \beta_右 < 180°时, & \alpha_y = 180° - \beta_右 \\ 若\ \beta_右 > 180°时, & \alpha_z = \beta_右 - 180° \end{cases} \qquad (9-2)$$

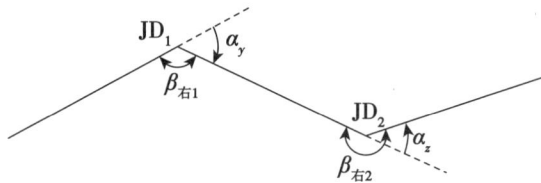

图 9-6　转角测定示意图

右角 $\beta_右$ 的观测通常采用全站仪以测回法观测一测回,两半测回角值差的不符值视公路等级而定,一般不超过 $\pm 40''$,在允许范围内取其平均值作为观测成果。

四、右角分角线方向测定

为了测设平曲线中点桩,须在测右角的同时测定右角分角线方向,如图 9-7 所示。

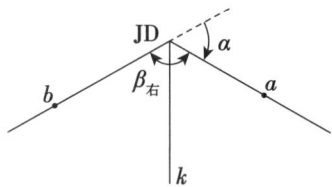

图 9-7　分角线方向示意图

用全站仪定分角线方向,在观测右角后不变动仪器,根据测角读数,计算分角线方向在水平度盘上的读数值。在图 9-7 中,若后视方向水平度盘读数为 a,前视方向水平度盘读数为 b,则分角线方向的水平度盘读数 k 为:

$$k = \frac{a+b}{2} \quad 或 \quad k = a + \frac{\beta_右}{2} \qquad (9-3)$$

然后,转动照准部使水平度盘读数为分角线方向读数值 k,这时望远镜正镜或倒镜方向即为分角线的方向,在此方向上插钎钉桩即为曲线中点方向桩。

五、中线里程桩设置

在进行中线测量时,由路线起点开始,每隔一定距离钉设木桩标志来表示中线的具体位置。通过书写在桩上的桩号表示桩位距路线起点的里程。如某中桩距路线起点的里程为 7814.19m,则它的桩号应写为 K7 + 814.19。由于桩号即为里程数,故称里程桩。由于里程桩设在中线上,所以也称中桩。在中线测量中,一般多用 $(1.5 \sim 2)\text{cm} \times 5\text{cm} \times 30\text{cm}$ 的板桩或竹桩作里程桩,如图 9-8 所示。

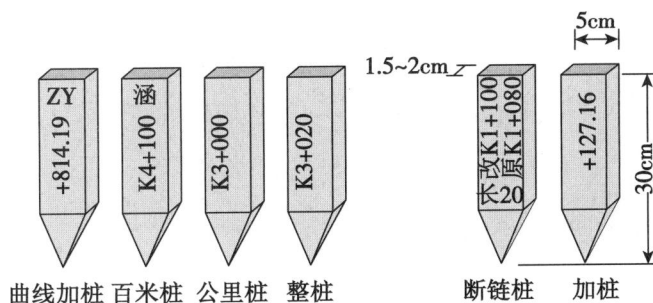

图 9-8　里程桩图

1.整桩

里程桩分为整桩和加桩两种。整桩是基本桩距为 20m 或 50m 及其倍数,桩号为整数的里程桩。百米桩和公里桩均属于整桩。

2.加桩

加桩指的是在路线整桩号的中桩之间,根据线形或地形变化而加设的中桩。

加桩有:

(1)地形加桩:凡沿中线方向纵、横地形起伏突变处以及天然河沟处应设置的里程桩。

(2)地物加桩:路线与其他公路、铁路、便道交叉处,路线与水渠、管道、电力线等交叉点或干扰地段起终点;拆迁建筑处、占有耕地及经济林的起终点,均应设置里程桩。

(3)人工结构物加桩:拟建桥梁、涵洞、水管、挡土墙及其他人工结构物处的加桩。

(4)工程地质加桩:地质不良地段和土壤地质变化处的里程桩。

(5)曲线加桩:曲线点桩。

(6)断链桩:由于局部地段改线或量距计算中发生错误,出现实际里程与原桩号不一致的现象,即为断链。为了不牵动全线桩号,在局部改线或差错地段改用新桩号,其他不变动地段仍采用老桩号,并在新老桩号变更处打断链桩,其写法为:改 K1 + 100 = 原 K1 + 080,长链 20m。

在路线交点、转点及转角测定后,即可进行中线丈量和设置里程桩。

单元二　圆曲线测设

在路线平曲线测设中,圆曲线是路线平曲线的基本组成部分,且单圆曲线是最常见的曲线形式。圆曲线的测设工作一般分两步进行。

第一步:圆曲线的主点测设。圆曲线的主点包括圆曲线起点(直圆点,以 ZY 表示),圆曲线中点(曲中点,以 QZ 表示),圆曲线终点(圆直点,以 YZ 表示)。

第二步:在主点基础上进行加密,定出曲线上的其他各点,完整地标定出圆曲线的位置,这项工作称为曲线的详细测设。

一、圆曲线测设元素计算

在图 9-9 中:

P 点——公路路线测量中所测定的交点 JD 位置;

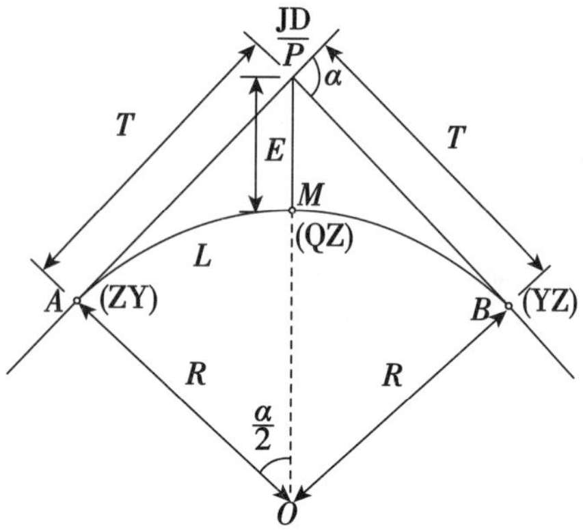

图9-9 圆曲线主点及测设元素

α——路线转角;

R——圆曲线半径;

A 点和 B 点——直线与圆曲线的切点,即圆曲线的起点 ZY 和终点 YZ;

M 点——分角线与圆曲线的相交点,即圆曲线的中点 QZ;

T——圆曲线的切线长;

L——圆曲线的曲线长;

E——交点 JD 至圆曲线中点 M 的距离,称为外距。

根据图中的几何关系,单圆曲线元素按下列公式计算:

切线长:

$$T = R\tan\frac{\alpha}{2}$$

曲线长:

$$L = \frac{\pi}{180°}\alpha R \qquad (9-4)$$

外距:

$$E = R\left(\sec\frac{\alpha}{2} - 1\right)$$

另外,为了计算里程和校核,还应计算切曲差(超距),即两切线长与曲线长的差值。切曲差(超距):

$$D = 2T - L$$

二、圆曲线主点测设

1. 主点里程桩号的计算

在中线测设时,路线交点(JD)的里程桩号是实际丈量的,而曲线主点的里程桩号是根据交点的里程桩号推算而得的。其计算步骤如下:

交点	JD	里程
	−)	T
圆曲线起点	ZY	里程
	+)	L
圆曲线终点	YZ	里程
	−)	L/2
圆曲线中点	QZ	里程
	+)	D/2
校核	JD	里程

2. 主点的测设

圆曲线主点测设步骤：

(1)测设 ZY 点、YZ 点：将仪器安置于交点 JD,分别沿后视方向和前视方向量取切线长 T,即得曲线起点 ZY 和曲线终点 YZ 的桩位。

(2)再自交点 JD 沿分角线方向量取外距 E,便是曲线中点 QZ 的桩位。

例 9-1　路线交点 JD_{12} 的里程为 K8 +518.88,转角 $\alpha = 104°40'$,圆曲线半径 $R = 30m$,求圆曲线的主点里程。

解：(1)圆曲线元素的计算。

$$T = R\tan\frac{\alpha}{2} = 30 \times \tan\frac{104°40'}{2} = 38.86(\text{m})$$

$$L = \frac{\pi}{180°} \cdot \alpha R = \frac{\pi}{180°} \times 104°40' \times 30 = 54.80(\text{m})$$

$$E = R\left(\sec\frac{\alpha}{2} - 1\right) = 30 \times \left(\sec\frac{104°40'}{2} - 1\right) = 19.09(\text{m})$$

$$D = 2T - L = 2 \times 38.86 - 54.80 = 22.92(\text{m})$$

(2)圆曲线主点里程计算。

$$
\begin{array}{lll}
& JD_{12} & K8 + 518.88 \\
-) & T & 38.86 \\
\hline
& ZY & K8 + 480.02 \\
+) & L & 54.80 \\
\hline
& YZ & K8 + 534.82 \\
-) & L/2 & 27.40 \\
\hline
& QZ & K8 + 507.42 \\
+) & D/2 & 11.46 \\
\hline
& JD_{12} & K8 + 518.88 \quad (\text{校核})
\end{array}
$$

三、圆曲线的详细测设

在道路中线测量中,为更准确地确定路中线位置,除测定圆曲线主点外,还要按有关技术要求和规定桩距在曲线主点间加密设桩,进行圆曲线的详细测设。

1. 切线支距法原理

如图 9-10a)所示,切线支距法是以曲线的起点(ZY)或终点(YZ)为坐标原点,坐标原点至交点的切线方向为 X 轴,坐标原点至圆心的半径为 Y 轴。曲线上任意一点 P 即可用坐标值 x 和 y 来确定。

2. 切线支距法坐标的计算

设 P 为所要设置的曲线上任意一点,P 到曲线起点(或终点)的弧长 l,相对应的圆心角为 φ,如图 9-10a)所示,则 P 点的切线支距坐标为：

$$\begin{cases} x = R\sin\varphi \\ y = R(1 - \cos\varphi) \end{cases}$$

(9-5)

式中：$\varphi = \dfrac{l}{R} \cdot \dfrac{180°}{\pi}$。

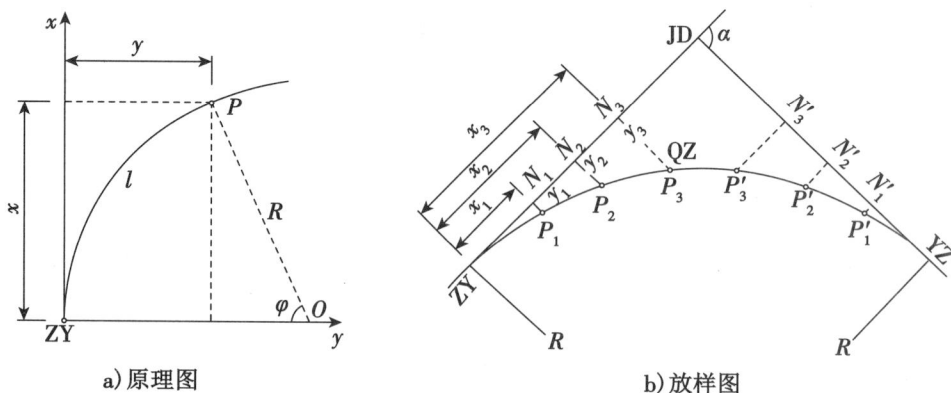

a) 原理图　　　　　　b) 放样图

图 9-10　切线支距法测设圆曲线

3.切线支距法的测设方法

一般都是以曲线中点 QZ 为界，将曲线分为两部分进行测设。如图 9-10b) 所示，其测设步骤如下：

（1）根据曲线桩点的计算资料 $P_i(x_i, y_i)$，从 ZY（或 YZ）点开始用钢尺或皮尺沿切线方向量取 P_i 点的横坐标 x_1、x_2、x_3，得垂足 N_1、N_2、N_3；

（2）在垂足点 N_i 定出切线的垂线方向，沿此方向量出纵坐标 y_1、y_2、y_3，即可定出曲线上 P_1、P_2、P_3 点位置。

单元三　典型平曲线的测设

一、虚交

在野外测设中，当路线交点 JD 处无法设桩置仪器（如 JD 落入河流、深谷、峭壁和建筑物等处）或因转角太大，JD 远离曲线或遇地形地物障碍使测设困难时，可按下述虚交方法处理。

1.圆外基线法

如图 9-11 所示，当路线交点落在河里，应在交点前后导线边上各选一辅点 A 和 B，构成圆外基线 AB，野外用全站仪测出 α_A 和 α_B，用测距仪测定或用钢尺往返丈量基线 AB，并须满足相应的限差规定。由图可知：转角 $\alpha = \alpha_A + \alpha_B$。

在虚交 $\triangle ABC$ 中，按正弦定理：

$$\begin{cases} a = AB \dfrac{\sin\alpha_A}{\sin\alpha} \\ b = AB \dfrac{\sin\alpha_B}{\sin\alpha} \end{cases}$$

(9-6)

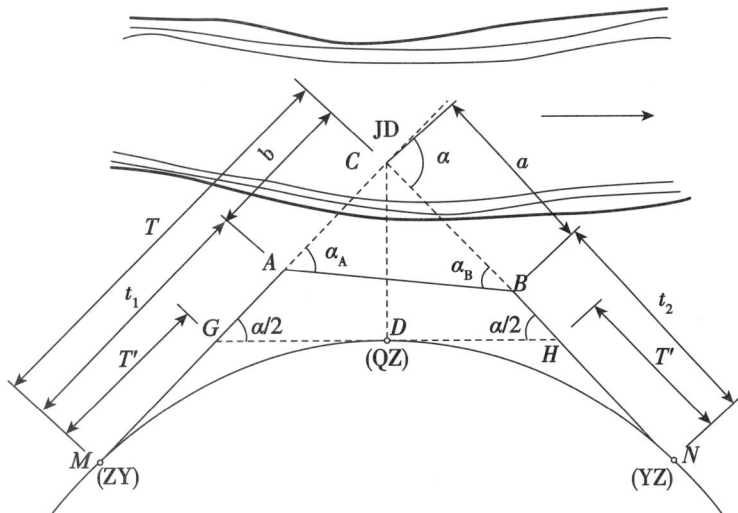

图 9-11 虚交测设法（圆外基线法）

根据转角 α 和给定的半径 R 按公式计算或查表可得 T、L 和 E，则辅助点 A 和 B 至曲线起、终点的距离 t_1 和 t_2 为：

$$\begin{cases} t_1 = T - b \\ t_2 = T - a \end{cases} \tag{9-7}$$

当 t_1 或 t_2 出现负值时，表示曲线起点或终点位于辅点和虚交之点之间，说明所选半径小了，应加大半径，使曲线能位于基线内侧。

另外，如过图中 D（QZ）点作其切线 GH，则有 $\angle CGH = \angle CHG = \dfrac{\alpha}{2}$

$$T' = MG = GD = DH = HN = R\tan\frac{\alpha}{4} \tag{9-8}$$

主点测设方法是：

（1）自辅助点 A 和 B 分别沿 AM 和 BN 方向量取 t_1 和 t_2，即得曲线起、终点 M、N 位置。

（2）从曲线起、终点分别沿切线方向（JD 方向）量取 T' 得 G、H 两点，取 GH 中点即为 QZ 点位置。

曲线主点定出后，即可用切线支距法进行曲线详细测设。

例 9-2 如图 9-12 所示，测得 $\alpha_A = 15°18'$，$\alpha_B = 18°22'$，$AB = 54.68\text{m}$，选定半径 $R = 300\text{m}$，A 点的里程桩号为 K9 + 048.53。试计算测设主点的数据及主点的里程桩号。

解：据题意知 $\alpha = \alpha_A + \alpha_B = 15°18' + 18°22' = 33°40'$

根据 $\alpha = 33°40'$，$R = 300\text{m}$，计算 T 和 L：

$$T = R\tan\frac{\alpha}{2} = 300 \times \tan\frac{33°40'}{2} = 90.77(\text{m})$$

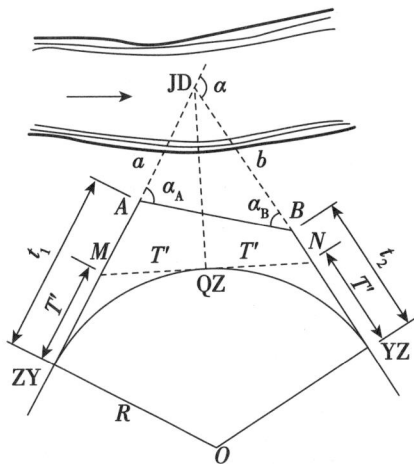

图 9-12 虚交测设法（圆外基线法）

$$L = R\alpha \frac{\pi}{180°} = 300 \times 33°40' \times \frac{\pi}{180°} = 176.28\,(\text{m})$$

又

$$a = AB \frac{\sin\alpha_B}{\sin\alpha} = 54.68 \times \frac{\sin18°22'}{\sin33°40'} = 31.08\,(\text{m})$$

$$b = AB \frac{\sin\alpha_A}{\sin\alpha} = 54.68 \times \frac{\sin15°18'}{\sin33°40'} = 26.03\,(\text{m})$$

因此

$$t_1 = T - a = 90.77 - 31.08 = 59.69\ (\text{m})$$

$$t_2 = T - b = 90.77 - 26.03 = 64.73\ (\text{m})$$

为测设 QZ 点，计算 T' 如下：

$$T' = R\tan\frac{\alpha}{4} = 300 \times \tan\frac{33°40'}{4} = 44.39\,(\text{m})$$

计算主点里程如下：

A 点	K9 + 048.53
$-)\,t_1$	59.69
ZY	K8 + 988.84
$+)\,L$	176.28
YZ	K9 + 165.12
$-L/2$	88.14
QZ	K9 + 076.98

2. 切基线法

与圆外基线法相比较，切基线法计算简单，而且容易控制曲线的位置，是解决虚交问题的常用方法。

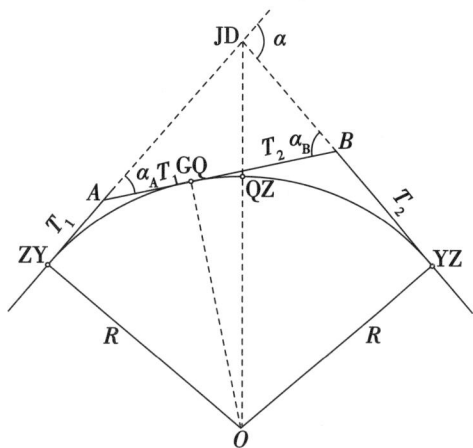

图 9-13　虚交测设法（切基线法）

如图 9-13 所示，基线 AB 与圆曲线相切于一点，该点称为公切点，以 GQ 表示。以 GQ 点将曲线分为两个相同半径的圆曲线。AB 称为切基线，可以起到控制曲线位置的作用。用全站仪测出 α_A 和 α_B，用测距仪或用钢尺往返测量基线 AB。设两个同半径曲线的半径为 R，切线长分别为 T_1 和 T_2，则：

$$AB = T_1 + T_2 = R\tan\frac{\alpha_A}{2} + R\tan\frac{\alpha_B}{2}$$

$$= R\left(\tan\frac{\alpha_A}{2} + \tan\frac{\alpha_B}{2}\right)$$

因此：

$$R = \frac{AB}{\tan\dfrac{\alpha_A}{2} + \tan\dfrac{\alpha_B}{2}} \tag{9-9}$$

半径 R 应算至 cm。R 算得后，根据 R、α_A、α_B，即可算出两个同半径曲线的测设元素 T_1、L_1 和 T_2、L_2。

测设时,由 A 沿切线方向向后量 T_1 得 ZY 点,由 A 沿 AB 向前量 T_1 得 GQ 点,由 B 沿切线方向向前量 T_2 得 YZ 点。

QZ 点的测设亦可按圆外基线法中讲述的方法测设,或者以 GQ 点为坐标原点,用切线支距法设置。

例 9-3 如图 9-13 所示,测得 $\alpha_A = 63°10'$,$\alpha_B = 42°18'$,切基线长 $AB = 62.52\text{m}$,试计算圆曲线半径。

解: 据题意知

$$R = \frac{62.52}{\tan\dfrac{63°10'}{2} + \tan\dfrac{42°18'}{2}} = 62.42(\text{m})$$

校核

$$T_1 = 62.42\tan\frac{63°10'}{2} = 38.38(\text{m})$$

$$T_2 = 62.42\tan\frac{42°18'}{2} = 24.15(\text{m})$$

$$AB = 38.38 + 24.15 = 62.53(\text{m})(\text{正确})$$

二、复曲线

在路线勘测设计中,由于受地形、地物等条件的限制,测设时将两个或两个以上不同半径的同向圆曲线直接连接起来,构成复曲线。通常在布设复曲线时,必须先选定受地形地物控制较严的那个曲线半径,该曲线称为主曲线,剩余的曲线则称为副曲线。副曲线的半径须根据主曲线半径和其他量测数据计算求出。

复曲线的测设常采用切基线法,如图 9-14 所示,$A(\text{JD}_1)$、$B(\text{JD}_2)$ 为相邻两交点,AB 为切基线,两曲线相接于公切点 GQ。测设方法如下:

(1)测定 $A(\text{JD}_1)$、$B(\text{JD}_2)$ 处的转角 α_1、α_2,并测定切基线的长度 AB。

(2)根据选定的主曲线半径 R_1 和测得的转角 α_1,计算主曲线的测设元素 T_1、L_1、E_1、D_1。

(3)根据切基线的长度和主曲线的切线长 T_1,计算副曲线的切线长 T_2:

$$T_2 = AB - T_1 \tag{9-10}$$

(4)根据副曲线的转角 α_2 和切线长 T_2,计算副曲线的半径 R_2:

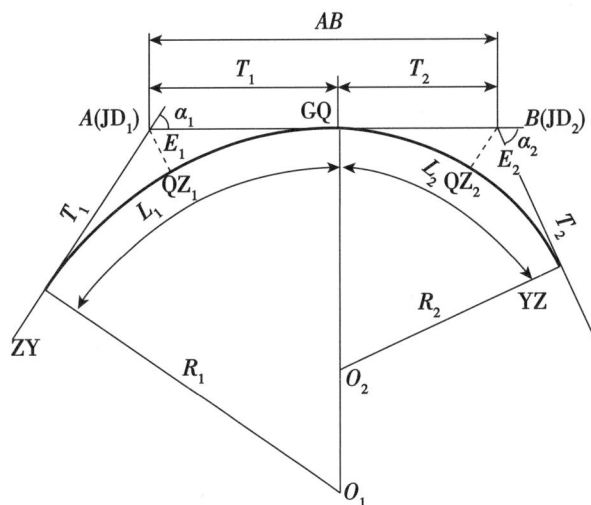

图 9-14　复曲线测设

$$R_2 = \frac{T_2}{\tan\dfrac{\alpha_2}{2}} \tag{9-11}$$

(5)根据副曲线的转角 α_2 和半径 R_2,计算副曲线的测设元素 T_2、L_2、E_2、D_2。

(6)主点里程桩号计算:

$$\begin{array}{ll} \text{JD}_1 & \text{里程} \\ -)\ T_1 & \\ \hline \text{ZY} & \text{里程} \\ +)\ L_1/2 & \\ \hline \text{QZ}_1 & \text{里程} \\ +)\ L_1/2 & \\ \hline \text{GQ} & \text{里程} \\ +)\ L_2/2 & \\ \hline \text{QZ}_2 & \text{里程} \\ +)\ L_2/2 & \\ \hline \text{YZ} & \text{里程} \\ -)\ (L_1+L_2) & \\ \hline \text{ZY} & \text{里程} \\ +)\ T_1 & \\ \hline \text{JD1} & \text{里程} \qquad (\text{校核}) \end{array}$$

（7）主点测设与详细测设。

复曲线主点测设和详细测设方法与单圆曲线相同。

例 9-4 某路线的 JD_8、JD_9 组成复曲线，用切基线法测设，测得转角 $\alpha_8 = 30°16'$，$\alpha_9 = 20°38'$，切基线长度 $AB = 221.72\text{m}$，选定主曲线半径 $R_9 = 400\text{m}$，试计算副曲线半径 R_8，并计算复曲线的测设元素。

解： 根据 $R_9 = 400\text{m}$，$\alpha_9 = 20°38'$ 计算主曲线的测设元素：

$$T_9 = R_9 \tan \frac{\alpha_9}{2} = 400 \times \tan \frac{20°38'}{2} = 72.81\,(\text{m})$$

$$L_9 = R_9 \alpha_9 \frac{\pi}{180°} = 400 \times 20°38' \times \frac{\pi}{180°} = 144.05\,(\text{m})$$

$$E_9 = R_9 \left(\sec \frac{\alpha_9}{2} - 1 \right) = 400 \times \left(\sec \frac{20°38'}{2} - 1 \right) = 6.57\,(\text{m})$$

$$D_9 = 2T_9 - L_9 = 2 \times 72.81 - 144.05 = 1.57\,(\text{m})$$

计算副曲线的切线长 T_8：

$$T_8 = AB - T_9 = 221.72 - 72.81 = 148.91\,(\text{m})$$

计算副曲线半径 R_8：

$$R_8 = \frac{T_8}{\tan \dfrac{\alpha_8}{2}} = \frac{148.91}{\tan \dfrac{30°16'}{2}} = 550.61\,(\text{m})$$

根据 $R_8 = 550.61\text{m}$，$\alpha_8 = 30°16'$，计算副曲线的测设元素：

$$T_8 = R_8 \tan \frac{\alpha_8}{2} = 550.61 \times \tan \frac{30°16'}{2} = 148.91\,(\text{m})$$

$$L_8 = R_8 \alpha_8 \frac{\pi}{180°} = 550.61 \times 30°16 \times \frac{\pi}{180°} = 290.86(\text{m})$$

$$E_8 = R_8\left(\sec\frac{\alpha_8}{2} - 1\right) = 550.61 \times \left(\sec\frac{30°16'}{2} - 1\right) = 19.78(\text{m})$$

$$D_8 = 2T_8 - L_8 = 2 \times 148.91 - 290.86 = 6.96(\text{m})$$

三、回头曲线

回头曲线,是指路线转角(或曲线的圆心角)为180°左右的小半径圆曲线。在山岭区公路的越岭线中,为克服高差、延展距离而展线时常采用回头曲线。因回头曲线转角大、半径小,所以其测设方法与一般曲线有所不同,本单元讲述回头曲线常用的圆心推磨法。

1. 主点测设

(1)初步确定回头曲线起、终点及圆心位置(由选线人员完成)。如图 9-15 所示,根据地形条件初步选定回头曲线的上、下线 DA、EB,D、E 为相邻曲线的交点,A、B 为初步确定的回头曲线起、终点。

(2)在 A(ZY)点安置全站仪,定出 AD 的垂线方向,并沿垂线方向量半径 R 定出圆心。

(3)在圆心 O 安置全站仪,测定 OA、OB 的夹角即为回头曲线的圆心角(转角);沿 OB 方向量半径 R 得 YZ;定出圆心角的分角线方向,沿分角线方向量 R 得 QZ。

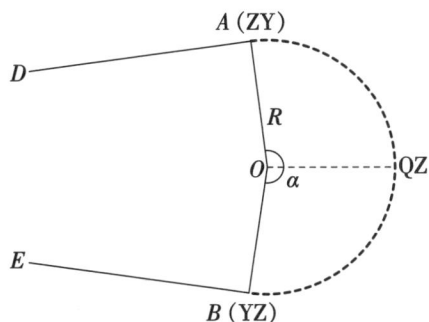

图 9-15 回头曲线主点测设(圆心推磨法)

(4)在回头曲线终点 YZ(B)安置全站仪,以半径方向 BO 为基准拨90°,看 E 点是否在 BO 的垂线方向上,当偏差不大时,将 E 点移至 BO 的垂线方向上。

2. 详细测设

圆心推磨法是用半径 R 和弦长 C 交会的方法详细测定曲线桩的位置。如图 9-16 所示,P_1、P_2、P_3…为欲定曲线桩,具体测设方法如下:

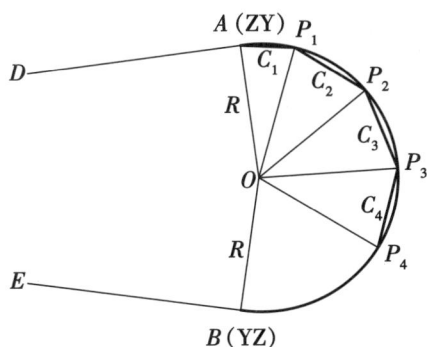

图 9-16 回头曲线详细测设(圆心推磨法)

(1)分别计算相邻曲线桩间的弦长:ZY 与 P_1 间的弦长 C_1、P_1 与 P_2 间的弦长 C_2、P_2 与 P_3 间的弦长 C_3…由相邻曲线桩间的曲线长 l 计算弦长 C 的公式为:

$$C = 2R\sin\left(\frac{l}{2R} \cdot \frac{180°}{\pi}\right) \tag{9-12}$$

(2)将尺的零端置于圆心 O 点,尺上读数为 $R + C_1$ 处置于 ZY 点,然后在尺上读数为 R 处将尺拉平、拉紧,所得位置即为 P_1 点。

(3)尺的零端仍置于圆心 O 点,尺上读数为 $R + C_2$ 处置于 P_1 点,同样在尺上读数为 R 处将尺拉平、拉紧,所得位置即为 P_2 点。同法可依次定出 P_3、P_4…

(4)用推磨法测出的 YZ 点与主点测设所定的 YZ 点位置比较,以作校核。

单元四　缓和曲线的测设

一、缓和曲线概述

缓和曲线是在直线与圆曲线之间或半径相差较大的两个转向相同的圆曲线之间，插入一段半径由 ∞ 逐渐变化到 R 或半径由 R_1 变化到 R_2 的一种线形，它起缓和与过渡的作用。有缓和曲线段的平曲线是较常见的曲线形式之一。

缓和曲线可采用回旋线、三次抛物线、双纽线等线形。目前我国公路和铁路系统中，均采用回旋线作为缓和曲线。

1.缓和曲线的形式与基本方程

如图 9-17 所示，回旋线是曲率半径随曲线长度的增大而成反比均匀减小的曲线，即回旋上任一点的曲率半径 r 与曲线的长度 l 成反比。以公式表示为：

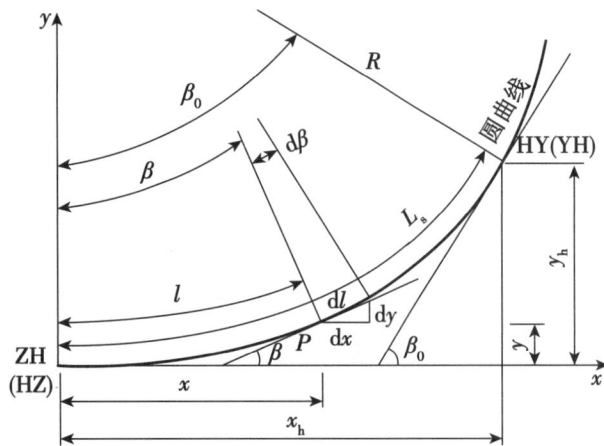

图 9-17　缓和曲线示意图

$$rl = A^2 \qquad (9\text{-}13)$$

式中：r——回旋线上某点的曲率半径；

$\quad\quad l$——回旋线上某点到回旋线起点（$r = \infty$）的曲线长；

$\quad\quad A$——回旋曲线的参数。

在缓和曲线的终点 HY（YH），曲率半径等于圆曲线的半径 R，曲线长度即是缓和曲线的全长 L_s，按式（9-13）可得：

$$RL_s = A^2 \qquad (9\text{-}14)$$

式中：L_s——缓和曲线长度；

$\quad\quad R$——缓和曲线终点的曲率半径。

A 的大小表示缓和曲线半径的变化率，与车速有关。目前我国公路采用：

$$A^2 = 0.035v^3$$

式中：v——计算行车速度（km/h）。

缓和曲线全长：

$$L_s = 0.035\frac{v^3}{R} \qquad (9\text{-}15)$$

我国交通运输部颁布的《公路工程技术标准》（JTG B01—2014）中规定：缓和曲线采用回旋线。缓和曲线的长度应根据其计算行车速度求算，并尽量采用大于表 9-1 所列数值。

各级公路缓和曲线最小长度　　　　表 9-1

公路等级	高速公路				一		二		三		四	
计算行车速度（km/h）	120	100	80	60	100	60	80	40	60	30	40	20
缓和曲线最小长度（m）	100	85	70	50	85	50	70	35	50	25	35	20

注：四级公路为超高、加宽缓和段长度。

2. 缓和曲线的切线角与直角坐标

1）切线角

如图 9-17 所示，缓和曲线上任意一点 P 的切线与缓和曲线起点($r = \infty$)切线的夹角 β 称为该点的切线角，该角值与 P 点至缓和曲线起点 ZH(HZ) 的曲线长所对的中心角相等。设 P 点的曲率半径为 r，P 点到缓和曲线起点 ZH(HZ) 的曲线长为 l。在 P 点取一微分弧段 $\mathrm{d}l$，其所对的中心角为 $\mathrm{d}\beta$，则：

$$\mathrm{d}\beta = \frac{\mathrm{d}l}{r}$$

积分后，缓和曲线上任意一点的切线角为：

$$\beta = \frac{l^2}{2RL_s} \cdot \frac{180°}{\pi} \tag{9-16}$$

当 $l = L_s$ 时，β 以 β_0 表示，则缓和曲线全长所对的切线角为：

$$\beta_0 = \frac{L_s}{2R} \cdot \frac{180°}{\pi} \tag{9-17}$$

2）直角坐标

如图 9-17 所示，以缓和曲线起点 ZH(HZ) 为坐标原点，过该点的切线为 x 轴，法线为 y 轴，缓和曲线上任意一点 P 的坐标为 x、y。P 点的微分弧段 $\mathrm{d}l$ 在坐标轴上的投影为：

$$\mathrm{d}x = \mathrm{d}l\cos\beta$$
$$\mathrm{d}y = \mathrm{d}l\sin\beta$$

将 $\cos\beta$ 和 $\sin\beta$ 按级数展开，并将式(9-16)代入后积分，略去高次项得：

$$x = l - \frac{l^5}{40R^2L_s^2}$$
$$y = \frac{l^3}{6RL_s} \tag{9-18}$$

当 $l = L_s$ 时，缓和曲线终点 HY(YH) 的直角坐标为：

$$\begin{cases} x_h = L_s - \dfrac{L_s^3}{40R^2} \\ y_h = \dfrac{L_s^2}{6R} \end{cases} \tag{9-19}$$

二、圆曲线带有缓和曲线段的主点测设

在直线与圆曲线之间插入缓和曲线时，必须将原来的圆曲线向内移动，这样才能保证缓和曲线起点切于直线上，而缓和曲线终点又与圆曲线上某一点相切。也就是当圆曲线设置缓和曲线后，圆曲线的位置将发生变化，它和直线的衔接关系是通过缓和曲线来实现的。公路上一般采用圆心不动的移动方法，如图 9-18 所示，JD 处的转角为 α，未设缓和曲线时的圆曲线半径为 $(R + p)$，插入缓和曲线后，圆曲线向内移动 p，半径变为 R，其保留部分即 HY ~ YH 段所对圆心角为 $(\alpha - 2\beta_0)$。测设时必须满足条件 $2\beta_0 \leqslant \alpha$，否则应缩短缓和曲线长度或加大圆曲线半径，使之满足要求。

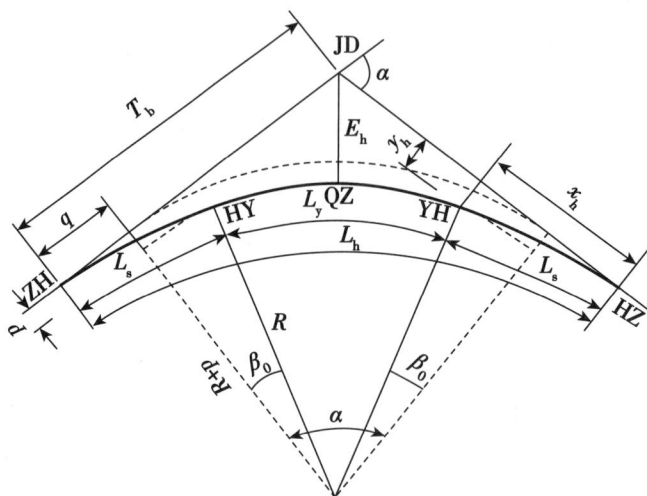

图 9-18 圆曲线带有缓和曲线段的主点及测设元素

带有缓和曲线段的平曲线有五个主点：直缓点（ZH）、缓圆点（HY）、曲中点（QZ）、圆缓点（YH）、缓直点（HZ）。下面介绍设置缓和曲线后有关常数的计算公式和主点测设方法。

1. 内移值 p 和切线增长值 q 的计算

如图 9-18 所示，以（$R+p$）为半径的圆曲线起点（或终点）至缓和曲线起点的距离为 q，即圆曲线内移距离 p 后切线的增长值。内移后的圆曲线称为主圆曲线，其半径为 R，从图中可导出：

$$p = y_h + R\cos\beta_0 - R$$

$$q = x_h - R\sin\beta_0$$

将 $\cos\beta_0$ 和 $\sin\beta_0$ 按级数展开，并将式（9-19）代入整理得：

$$p = \frac{L_s^2}{24R} \tag{9-20}$$

$$q = \frac{L_s}{2} - \frac{L_s^3}{240R^2} \tag{9-21}$$

2. 曲线测设元素计算

如图 9-18 所示，带有缓和曲线的平曲线主点测设元素可按下列公式计算：

切线长

$$T_h = (R+p)\tan\frac{\alpha}{2} + q$$

主圆曲线段长

$$L_y = \frac{\pi}{180°}(\alpha - 2\beta_0)R$$

曲线总长

$$L_h = L_y + 2L_s \tag{9-22}$$

外距

$$E_h = (R+p)\sec\frac{\alpha}{2} - R$$

切曲差

$$D_h = 2T_h - L_h$$

3. 主点里程桩号的计算

根据交点的里程桩号和曲线测设元素可按下列顺序依次计算曲线各主点的里程桩号,并做校核。

交 点	JD	里程
	$-$) T_h	
直缓点	ZH	里程
	$+$) L_s	
缓圆点	HY	里程
	$+$) L_y	
圆缓点	YH	里程
	$+$) L_s	
缓直点	HZ	里程
	$-$) $L_h/2$	
曲中点	QZ	里程
	$+$) $D_h/2$	
交 点	JD	里程 （校核）

4. 主点的测设

如图 9-18 所示,主点的测设方法与单圆曲线基本相同。ZH、HZ 两点由切线长 T_h 来确定,QZ 点由外距 E_h 来确定,HY、YH 两点均可根据其坐标值 x_h、y_h 用切线支距法确定。

例 9-5 某计算行车速度为 60km/h 的三级公路,交点桩号为 K0+518.66,转角 $\alpha = 18°18'36''$,圆曲线半径 $R = 300m$,缓和曲线长 $L_s = 50m$,试计算平曲线测设元素和主点里程桩号,并测设主点桩。

解: (1)计算缓和曲线常数:

$$\beta = \frac{L_s}{2R} \cdot \frac{180°}{\pi} = \frac{50 \times 180°}{2 \times 300 \times \pi} = 4°46'29''$$

$$p = \frac{L_s^2}{24R} = \frac{50^2}{24 \times 300} = 0.35(m)$$

$$q = \frac{L_s}{2} - \frac{L_s^3}{240R^2} = \frac{50}{2} - \frac{50^3}{240 \times 300^2} = 24.99(m)$$

$$x_h = L_s - \frac{L_s^3}{40R^2} = 50 - \frac{50^3}{40 \times 300^2} = 49.97(m)$$

$$y_h = \frac{l_s^2}{6R} = \frac{50^2}{6 \times 300} = 1.39(m)$$

（2）测设元素计算：

$$T_h = (R + p)\tan\frac{\alpha}{2} + q = (300 + 0.35)\tan\frac{18°18'36''}{2} + 25 = 73.40(m)$$

$$L_h = R\alpha\frac{\pi}{180°} + L_s = 300 \times 18°18'36'' \times \frac{\pi}{180°} + 50 = 145.87(m)$$

$$E_h = (R + p)\sec\frac{\alpha}{2} - R = (300 + 0.35) \times \sec\frac{18°18'36''}{2} - 300 = 4.22(m)$$

$$D_h = 2T_h - L_h = 2 \times 73.40 - 145.87 = 0.93(m)$$

（3）主点里程桩号计算：

JD	K0 + 518.66	
−)T_h	73.40	
ZH	K0 + 445.26	
+)L_s	50	
HY	K0 + 495.26	
+)L_y	45.87	
YH	K0 + 541.13	
+)L_s	50	
HZ	K0 + 591.13	
−)$L_h/2$	145.87/2	
QZ	K0 + 518.20	
+)$D_h/2$	0.46	
JD	K0 + 518.66	（校核无误）

5. 主点桩测设

（1）由 JD 沿前后切线方向分别量取 $T_h = 73.40$ m 得 ZH 和 HZ 点桩位。

（2）由 JD 沿分角线方向量取 $E_h = 4.22$ m 得 QZ 点桩位。

（3）根据 $x_h = 49.97$ m，$y_h = 1.39$ m，分别以 ZH 和 HZ 点为原点，用切线支距法定出 YH 和 HY 点的位置。

单元五　道路中线逐桩坐标计算

采用坐标法测设公路中线的基本思路是：将整个路线中线和控制点置于统一的平面直角坐标系中，如图 9-19 所示。A、B 为已知控制点，A 为测站点，测设时，计算公路中线上任意中桩 P 的坐标，根据计算好的待测中桩 P 和已知控制点 A、B 的坐标，计算 AB、AP 方向的水平夹角 β 和 A、P 间的水平距离 D，并根据 AB 方向的水平度盘读数和夹角 β 计算 AP 方向的水平度盘读数。然后用全站仪极坐标法测定中桩 P 点的位置。

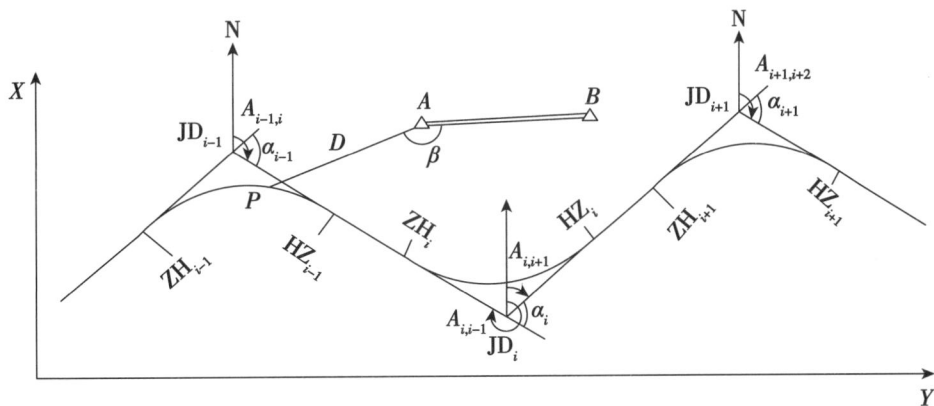

图 9-19 道路中线逐桩坐标计算示意图

JD_i-当前交点;JD_{i-1}-后视交点;JD_{i+1}-前视交点

一、相邻交点连线方位角计算

设定路线起点的坐标为 (X_{JD_0}, Y_{JD_0}),各交点的坐标依次为 (X_{JD_1}, Y_{JD_1}) (X_{JD_2}, Y_{JD_2}) (X_{JD_3}, Y_{JD_3})……利用交点的坐标可反算相邻交点连线的坐标方位角,如利用 JD_i、JD_{i+1} 间的坐标差 $(\Delta X = X_{JD_{i+1}} - X_{JD_i},\Delta Y = Y_{JD_{i+1}} - Y_{JD_i})$,可按下列公式计算 JD_i、JD_{i+1} 连线的坐标方位角 $A_{i,i+1}$:

$$\begin{cases} \text{当 } \Delta X = 0 \text{ 且 } \Delta Y > 0 \text{ 时}, A_{i,i+1} = 90° \\ \text{当 } \Delta X = 0 \text{ 且 } \Delta Y < 0 \text{ 时}, A_{i,i+1} = 270° \\ \text{当 } \Delta X > 0 \text{ 且 } \Delta Y > 0 \text{ 时}, A_{i,i+1} = \arctan\dfrac{\Delta y}{\Delta x} \\ \text{当 } \Delta X < 0 \text{ 且 } \Delta Y > 0 \text{ 时}, A_{i,i+1} = \arctan\dfrac{\Delta y}{\Delta x} + 180° \\ \text{当 } \Delta X < 0 \text{ 且 } \Delta Y < 0 \text{ 时}, A_{i,i+1} = \arctan\dfrac{\Delta y}{\Delta x} + 180° \\ \text{当 } \Delta X > 0 \text{ 且 } \Delta Y < 0 \text{ 时}, A_{i,i+1} = \arctan\dfrac{\Delta y}{\Delta x} + 360° \end{cases} \tag{9-23}$$

二、路线转角计算

设定路线起点至 JD_1 的方位角为 A_{01},JD_1 至 JD_2 的方位角为 A_{12},JD_2 至 JD_3 的方位角为 A_{23}…在 JD_i 至 JD_{i+1} 的方位角为 $A_{i,i+1}$,则有以下结论。

(1)在 JD_i 的右角 $\beta_{右i} = A_{i,i-1} - A_{i,i+1}$。

(2)$\beta_{右i} < 180°$,其右转角 $\alpha_i = 180° - \beta_{右i}$。

(3)若 $\beta_{右i} > 180°$,其左转角 $\alpha_i = \beta_{右i} - 180°$。

三、任意中桩的坐标计算

1. 曲线起、终点坐标的计算

如图 9-20 所示,JD_i 的坐标为 (X_{JD_i}, Y_{JD_i}),前后路线导线边的方位角分别为 $A_{i-1,i}$、$A_{i,i+1}$,曲线半径为 R,缓和曲线长度为 L_s,切线长为 T_{hi}。曲线起、终点的坐标可用下式计算。

$$\begin{cases} X_{ZH_i} = x_{JD_i} - T_{hi}\cos A_{i-1,i} \\ Y_{ZH_i} = y_{JD_i} - T_{hi}\sin A_{i-1,i} \end{cases} \qquad (9\text{-}24)$$

$$\begin{cases} X_{HZ_i} = x_{JD_i} + T_{hi}\cos A_{i,i+1} \\ Y_{HZ_i} = y_{JD_i} + T_{hi}\sin A_{i,i+1} \end{cases} \qquad (9\text{-}25)$$

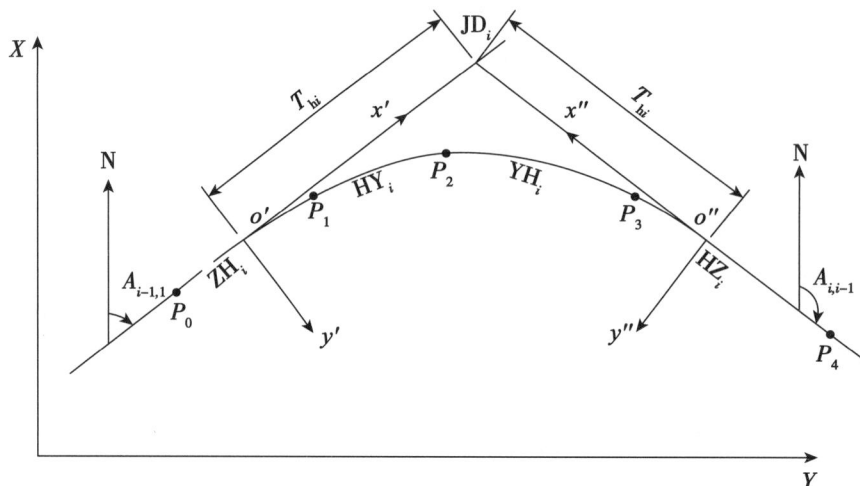

图 9-20　中线桩点坐标计算示意图

2. ZH ~ YH 段的坐标计算

在曲线起点 ZH 建立 $x'o'y'$ 坐标系，如图 9-20 所示。当待测桩位于 ZH ~ HY 段时（如图中的 P_1 点），其在 $x'o'y'$ 坐标系中的坐标为：

$$\begin{cases} x' = l - \dfrac{l^5}{40R^2 L_s^2} \\ y' = \dfrac{l^3}{6RL_s} \end{cases} \qquad (9\text{-}26)$$

式中：l——待测桩至 ZH 的曲线长。

3. HY ~ HY 段的坐标计算

当待测桩位于 HY ~ YH 段时（如图 9-20 中的 P_2 点），其在 $x'o'y'$ 坐标系中的坐标为：

$$\begin{cases} x' = R\sin\left(\dfrac{l - L_s}{R} \cdot \dfrac{180°}{\pi} + \beta_0\right) + q \\ y' = R - R\cos\left(\dfrac{l - L_s}{R} \cdot \dfrac{180°}{\pi} + \beta_0\right) + p \end{cases} \qquad (9\text{-}27)$$

式中：l——待测桩至 ZH_i 的曲线长。

再将该中桩在 $x'o'y'$ 坐标系中的坐标转换为 XOY 坐标系中的坐标：

$$\begin{cases} X = X_{ZH_i} + x'\cos A_{i-1,i} + y'\cos(A_{i-1,i} + \xi 90°) \\ Y = Y_{ZH_i} + x'\sin A_{i-1,i} + y'\sin(A_{i-1,i} + \xi 90°) \end{cases} \qquad (9\text{-}28)$$

式中：ξ——路线转向，右转角时 $\xi = 1$，左转角时 $\xi = -1$，以下各式同。

4. YH ~ HZ 段的坐标计算

在曲线终点 HZ_i 建立 $x''o''y''$ 坐标系，如图 9-20 所示。当待测桩位于 YH ~ HZ 段时（图中

的 P_3 点)，其在 $x''o''y''$ 坐标系中的坐标为：

$$\begin{cases} x'' = l - \dfrac{l^5}{40R^2L_s^2} \\ y'' = \dfrac{l^3}{6RL_s} \end{cases}$$

(9-29)

式中：l——待测桩至 HZ_i 的曲线长。

再将该中桩在 $x''o''y''$ 坐标系中的坐标转换为 XOY 坐标系中的坐标：

$$\begin{cases} X = X_{HZ_i} + x''\cos(A_{i,i+1} + 180°) + y''\cos(A_{i,i+1} + \xi 90°) \\ Y = Y_{HZ_i} + x''\sin(A_{i,i+1} + 180°) + y''\sin(A_{i,i+1} + \xi 90°) \end{cases}$$

(9-30)

5. 直线段中桩坐标的计算

如图 9-20 所示，位于 ZH_i 之前直线段上的中桩(前一曲线终点 HZ_{i-1} 之后，如图中的 P_0 点)，可根据该中桩至 ZH_i 的距离 D_Q 按下式计算其坐标：

$$\begin{cases} X = X_{ZH_i} - D_Q\cos A_{i-1,i} \\ Y = Y_{ZH_i} - D_Q\sin A_{i-1,i} \end{cases}$$

(9-31)

位于 HZ_i 之后直线段上的中桩(后一曲线起点 ZH_{i+1} 之前，如图中的 P_4 点)，可根据该中桩至 HZ_i 的距离 D_H 按下式计算其坐标：

$$\begin{cases} X = X_{HZ_i} + D_H\cos A_{i,i+1} \\ Y = Y_{HZ_i} + D_H\sin A_{i,i+1} \end{cases}$$

(9-32)

实际上上述道路中桩逐桩坐标计算已通过编程固化在全站仪工程应用程序中，在实地测设时调用就可以。

单元六　道路中桩测设

一、测设原理及思路【资源 16】

如图 9-19 所示，道路中桩测设是利用计算好的待测中桩 P 点的坐标(X_P, Y_P)，采用全站仪或 GNSS-RTK 测量技术进行点位放样的方法。

具体测设思路是：

(1)在测站点 A 安置仪器，将 A 点坐标(X_A, Y_A)、B 点坐标(X_B, Y_B) 和计算好的待测中桩 P 点的坐标(X_P, Y_P) 输入仪器，设置 AB 的坐标方位角，并以 AB 方向定向；

(2)测设时，仪器瞄准预选放样点 P'，测得坐标(X_P', Y_P')，同时与计算好的待测中桩 P 点的坐标(X_P, Y_P) 比较，计算坐标增量；

(3)观测人员根据坐标增量的大小指挥在预选放样点 P' 的棱镜前后左右移动，直至坐标增量为零；

(4)此时棱镜所在位置就是待测中桩 P 点的位置；

(5)在地面上标定 P 点的位置，打入写有桩号的桩志即可。

二、用全站仪测设道路中桩【资源17】

由于各种型号全站仪的规格和性能不尽相同,因此在具体操作步骤上略有差异。但均属于全站仪工程应用测量模块中的点测量或点放样的施测技巧和基本放样方法,具体参照本教材模块四的有关内容。需要说明的是,考虑到中职道路桥梁工程技术专业的专业建设标准中,后续专业课程"道路勘测设计"要全面讲述道路勘测设计和用全站仪进行中桩测设的原理与方法,本教材不便展开讲解。在配套教学资源《工程测量实训指导与习题集》中编写了全站仪元素法和交点法道路平曲线测设实训指导,需要时可参考。

三、用 GNSS-RTK 测设道路中桩【资源31】

1.测设准备

(1)检查控制点位置及坐标。

根据路线线形,选择合适的控制点位置,绘制放样草图。检查控制点坐标数据是否正确。

(2)检核放样数据。

(3)检查测设所用 GNSS-RTK 接收机及相关设备。在测前先检查电池电量情况,如电力不足要及时更换电池或及时充电。

2.设置与校正

基准站、流动站、基本参数设置,校正坐标系参考本教材模块五有关内容。

3.中桩测设

(1)测设时在手簿工程之星主页面如图 9-21 所示,点击【测量】图标后,出现如图 9-22 所示的程序菜单。

图 9-21　主页面

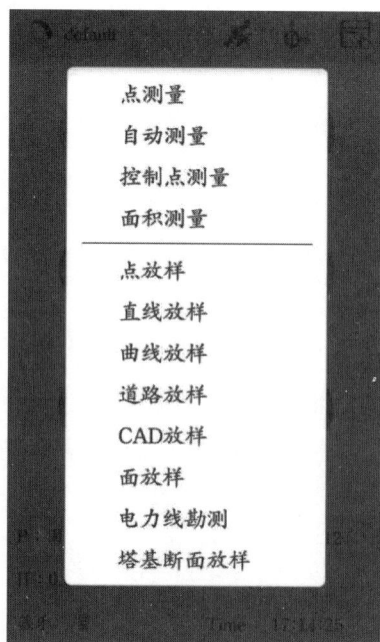

图 9-22　程序菜单

（2）点击"点放样"，进入如图9-23所示的放样界面。

（3）点击"目标"，选择需要放样的点，如图9-24所示。

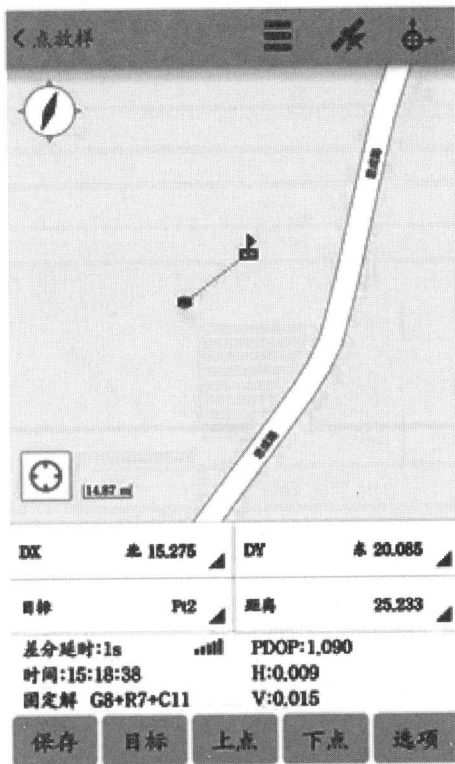

图9-23　点放样主界面

图9-24　选择放样点

（4）再点击"点放样"后，根据屏幕显示的DX、DY距离进行移动流动站，直到DX、DY距离均显示为"0"即为所要放样的点，详见本教材模块五的有关内容。

也可点击右上角"三条黑线"组成的图案，直接放样坐标管理库里的点。放样与当前点相连的点时，可以不用进入"放样点库"，点击"上点"或"下点"根据提示选择即可。

注意：在点放样主界面，如图9-23所示，点击"选项"，可选择"提示范围"。如选择1m，如图9-25所示，则当前流动站点移动到离放样点1m范围以内时，系统会语音提示，方便快速找到放样点。

需要说明的是，考虑到中职道路桥梁工程技术专业的专业建设标准中，后续专业课程"道路勘测设计"要全面讲述道路勘测设计和用GNSS-RTK进行中桩测设的原理与方法，本教材不便展开讲解。在配套教学资源《工程测量实训指导与习题集》中编写了GNSS-RTK元素法和交点法道路平曲线测设实训指导，需要时可参考。

图9-25　放样点的提示设置

本模块小结

一、道路中线测设基本概念

（1）交点——公路路线的转折点。

交点的测设方法：穿线交点法、拨角放线法。

（2）转点——在两交点间测设一些供放线、交点、测角、量距时照准之用的点。

（3）转角——路线由一个方向偏转到另一方向时，偏转后的方向与原方向的水平夹角。

转角的推算：

$$\alpha_y = 180° - \beta_右 \quad （当 \beta_右 < 180° 时）$$

$$\alpha_z = \beta_右 - 180° \quad （当 \beta_右 > 180° 时）$$

（4）右角分角线方向——路线导线右转折角的平分线方向。

（5）里程桩——标定路线中桩位置并标明桩位距路线起点里程数的桩志。

里程桩有整桩（公里桩、百米桩、整桩距的桩）和加桩（地形、地物加桩、曲线加桩、指示桩；断链桩等）之分。

（6）桩号——是书写在桩志上且表示该桩距路线起点的里程数，如 K4 + 125.67。

二、圆曲线主点测设方法

1. 主点（ZY、QZ、YZ）的测设元素

切线长 $$T = R\tan\frac{\alpha}{2}$$

曲线长 $$L = R\alpha\frac{\pi}{180°}$$

外距 $$E = R\left(\sec\frac{\alpha}{2} - 1\right)$$

超距 $$D = 2T - L$$

2. 主点里程推算

交点里程	JD	K×× + ×××.××
	$-)T$	$-$ ×××.××
ZY 点里程	ZY	K×× + ×××.××
	$+)L$	$+$ ×××.××
YZ 点里程	YZ	K×× + ×××.××
	$-)\dfrac{L}{2}$	$-$ ×××.××
QZ 点里程	QZ	K×× + ×××.××
	$+)\dfrac{D}{2}$	$+$ ×××.××
交点里程	JD	K×× + ×××.×× （校核）

3．主点测设

（1）以交点为起点，沿后、前路线导线边量取切线长 T，即得 ZY 点和 YZ 点。

（2）沿右角平分线方向量取外距 E，即得 QZ 点。

三、圆曲线详细测设

（1）用切线支距法计算桩点坐标公式：

$$x_i = R\sin\varphi_i$$

$$y_i = R(1 - \cos\varphi_i)$$

$$\varphi_i = \frac{l_i}{R} \cdot \frac{180°}{\pi}$$

（2）测设方法。

主要学会用切线支距法详细测设圆曲线。

四、虚交

虚交是指路线交点 JD 落入水中或遇障碍等不能设桩或安置仪器时的平曲线测设方法。

1．圆外基线法

主要学会主点测设数据的计算过程及方法。

2．切基线法

主要学会圆曲线半径 R 的求算方法。

五、复曲线

主要学会切基线法测设复曲线时，副曲线半径的计算方法，即：

$$R_{副} = \frac{AB - T_{主}}{\tan\dfrac{\alpha_{副}}{2}}$$

六、缓和曲线测设方法

1．基本公式

切角线
$$\beta = \frac{l^2}{2RL_s} \cdot \frac{180°}{\pi}$$

$$\beta_0 = \frac{L_s}{2R} \cdot \frac{180°}{\pi}$$

直角坐标
$$\begin{cases} x = l - \dfrac{l^5}{40R^2L_s^2} \\ y = \dfrac{l^3}{6RL_s} \end{cases}$$

$$\begin{cases} x_h = L_s - \dfrac{L_s^3}{40R^2} \\ y_h = \dfrac{L_s^2}{6R} \end{cases}$$

2. 圆曲线带有缓和曲线段的主点测设数据计算公式

内移值
$$p = \frac{L_s^2}{24R}$$

切增值
$$q = \frac{L_s}{2} - \frac{L_s^3}{240R^2}$$

起点切线长
$$t_d = \frac{3}{2}L_s + \frac{11L_s^3}{1260R^2}$$

终点切线长
$$t_k = \frac{1}{3}L_s + \frac{L_s^3}{1260R^2}$$

切线长
$$T_h = (R + p)\tan\frac{\alpha}{2} + q$$

曲线长
$$L_h = L_y + 2L_s$$

主圆曲线长
$$L_y = \frac{180°}{\pi}(\alpha - 2\beta_0)R$$

外距
$$E_h = (R + p)\sec\frac{\alpha}{2} - R$$

切曲差（超距）
$$D_h = 2T_h - L_h$$

3. 圆曲线带有缓和曲线段的主点里程桩号计算

交　点	JD	里程	
	$-\,)\,T_h$		
直缓点	ZH	里程	
	$+\,)\,L_s$		
缓圆点	HY	里程	
	$+\,)\,L_y$		
圆缓点	YH	里程	
	$+\,)\,L_s$		
缓直点	HZ	里程	
	$-\,)\,L_h/2$		
曲中点	QZ	里程	
	$+\,)\,D_h/2$		
交　点	JD	里程	（校核）

七、道路中线逐桩坐标计算

1. 曲线起、终点坐标的计算

$$\begin{cases} X_{ZH_i} = x_{JD_i} - T_{hi}\cos A_{i-1,i} \\ Y_{ZH_i} = y_{JD_i} - T_{hi}\sin A_{i-1,i} \end{cases}$$

$$\begin{cases} X_{HZ_i} = x_{JD_i} + T_{hi}\cos A_{i,i+1} \\ Y_{HZ_i} = y_{JD_i} + T_{hi}\sin A_{i,i+1} \end{cases}$$

2. $ZH_i \sim HY_i$ 段的坐标计算

在曲线起点 ZH_i 建立 $x'o'y'$ 坐标系。

$ZH_i \sim HY_i$ 段的切线支距坐标：

$$\begin{cases} x' = l - \dfrac{l^5}{40R^2 L_s^2} \\ y' = \dfrac{l^3}{6RL_s} \end{cases}$$

$HY_i \sim YH_i$ 段的切线支距坐标：

$$\begin{cases} x' = R\sin\left(\dfrac{l - L_s}{R} \cdot \dfrac{180°}{\pi} + \beta_0\right) + q \\ y' = R - R\cos\left(\dfrac{l - L_s}{R} \cdot \dfrac{180°}{\pi} + \beta_0\right) + p \end{cases}$$

$ZH_i \sim HY_i$ 段的坐标转换公式为：

$$\begin{cases} X = X_{ZH_i} + x'\cos A_{i-1,i} + y'\cos(A_{i-1,i} + \xi 90°) \\ Y = Y_{ZH_i} + x'\sin A_{i-1,i} + y'\sin(A_{i-1,i} + \xi 90°) \end{cases}$$

式中：ξ——路线转向，右转角时 $\xi = 1$，左转角时 $\xi = -1$。

3. $YH_i \sim HZ_i$ 段的坐标计算。

在曲线终点 HZ_i 建立 $x''o''y''$ 坐标系。

切线支距坐标：

$$\begin{cases} x'' = l - \dfrac{l^5}{40R^2 L_s^2} \\ y'' = \dfrac{l^3}{6RL_s} \end{cases}$$

$YH_i \sim HZ_i$ 段的坐标转换公式为：

$$\begin{cases} X = X_{HZ_i} + x''\cos(A_{i,i+1} + 180°) + y''\cos(A_{i,i+1} + \xi 90°) \\ Y = Y_{HZ_i} + x''\sin(A_{i,i+1} + 180°) + y''\sin(A_{i,i+1} + \xi 90°) \end{cases}$$

4. 直线段中桩坐标的计算

位于 ZH_i 之前直线段上的中桩坐标计算：

$$\begin{cases} X = X_{ZH_i} - D_Q \cos A_{i-1,i} \\ Y = Y_{ZH_i} - D_Q \sin A_{i-1,i} \end{cases}$$

位于 HZ_i 之后直线段上的中桩坐标计算：

$$\begin{cases} X = X_{HZ_i} + D_H \cos A_{i,i+1} \\ Y = Y_{HZ_i} + D_H \sin A_{i,i+1} \end{cases}$$

5. 放样施测数据计算

起始方向 AB 顺时针旋转至待测中桩方向 AP 的水平夹角计算：

$$\beta = A_{AP} - A_{AB}$$

测站点 A 至待测中桩 P 的水平距离计算：

$$D = \sqrt{(x_P - x_A)^2 + (y_P - y_A)^2}$$

八、用全站仪测设道路中桩

主要学会用全站仪进行道路中桩测设。

九、用 GNSS-RTK 测设道路中桩

主要学会用 RTK 进行道路中桩测设。

本模块关于用全站仪测设道路中桩、用 RTK 测设道路中桩的实训指导和习题集及参考题解详见本教材的配套教学用书《工程测量实训指导与习题集》模块九。

道路纵横断面测量

本模块学习目标

知识目标:

1. 描述道路纵、横断面测量的基本方法和作用;
2. 完成中平测量数据处理,判断观测成果是否合格;
3. 描述不同线形的横断面方向;
4. 读取道路纵、横断面图中的各要素。

技能目标:

1. 使用测量仪器进行道路纵、横断面测量数据采集;
2. 根据测量数据绘制出纵断面图和横断面图。

本模块参考学时

1. 课堂学习 6 学时;
2. 课间实训 4 学时;
3. 在教学实训场地集中实训一周。

单元一 概 述

道路纵断面测量是在道路中线测量完成之后,逐一测定中线各里程桩的地面高程,并按一定的比例绘制纵断面地面线,表示沿道路路线方向中线位置的地面起伏情况,用以设计路线纵坡使用。道路纵断面测量一般包含道路高程控制测量、道路中桩高程测量和纵断面地面线绘制 3 个部分内容。

横断面测量是测定中桩两侧垂直于道路中线方向各地面变坡点或特征点间的水平距离和高差,并按一定的比例绘制横断面地面线,表示中桩两侧垂直于道路中线方向的地面起伏情况,供路基断面设计、土石方计算、桥涵及挡土墙设计和施工边桩放样等使用。考虑到横断面测量精度要求相对较低,目前常采用 GNSS-RTK 测量和全站仪测量的方法施测。

单元二　道路中桩高程测量

为了有效控制测量误差的传递和积累,保证测量精度,按照"布局上从整体到局部""精度上由高级到低级"的原则,在纵断面测量工作中,一般先沿道路中线设置高程控制点,以整段路线为整体建立高程控制网,并测定出各控制点高程数据,即道路高程控制测量,它为后续的中平测量、横断面测量、施工放样等测量工作提供统一的高程基准。根据高程控制测量提供的控制点高程,可分段测定各中桩的地面高程,即道路中桩高程测量。现阶段道路高程控制测量较常采用水准测量(基平测量)、三角高程测量的方法施测,道路中桩高程测量较常采用视线高法水准测量(中平测量)、GNSS-RTK 测量和三角高程测量的方法施测。

一、高程控制测量

1.基本测量

基平测量是沿道路中线方向布设水准点,用水准测量方法测定出水准点高程,建立高程控制网,作为中平测量和日后施工测量的依据。水准点应埋设在稳固、易于保存、便于引测且不易在勘测和施工过程中遭到破坏的地方,一般距中线 50～200m 为宜。水准点间距应根据地形情况和工程需要而定,平均间距在平原微丘区一般为 1km 左右,山岭重丘区为 500m 左右,在桥梁、隧道两端及其他重要构筑物附近应增设水准点。根据道路等级和用途的不同,水准点可分为永久性和临时性,永久性水准点在道路的勘测设计阶段、施工阶段甚至运营管理阶段都发挥着作用。点位埋设后须绘制水准点位置示意图及编制水准点一览表,以方便查找和使用。

高程起算点一般由国家水准点引测而来,当引测有困难时应采用与带状地形图测图高程控制点作为高程起算点。

1)水准测量方法

道路路线基平水准点的高程通常采用水准测量方法测定,水准测量的等级视公路的等级而定,低等级的公路可按模块二普通水准测量的方法施测,高等级公路可按模块二"四等水准测量"的方法施测。

2)跨河水准测量

在进行基平测量时,水准路线经常要跨越江河、湖泊、宽沟等障碍物,当跨越宽度在100m 以上时,因前后视距不相等、视距较远不便读数、地球曲率影响及大气折光增大等缘故,按一般的水准测量测量方法将产生较大的误差,必须采用特定的方法施测,这就是跨河水准测量。目前跨河水准测量在跨河、跨江、跨湖的桥梁和水利大坝等工程施工高程控制网中应用广泛。

跨河水准测量的具体施测方法很多,它们各自适应于不同的跨越宽度和仪器设备。下面介绍一种在跨越宽度小于 300m 时常采用的观测方法。

（1）水准路线的选择。

如图 10-1 所示，基平测量的水准路线延伸到 A 点遇河流阻挡，河流宽度在 $100 \sim 300m$。现欲由 A 点跨越河流到对岸 B 点，也就是测量 A、B 两点间高差，并由 A 点高程推算 B 点高程。

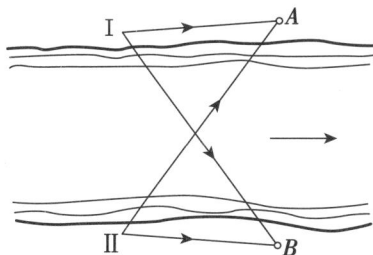

图 10-1　跨河基本水准测量

为消除或减弱仪器剩余 i 角误差，即水准仪视准轴不平行于水准管轴的误差和地球曲率及大气折光对高差的影响，应在河流两岸适当位置安置水准仪对 A、B 两点做对称观测，为达到"对称"的目的，测站位置 Ⅰ、Ⅱ 的选择有下面两点要求：

①ⅠA 与ⅡB、ⅠB 与ⅡA 的距离要基本相等，并且ⅠA 和ⅡB 应尽可能长些，一般不得小于 10m。

②测站Ⅰ和测站Ⅱ距水边的距离及距水面的高度要尽可能相等，同时保证安置水准仪后的视线高度超出水面 2m 以上。

（2）观测方法。

参照图 10-1，在 A、B 两点立水准尺。当只有一台水准仪时，先在测站Ⅰ安置水准仪，后视 A 尺读数 a_1，前视 B 尺读数两次并取其平均值为 b_1，则测站Ⅰ测得 A、B 两点间高差 $h_1 = a_1 - b_1$，保持望远镜对光不变，立即将水准仪运到对岸测站Ⅱ安置，后视 A 尺读数两次并取其平均值为 a_2，前视 B 尺读数 b_2，则测站Ⅱ测得 A、B 两点间高差 $h_2 = a_2 - b_2$。以上过程称作一测回观测，A、B 两点间一测回高差平均值为 $h = (h_1 + h_2)/2$。

当跨越宽度在 200m 以上时，应按上述方法观测两个测回，两测回高差不符值在 12mm 以内时，取两测回高差平均值作为 A、B 两点间的实用高差。

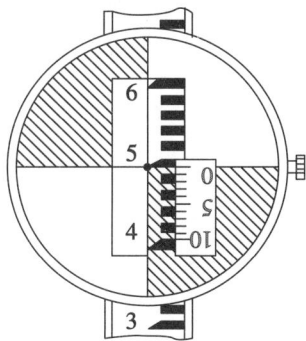

图 10-2　觇牌

跨河水准测量的观测时间最好选在风力微弱、气温变化较小的阴天进行，晴天观测时，应在日出后 1 小时开始至 9 时 30 分结束，下午自 15 时起至日落前 1 小时止。

当河面较宽、水准仪读数有困难时，可将觇牌装在水准尺上，如图 10-2 所示，由观测者指挥上下移动觇牌，直至觇牌红白分界线与水准仪十字丝横丝相重合为止，然后由立尺者直接读取并记录水准尺读数。

2. 三角高程测量

三角高程测量具有施测速度快、测量精度高、受地形限制小等优点，在工程测量中应用广泛。现阶段光电测距仪或全站仪三角高程测量的精度能够满足四、五等水准测量要求，采用特定的方法甚至能够满足二等水准测量要求，适合在山区高程控制测量中使用，另外在加密高程控制点、测定临时控制点高程时也经常用到。

按《公路测量规范》规定，"在进行水准测量确有困难的山岭地带以及沼泽、水网地区，四、五等水准测量可用光电测距三角高程测量"。公路及公路构造物三角高程控制测量等级可按表 10-1 选定。全站仪三角高程测量方法参见模块四有关内容。

等　级	观测方式	边长（km）	每 km 中误差（mm）	对向高差较差（mm）	附合或闭合闭合差（mm）
四等	对向观测	≤1	10	$40\sqrt{D}$	$20\sqrt{\sum D}$
五等	对向观测	≤1	15	$40\sqrt{D}$	$30\sqrt{\sum D}$

光电测距三角高程控制测量等级　　　　表 10-1

二、中桩高程测量

1. 中平测量【资源 33】

中平测量是根据基平测量提供的水准点高程，按附合水准路线形式逐点测定各中桩的地面高程，为点绘纵断面地面线提供基础数据。通常采用普通水准测量的方法施测。

（1）施测方法。

中平测量以相邻两基平水准点为一测段，从一个水准点出发，对测段范围内所有路线中桩逐个测量其地面高程，最后附合到下一个水准点上。中平测量时，每一测站除观测中桩外，还须设置传递高程的转点，转点位置应选择在稳固的桩顶或坚石上，视距限制在 150m 以内，相邻转点间的中桩称为中间点。为提高传递高程的精度，每一测站应先观测前、后转点，转点读数至 mm，然后观测中间点，中间点读数读至 cm 即可，立尺应紧靠桩边的地面上。

如图 10-3 所示，施测时水准仪安置在 I 站，后视水准点 BM_1，前视转点 ZD_1，将水准尺读数记入表 10-2 中后视、前视栏，再观测 BM_1 与 ZD_1 间桩号为 0＋000、＋020、＋040、＋060、＋080 的中间点，将水准尺读数分别记入中视栏；仪器搬至 II 站，先后视 ZD_1，接着前视 ZD_2，再观测 ＋100、＋120、＋140、＋160、＋180 各中间点，并将水准尺读数记入表 10-2 相应栏中。按上述步骤一直测到 BM_2 为止。

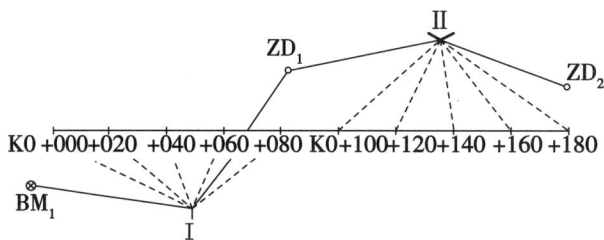

图 10-3　中平测量示意图

中平测量的精度要求，一般取测段高差 $\Delta h_{中}$ 与两端基平水准点高差 $\Delta h_{基}$ 之差的限差为 $\pm 50\sqrt{L}$ mm（L 以 km 计），在容许范围内，即可进行中桩地面高程的计算。否则，应查出原因给予纠正或重测。中桩地面高程复核之差不得超过 ±10cm。

中间点的地面高程以及前视点高程，一律按所属测站的视线高程进行计算。每一测站的计算公式如下：

$$视线高程 = 后视点高程 + 后视读数 \tag{10-1}$$

$$中桩高程 = 视线高程 - 中视读数 \tag{10-2}$$

$$转点高程 = 视线高程 - 前视读数 \tag{10-3}$$

中平测量记录表　　　　　　　　　　　　　　　表 10-2

测　点	水准尺读数（m）			视线高程（m）	高程（m）	备　注
	后视	中视	前视			
BM$_1$	2.191			514.505	512.314	
K0+000		1.62			512.89	
+020		1.90			512.61	
+040		0.62			513.89	
+060		2.03			512.48	
+080		0.90			513.60	
ZD$_1$	3.162		1.006	516.661	513.499	
+100		0.50			516.16	基平测得 BM$_2$ 的高
+120		0.52			516.14	程为 524.824m
+140		0.82			515.84	
+160		1.20			515.46	
+180		1.01			515.65	
ZD$_2$	2.246		1.521	517.386	515.140	
…	…	…	…	…	…	
K1+240		2.32			523.06	
BM$_2$			0.606		524.782	

复核：限差：$|\Delta h_{基} - \Delta h_{中}| = \pm 50\sqrt{1.24} = \pm 56$（mm）

　　　　计算值：$\Delta h_{基} - \Delta h_{中} = 524.824 - 524.782 = 42$（mm）$< 56$mm

　　　　校核：$h_{BM2} - h_{BM1} = 524.782 - 512.314 = 12.468$（mm）

　　　　$\sum a - \sum b = (2.191 + 3.162 + 2.246 + \cdots) - (1.006 + 1.521 + \cdots + 0.606) = 12.468$（m）

（2）跨沟谷测量。

当路线经过沟谷时，为了减少测站数，以提高施测速度和保证测量精度，一般采用图 10-4 所示方式施测。即当测到沟谷边沿时，同时前视沟谷两边的转点 ZD$_A$、ZD$_{16}$，然后将沟内、外分开施测。施测沟内中桩时，转站下沟，仪器置测站 Ⅱ 后视 ZD$_A$，观测沟谷内两边的中桩及转点 ZD$_B$；再转站于测站 Ⅲ 后视 ZD$_B$，观测沟底中桩；最后转站过沟，仪器置测站 Ⅳ 后视 ZD$_{16}$，继续向前施测。这样沟内沟外高程传递各自独立互不影响，但由于沟内各桩测量，实际上是以 ZD$_A$ 开始另走一单程水准支线，缺少检核条件，故施测时应倍加注意，并在记录簿上另辟一页记录。为了减少 Ⅰ 站前后视距不等所引起的误差，在仪器置于 Ⅳ 站时，应尽可能使 $l_3 = l_2$，$l_4 = l_1$ 或 $(l_2 - l_2) + (l_3 - l_4) = 0$。

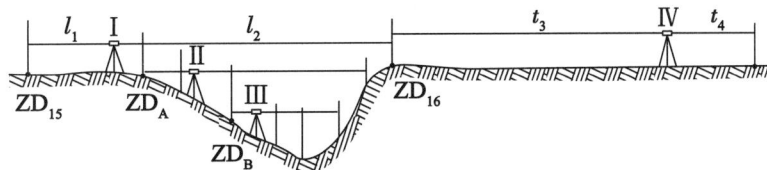

图 10-4　跨沟谷中平测量

2．三角高程测量测定中桩地面高程

具体测量方法详见模块四有关内容。

3．GNSS-RTK 测定中桩地面高程

GNSS 测量具有选点灵活、无须通视、布网方便、测量速度快、成果精度高等特点，极大地提高了测量工作效率，在道路工程建设中的应用广泛，目前 GNSS-RTK 测定中桩地面高程的常用方法是：

在路线附近较高位置安置基准站，按照工程项目建立—设置基准站—设置移动站—坐标转换的流程进行设置，详见模块五有关内容，进入测量数据采集模式，沿道路中线方向逐个测量各中桩的地面高程。

单元三　纵断面图绘制

道路纵断面图是沿中线方向绘制地面起伏和纵坡变化的线状图，它反映各路段纵坡大小和中线上的填挖尺寸，是道路设计和施工中的重要资料。它由上、下两部分组成，包括图示部分和表格部分。

一、纵断面图的内容

1．图示部分

如图 10-5 所示，图示部分在纵断面图上半部分，包括坐标轴、一条细折线和一条粗线，其中横轴表示中线里程，纵轴表示中线高程，细折线为中线方向地面线，粗线为纵坡设计线。

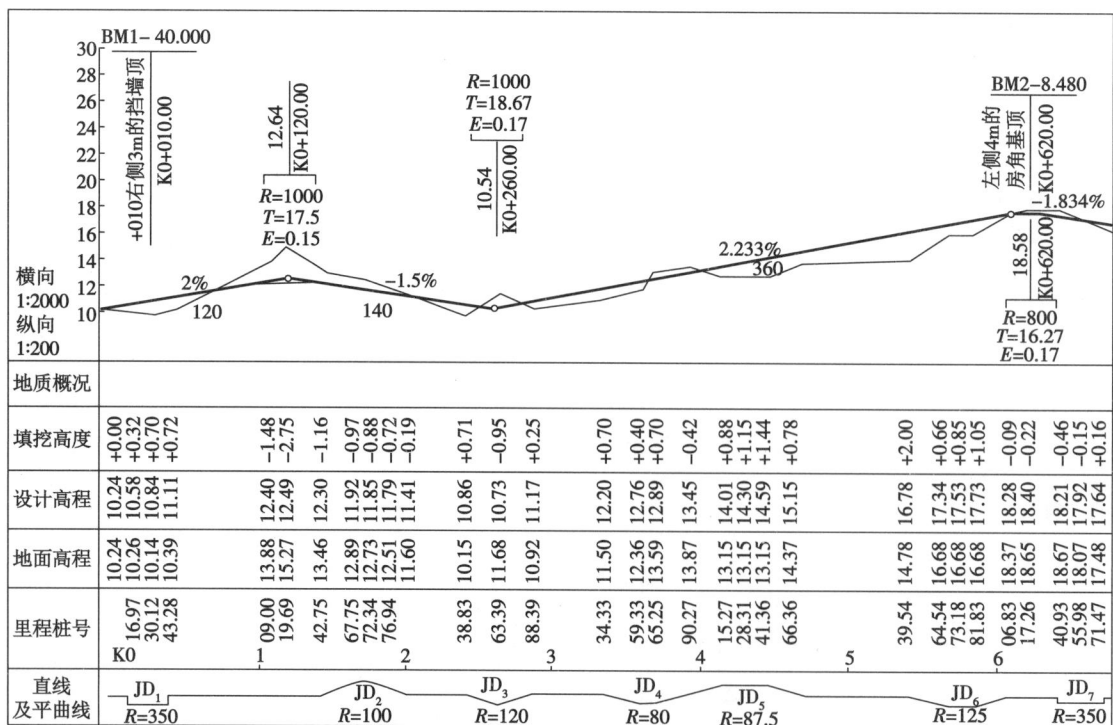

图 10-5　道路纵断面图

（1）地面线：根据道路中线上各中桩的里程桩号和地面高程而点绘出的一条不规则的折线，反映了道路沿中线方向原地面的高低起伏情况。

（2）纵坡设计线：设计人员根据规范技术要求、经济效益和美学等因素，设计出的一条有规则的线形，反映了设计道路沿中线方向地面的起伏情况。纵坡设计线包括直线和竖曲线。

此外图示部分还注有竖曲线示意图、水准点位置和高程、重要构造物有关说明等内容。

2. 表格部分

如图 10-5 所示，表格部分在纵断面图下半部分，用来填写道路中线的基本情况，包含地质概况、里程桩号、地面高程、设计高程、填挖高度、坡度及坡长、直线与平曲线等内容。

（1）地质概况。根据外业地质勘测调查成果，填写道路各路段对应的地质情况。

（2）里程桩号。与道路中线里程桩号一致，注明百米桩、公里桩、平曲线主点桩及桥涵结构物位置桩等。

（3）地面高程。根据外业中桩高程测量成果，填写道路各中桩原地面对应里程桩号的高程值。

（4）设计高程。根据纵坡设计成果，推算并填写道路各中桩的设计高程值。

（5）填挖高度。同一中桩设计高程与地面高程的差值，结果为正，表示填方，结果为负，则为挖方。

（6）坡度及坡长。用直线表示，直线上斜表示上坡，下斜表示下坡，直线上方数字表示坡度，下表数字表示坡长。坡度为两变坡点之间高差与水平距离的百分比，坡长为两变坡点之间的水平距离。

（7）直线及平曲线。直线表示路线为直线段，开口矩形表示圆曲线段，开口梯形表示缓和曲线段，上凸表示路线右转，下凹表示路线左转，在开口处应注明平曲线主点要素。

二、纵断面图的绘制

在纵断面图绘制前，应收集外业地质勘测调查成果、高程控制测量成果、纵坡设计成果、中桩里程及地面高程成果等资料，供绘图使用。绘图步骤如下：

（1）打格制表：按规定尺寸绘制表格。

（2）确定比例尺：常用的里程比例尺有 1∶5000、1∶2000、1∶1000。为了突出地面线的起伏变化，高程比例尺取里程比例尺的 10 倍，如里程比例尺为 1∶2000，则高程比例尺应为 1∶200。

（3）填写资料：将地质概况、里程桩号、地面高程、设计高程、填挖高度、坡度及坡长、直线与平曲线等相关信息填入图表。

（4）绘地面线：首先确定起始高程在图上的位置，使绘出的地面线处于图上的适当位置，同时求 10m 整倍数的高程定在厘米方格纸的 5cm 粗横线上，以便于绘图和阅图，然后根据中桩的高程和里程，在图上按纵横比例尺依次点出各中桩地面位置，用细实线连接相邻点位，即可绘出地面线。如果在山区因高差变化较大，纵向受到图幅限制时，要在适当地段变更图上高程起算位置，在此处地面线上下错开一段距离，使地面线绘在图廓之内。

（5）绘纵坡设计线：根据规范要求设计绘制纵坡设计线，计算各中桩设计高程值，在图表中注明坡度、坡长和竖曲线要素。

（6）填写各中桩填挖高度。计算同一中桩设计高程与地面高程的差值填入表格。

（7）注记水准点位置及高程、重要构筑物等其他资料。

单元四　横断面测量

横断面测量就是测绘各中桩垂直于道路中线方向的地面起伏情况。首先要确定中桩点的横断面方向，然后沿此方向上测定地面变坡点或特征点间的水平距离和高差，并按一定的比例绘制横断面图，供路基断面设计、土石方计算和桥涵及挡土墙设计等使用。

一、横断面方向的测定

1. 直线段横断面方向的测定

直线段上任意一点的横断面方向与道路中线垂直，一般采用方向架测定。如图 10-6 所示，将方向架置于桩点上，以其中一方向对准路线前方（或后方）某一中桩，则另一方向即为横断面施测方向。

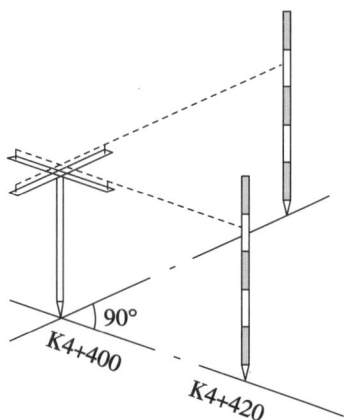

图 10-6　直线段上横断面
方向测定示意图

2. 圆曲线段横断面方向的测定

圆曲线段上任意一点的横断面方向与该点的切线方向垂直，即是过桩点指向圆心的半径方向。如图 10-7a）所示，圆曲线上 B 点至 A、C 点之桩距相等，欲求 B 点横断面方向，在 B 点置方向架，从一方向瞄准 A 点，则方向架的另一方向定出 D_1 点，同理用方向架对准 C 点，定出 D_2 点，使 $BD_1 = BD_2$，平分 D_1D_2 定 D 点，则 BD 即为 B 点横断面方向。

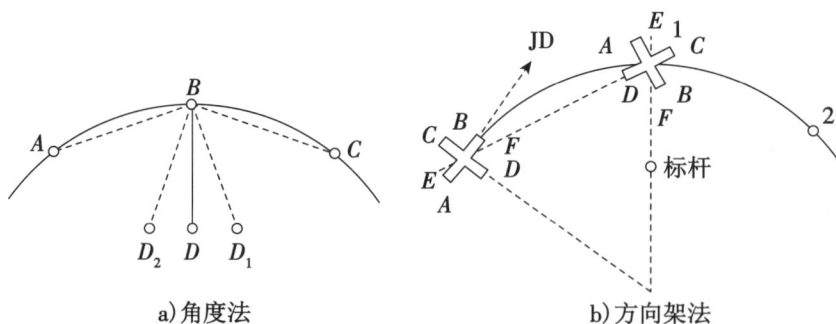

图 10-7　圆曲线段上横断面方向测定示意图

图 10-7b）中加桩 1 与前、后桩点的间距不相等，如要测定加桩 1 的横断面方向，可在方向架上安装一个能转动的定向杆 EF 来施测。施测时，首先将方向架安置在 ZY 或 YZ 点，用 AB 杆瞄准切线方向，则与其垂直的 CD 杆方向即是过 ZY（或 YZ）点的横断面方向；转动的定向杆 EF 瞄准加桩 1，并固紧其位置，然后搬方向架于加桩 1，以 CD 杆瞄准 ZY（或 YZ），则定向杆 EF 方向即是加桩 1 的横断面方向。若在该方向立一标杆，并以 CD 杆瞄准它时，则 AB

杆方向即为加桩 1 的切线方向,这时可用上述测定加桩 1 横断面方向的方法来继续测定加桩 2 的横断面方向。

3.缓和曲线段横断面方向的测定

缓和曲线上任意一点横断面的方向与该点的切线方向垂直,即过该点的法线方向。因此,只要获得该点至前视(或后视)点的偏角,即可确定该点的法线方向。

如图 10-8 所示,欲测定缓和曲线上中桩 D 的横断面方向,该点前视 N 点的偏角为 δ_n,后视 M 点的偏角 δ_m,偏角值均可从缓和曲线偏角表中查取,也可用下列公式计算:

$$\delta = \frac{L_n}{6RL_s} = (3L_D + L_n) \cdot \frac{180°}{\pi}$$

$$\delta = \frac{L_m}{6RL_s} = (3L_D + L_m) \cdot \frac{180°}{\pi}$$

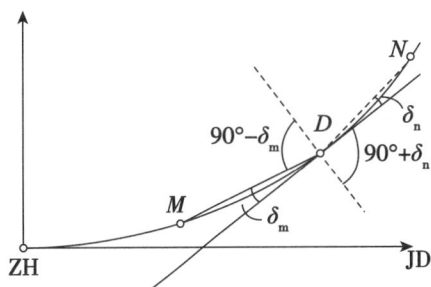

图 10-8　缓和曲线段上横断面
方向测定示意图

式中:L_D——ZH 点至桩点 D 的曲线长;

　　L_m——后视 M 点至桩点 D 的曲线长;

　　L_n——前视 N 点至桩点 D 的曲线长。

施测时可用全站仪置于 D 点,以 0°00′00″ 照准前视点 N(或后视点 M),再顺时针转动全站仪照准部使读数为 $90° + \delta_n$(或 $90° - \delta_m$),此时全站仪视线方向即为所求的 D 点横断面方向。

二、横断面的测量方法

1.标杆皮尺法

如图 10-9 所示,A、B、C…为横断面方向上所选定的变坡点。施测时,将标杆立于 A 点,皮尺接近中桩地面拉平量出中桩至 A 点的距离,皮尺截于标杆的高度即为两点间的高差。同法可测得 A 至 B、B 至 C 等测段的距离与高差,直至测完需要的宽度为止。此法简便,但精度较低,适用于测量山区等级较低的公路。

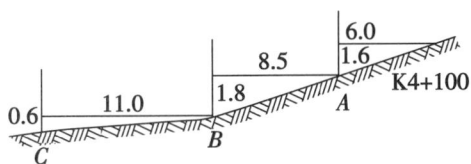

图 10-9　横断面测量示意图

记录表格如表 10-3,表中按路线前进方向分左侧与右侧,分数中分母表示测段水平距离,分子表示测段两端点的高差。高差为正号表示升坡,为负号表示降坡。

标杆皮尺法记录表格　　　　表 10-3

左　侧	桩　号	右　侧
…	…	…
…	…	…
$\frac{-0.6}{11.0}$ $\frac{-1.8}{8.5}$ $\frac{-1.6}{6.0}$	4 + 100	$\frac{+1.5}{4.6}$ $\frac{+0.9}{4.4}$ $\frac{+1.6}{7.0}$ $\frac{+0.5}{10.0}$
平 $\frac{-0.5}{7.8}$ $\frac{-1.2}{4.2}$ $\frac{-0.8}{6.0}$	3 + 980	$\frac{+0.7}{7.2}$ $\frac{+1.1}{4.8}$ $\frac{-0.4}{7.0}$ $\frac{+0.9}{6.5}$

2. 水准仪法

当横断面精度要求较高、横断面方向高差变化不大时，多采用此法。施测时用钢尺或皮尺量距，用水准仪后视中桩标尺，求得视线高程后，再前视横断面方向上坡度变化点所立的标尺。视线高程减去各前视点读数即得各测点高程。实测时，若仪器安置得当，一站可测几十个横断面。

3. 全站仪法

在待测横断面附近选择位置自由设站，分别在道路中桩位置、变坡点或特征点安置棱镜，输入仪器高、棱镜高，利用全站仪对边测量功能，可测定出中桩点到变坡点或特征点的水平距离和高差。

4. GNSS-RTK 测量法

在路线附近较高位置安置基准站，按照工程项目建立—设置基准站—设置移动站—坐标转换的流程进行设置（详见模块五有关内容），进入测量数据采集模式，沿各中桩横断面方向逐个测量地面变坡点或特征点的三维坐标。

横断面测量的宽度可根据经验估计的中桩处填挖高度，并结合边坡大小及有关工程的特殊要求来确定，一般自中线两侧各测 10～50m。横断面测量的精度要求见表10-4。

横断面检测限差（m） 表10-4

路　　线	距　　离	高　　程
高速公路、一级公路	$\pm(L/100+0.1)$	$\pm(h/200+L/200+0.1)$
二级及以下公路	$\pm(L/50+0.1)$	$\pm(h/50+L/100+0.1)$

注：L-测点至中桩的水平距（m）；h-测点至中桩的高差（m）。

三、横断面图绘制

根据横断面测量成果，对距离和高程取同一比例尺（通常取1∶100或1∶200），在厘米方格纸上绘制横断面图。道路横断面测量中，一般都是在野外边测边绘，这样便于及时对横断面图进行检核。但也可按表10-4形式在野外记录，室内绘制。绘图时，先在图纸上标定好中桩位置，由中桩开始，分左右两侧按横断面测量数据将各测点逐一点绘于图纸上，并用直线连接相邻各点即得横断面地面线。如图10-10所示。

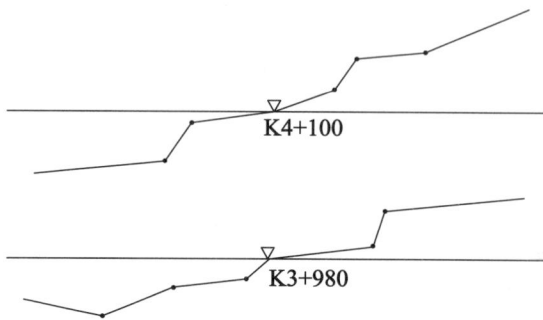

图 10-10　横断面图地面线

本模块小结

一、纵断面测量

（1）目的：测定中线里程桩的地面高程，并按一定的比例绘制道路纵断面图。

（2）程序和方法。

①基平测量——建立路线高程控制网，作为中平测量和施工放样的起算水准点。

②中平测量——测定中线逐桩地面高程。

所用公式：视线高程 = 后视点高程 + 后视读数；

中桩高程 = 视线高程 − 中视读数；

转点高程 = 视线高程 − 前视读数。

③绘制纵断面图。

二、横断面测量

（1）目的：测绘各中桩垂直于路中线方向的地面起伏情况。

（2）程序与方法：

①横断面方向测定：标定各桩与中线方向正交的方向线。

②横断面测量方法：标杆皮尺法；水准仪法；全站仪法、GNSS-RTK 法。

③横断面图地面线的绘制。

本模块关于道路中桩高程测量（中平测量）的实训指导和习题及参考题解详见本教材的配套教学用书《工程测量实训指导与习题集》模块十。

模块十一

道路施工放样

本模块学习目标

知识目标:

1. 熟悉距离、角度放样、高程放样和点位放样的相关知识;

2. 了解路基边桩、边坡放样的方法;

3. 掌握解析法放样路基边桩的过程;

4. 熟悉路面边桩、路拱放样的方法;

5. 熟悉边沟平面位置和高程的放样方法;

6. 熟悉桥墩台及基础高程放样过程;

7. 了解涵洞放样的基本方法。

技能目标:

1. 熟练使用水准仪、全站仪和 GNSS 进行高程放样操作;

2. 熟练使用全站仪、GNSS 进行点的坐标放样;

3. 能运用坐标法进行道路中桩、边桩放样;

4. 能进行路面边桩和路拱放样;

5. 能使用水准仪进行桥墩台及基础高程的放样,并能计算相关数据;

6. 能使用水准仪、GNSS 进行涵洞的施工放样。

本模块参考学时

1. 课堂学习　8 学时;

2. 课间实训　8 学时;

3. 在教学实训场地集中实训一周。

单元一　基本放样方法

在道桥工程施工中,在施工准备阶段需要进行测量放样,即根据工程设计图纸确定控制点和工程构造物的空间几何关系,测量放样成果精度应符合现行的施工技术规范、规程,以及测量规范的要求。

根据已知条件的不同,施工放样可以分为已知距离的放样、已知水平角的放样、已知高程的放样和已知点位的放样。

一、钢尺距离放样

距离放样是在量距起点和量距方向确定的条件下,自量距起点沿量距方向丈量已知距离定出直线另一端点的过程。距离放样也称作测设,即将设计距离沿已测设方向测设在地面上。

根据地形条件和精度要求的不同,距离放样可采用不同的丈量工具和方法。在地面较平坦、精度要求不高时,通常可用钢尺或皮尺量距放样;精度要求高时可用全站仪或测距仪放样。

1. 一般方法

如图 11-1 所示,在较平坦的地面上有已知点 A,已知方向 AB,沿 AB 方向测设平距 D 得出放样点 C,一般放样方法如下:

(1)在实地以钢尺长度 D 沿 AB 方向定 C 点。用钢尺的零点对准 A 点,用 100N 左右的力拉紧钢尺,以长度 D 定出 C 点位置。

(2)检验 C 点位置。用钢尺再丈量或返测 AC 的长度,检验放样点位的准确性,若往返测较差在误差范围之内,则取往返测的平均值;若丈量结果不符合精度要求,则应调整放样点 C 的位置。

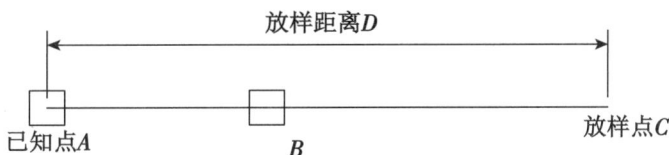

图 11-1　距离放样示意图

该方法放样精度可以达到 1/2000,假设放样距离为 200m,放样精度可以控制在 10cm 以内。

2. 钢尺精密距离测设方法

当地面坡道较大或测设精度要求较高时采用此方法。采用比较精确的方法时就需要考虑拉力、温度、尺长改正等因素,精确测设的步骤如下:

(1)利用一般方法,测设出已知水平距离 D,定出终点;

(2)利用水准仪测得起终点之间的高差;

(3)利用下式计算出实地应测设的距离:

$$L = D - (\Delta L_{\mathrm{D}} + \Delta L_{\mathrm{T}} + \Delta L_{\mathrm{H}}) \tag{11-1}$$

上式中:ΔL_{D}——尺长改正数;

　　　　ΔL_{T}——温度改正数;

　　　　ΔL_{H}——高差改正数。

(4)利用全站仪定向,使用检定过的钢尺,根据(3)计算出 L,实地标定出已知水平距离 D。

采用钢尺放样主要存在以下两种情况：当放样距离不超过一尺段时，由量距起点沿已知方向拉平尺子，按已知距离值在实地标定点位。如果放样距离较长时，则需自量距起点先沿已知方向定线然后依次丈量各尺段长度，并累加至总长度等于已知距离时方可标定点位。为避免出错，通常需丈量两次，并取两次丈量的中间位置为放样结果。

二、全站仪距离放样

在当前的土木工程放样中，当放样环境复杂、距离较长时，钢尺距离放样将不能满足精度要求，采用较多的是全站仪距离放样。

1. 测距原理

全站仪测距，它是以电磁波作为载波，传输光信号来测量距离的一种方法。它的基本原理是利用仪器发出的光波（光速 c 已知），通过测定出光波在测线两端点间往返传播的时间 t，来测量距离 s，$s = ct/2$。

2. 放样方法【资源37】

如图 11-2 所示，A 为已知点，欲在 AC 方向上定出一点 B，使 A、B 之间的水平距离等于 D。放样过程如下：

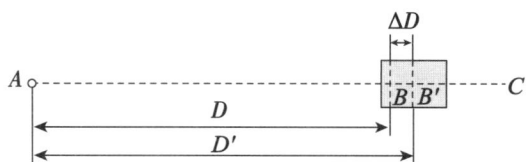

图 11-2 全站仪距离放样示意图

（1）在已知点 A 安置全站仪，照准 AC 方向。

（2）粗略定向和粗略放样。打开距离测量模式并按放样键，选择水平距离并输入放样距离，然后沿 AC 方向在 B 点的大致位置放置反光镜，用全站仪的望远镜照准反光镜开始测量（此时全站仪不需要精平），测出水平距离 D'，比较 D' 和 D 的大小，当 D' 小于 D 时，应将棱镜往 C 方向移动；反之，应往 A 方向移动。至测得的水平距离与已知水平距离 D 很接近或相等时钉设标桩（若精度要求不高，此时钉设的标桩位置即可作为 B 点）。

（3）精确定向和精确估值。由仪器指挥持棱镜人员在桩顶画出 AC 方向线，并在桩顶中心位置画垂直于 AC 方向的短线，交点为 B'。在 B' 置棱镜，测定 A、B' 间的水平距离 D'。

（4）计算差值 $\Delta D = D - D'$，根据 ΔD 用钢卷尺在桩顶修正点位。

注意：当全站仪显示屏上显示测量距离与放样距离之差接近零时，由仪器指挥命令反光镜架设在准确位置上，此时要照准反光镜中心与地面的交点位置，用钢尺丈量的方法让棱镜快速达到放样点位，满足放样精度要求时，标定出放样点的准确位置。

放样工作完成后，一般要求在最后位置放置棱镜，重新测距，进行精度检核。

三、角度放样

角度放样（这里指水平角放样）也称拨角，就是根据一个已知方向和角顶位置，通常是在已知点上架设仪器，按设计给定的水平角值，把该角的另一个方向在实地标定出来。

角度放样方法分为两种情况，即一般方法和精确方法。

1. 一般方法（正倒镜分中法）

正倒镜分中法也就是盘左盘右分中法，此方法是仅满足放样点位、直线、角度、距离、高程所需要的要素而无多余观测的一种简便而直接的放样方法。精度要求不高时,通常可采用正倒镜分中法进行角度放样,当精度要求高时,可在正倒镜分中法的基础上用多测回修正法进行角度放样。

如图 11-3 所示,O、A 为现场已知点,欲定出 OB 方向使 $\angle AOB = \beta$,具体放样步骤如下:

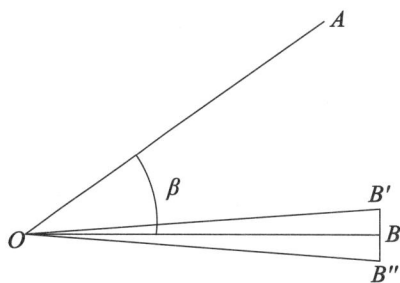

图 11-3 正倒镜分中法放样角度

(1)将全站仪安置在 O 点,对中整平。盘左,照准 A 点并读取水平度盘的读数或者置水平度盘读数为 $0°00'00''$。

(2)松开水平制动螺旋,顺时针方向转动照准部,使水平度盘读数 $b = a + \beta$,当逆时针方向拨角 β 时,水平度盘读数应为 $b = a - \beta$ 或者转动 β 角值,即在步骤(1)中若水平度盘读数置零时,在视线方向适当位置定出 B' 点。

(3)盘右,重复上述步骤定出 B'' 点。

(4)取 B' 和 B'' 的中点 B,则 $\angle AOB$ 即为测设角 β。

检核方法是再测 $\angle AOB$ 一测回。

正倒镜分中法放样已知水平角时,采用两个盘位拨角主要是为了消除仪器误差的影响,即为了校核,此法精度提高并不明显。在实际工作中,有时也常用盘左或盘右一个盘位进行角度放样,如偏角法测设曲线等。

2. 精确方法(多测回修正法)

精确方法也称作多测回修正法,指为了提高放样的精度,先用一般方法放样一个点作为过渡点(埋设临时桩);接着测量该过渡点与已知点之间的关系(边长、夹角、高差等);把推算的值与设计值比较得差数;最后从过渡点出发修正这一差数,把点位归化到更精确的位置上去并在精确的点位处埋设永久性标识。

如图 11-4 所示,O、A 为现场已知点,欲定出 OB 方向使 $\angle AOB = \beta$,具体放样步骤如下:

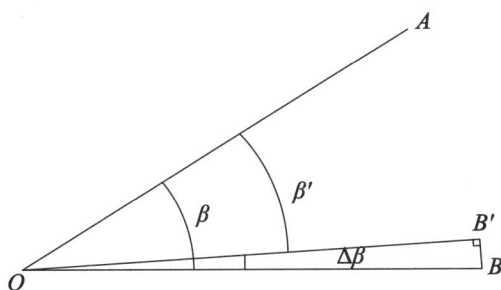

图 11-4 多测回修正法角度放样

(1)安置全站仪于 O 点,按上述一般方法测设出已知点 B'。

(2)以 B' 为过渡点,根据放样精度要求选用必要的测回数实测角度 $\angle AOB'$,取各测回平均角值为 β',并量出 OB' 的距离。与要放样角 β 相比较,则角度修正值:$\Delta\beta = \beta - \beta'$。

(3)按下式计算出 OB' 线段的垂距 BB'。

$$BB' = OB' \cdot \Delta\beta/\rho \tag{11-2}$$

式中,$\rho = 206265''$,$\Delta\beta$ 以秒为单位。长度 OB' 可用尺概略丈量。

(4)将 B' 沿垂直于 OB' 方向偏移 BB' 定出 B 点,则 $\angle AOB$ 即为放样之 β 角。

实际放样时应注意点位的改正方向,即当 $\Delta\beta$ 大于零时,应从 B' 点沿垂线方向往角外测量取 BB' 定出 B 点的位置,反之则向内侧改正。为检查测设是否正确,还需重新仔细测角 $\angle AOB$ 作为检核。

四、高程放样

高程放样就是在地面上根据已知水准点的高程，将地形图上设计的建筑物、构筑物的高程在实地标定出来，作为施工中掌握高程的依据。高程放样主要采用水准测量的方法，有时也采用钢尺直接量取垂直距离或三角高程测量的方法。

1. 一般高程放样【资源34】

高程放样采用水准测量方法时，首先需要在测区内布设一定密度的水准点（临时水准点）作为放样的起算点，然后根据设计高程在实地标定出放样点的高程位置。高程位置的标定措施可根据工程精度要求及现场条件确定，土石方工程一般用木桩标定放样高程的位置，可在木桩侧面划水平线或标定在桩顶上；混凝土及砌筑工程一般用红漆作记号标定在它们的面壁或模板上。一般情况下，放样高程位置均低于水准仪视线高且不超出水准尺的工作长度。

当作业区内没有已知高程点时，就要从已知高程点处引测一点至作业区域，并埋设固定标志。该点要便于保存和放样并且满足架设一次仪器就可以放样出所需要的高程。

如图11-5所示，A为已知点，其高程为H_A，欲标定出B点的高程H_B的位置。具体放样过程为：先在B点打一长木桩，将水准仪安置在A、B之间，在A点立水准尺，后视A尺并读数a，计算B处水准尺应有的前视读数b：

$$b = (H_A + a) - H_B \tag{11-3}$$

靠B点木桩侧面竖立水准尺，上下移动水准尺，当水准仪在尺上的读数恰好为b时，在木桩侧面紧靠尺底画一横线，此横线即为设计高程H_B的位置。也可在B点桩顶竖立水准尺并读取读数b'，再用钢卷尺自桩顶向下量$b - b'$，即得高程为H_B的位置。

为了提高放样精度，放样前应仔细检校水准仪和水准尺；放样时尽可能使前后视距相等；放样后可按水准测量的方法观测已知点与放样点之间的实际高差，并以此对放样点进行检核和必要的归化改正。

2. 顶部高程点的放样

当要放样的高程点在顶部时应该如何测设呢？例如在地下通道的施工中，高程点通常设置在坑道顶部，如图11-6所示，A点高程已知为H_A，B点为待放样点，其高程为H_B，根据公式：

$$b = H_B - (H_A + a) \tag{11-4}$$

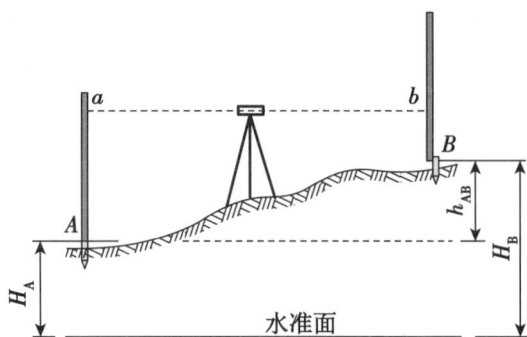

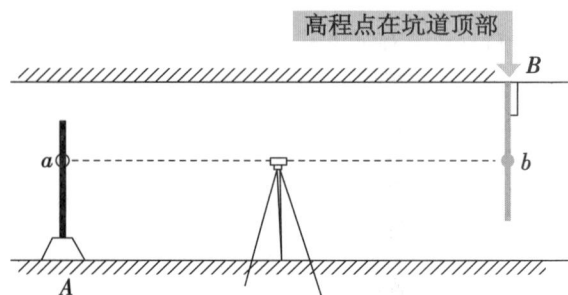

图11-5 高程放样　　　　图11-6 顶部的高程放样

将水准尺倒立并紧靠 B 点木桩上下移动,直到前视读数为 b 时,在尺底画出设计高程 H_B 的位置。

3. 深基坑的高程放样【资源36】

当基坑开挖较深时,基底设计高程与基坑边已知水准点的高程相差较大并超出水准尺的工作长度时,可采用水准仪配合悬挂钢尺的方法向下传递高程。如图11-7所示,A 为已知水准点,其高程为 H_A,欲定出 B 点高程 H_B 的位置(H_B 应根据放样时基坑实际开挖深度选择,通常取 H_B 比基底设计高程高出一个定值,如 1m),在基坑边用支架悬挂钢尺,钢尺零端朝下并悬挂 10kg 重物(确保钢尺竖直),放样时最好用两台水准仪同时观测,具体方法如下:

在 A 点立水准尺,基坑顶的水准仪后视 A 尺并读数 a_1,前视钢尺读数 b_1,基坑底的水准仪后视钢尺读数 a_2,然后计算 B 处水准尺应有的前视读数:

$$b_2 = H_A + a_1 - (b_1 - a_2) - H_B \tag{11-5}$$

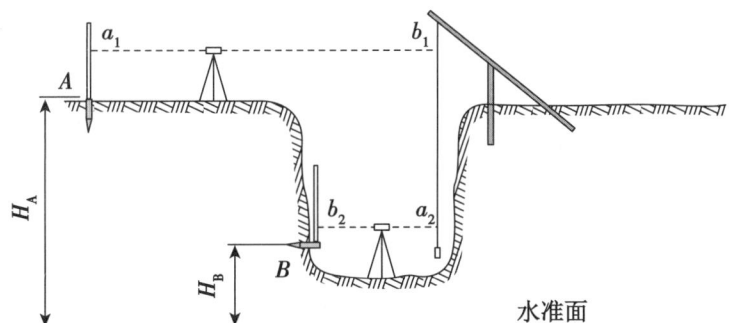

图 11-7　深基坑的高程放样

上下移动 B 处的水准尺,直到水准尺上的读数恰好为 b_2 时标定点位。为了控制基坑开挖深度,一般需要在基坑四周定出若干个高程均为 H_B 的点位。如果 H_B 比基底设计高程高出一个定值 ΔH,施工人员就可用长度为 ΔH 的木条方便地检查基底高程是否达到了设计值,在基础砌筑时还可用于控制基础顶面高程。从基坑底部往基坑顶部测设高程的公式是一样的,这里需要大家注意。

4. 已知坡度直线的放样

对已知坡度直线的测设即在地面上定出一条直线,其坡度值等于已给定的设计坡度,实际上是对已知高程的起点和终点间各桩已知高程的测设。在道路建筑、敷设水管道及排水管等工程应用上经常需要对已知坡度的直线进行测设。

如图11-8所示,假设 A 点为已知水准点,高程记作 H_A,现在从 A 点出发沿 AB 方向测设出坡度为 i 的直线,AB 之间的水平距离为 D。

假如放样坡度较大,我们需要在 AB 两点之间打入木桩,确保木桩顶部位于要放样的坡度线上,按照前面学习的高程放样的方法,我们可以计算出沿线各点 1、2 和 B 的设计高程 H_1、H_2 和 H_B,分别在 $B2$、21、1 和 H_A 之间架设水准仪,采用高程放样的方法定出点 B、2 和 1 处木桩的位置。

但是以上这种方法的测设效率较低,在工程上我们通常采用另外一种比较便捷的方法,如图11-9所示。

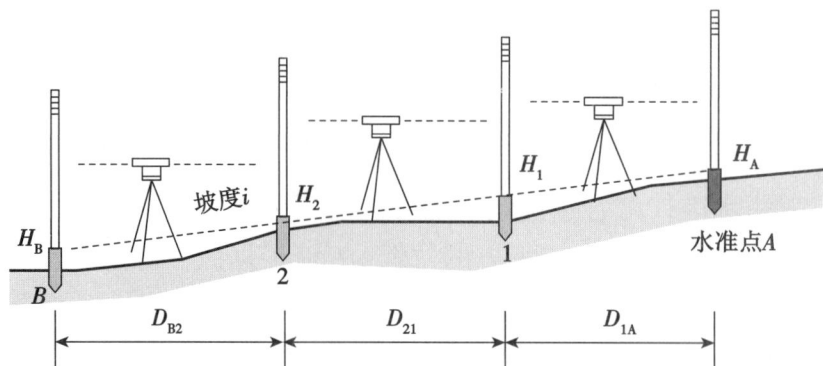

图 11-8 打入木桩放样坡度线

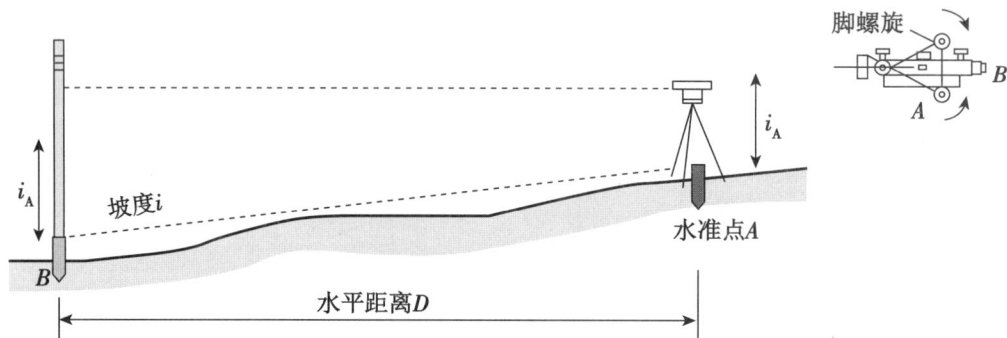

图 11-9 在已知点安置仪器放样坡度线

（1）首先我们将 H_A 和设计坡度 i 代入三角高程测量的公式：$H_B = H_A - i \times D$，计算出 B 点的设计高程。

（2）应用水平距离和高程测设的方法标定出 B 点的设计高程，并打下木桩，木桩顶部的高程就是 B 点的设计高程，木桩 A、B 顶部的连线即为要测设的坡度 i。

（3）在 A 点安置水准仪，移动三脚架使一个脚螺旋在 AB 方向线上，另两个脚螺旋的连线垂直于 AB 方向线，利用钢尺或卷尺量取水准仪仪器高 i_A，在已标定点的 B 点处立水准尺，用望远镜照准 B 点的水准尺，相向同步转动连线与 AB 方向线垂直的后两个脚螺旋，水准仪的照准部就在 AB 连线方向的垂直面内移动，继续旋转脚螺旋使水准仪的视线倾斜至水准尺读数为仪器高 i_A 为止，这样水准仪视线就与待测设的坡度线相平行，表明仪器视线坡度即为 i。

（4）如图 11-10 所示，在点 1、2 处打入木桩，然后在中间各点的桩顶立水准尺，然后在上下移动过程中当水准尺的读数恰好等于仪器高 i_A 时水准尺尺底处即为所需测设的高程，依次在中间各点打入木桩，木桩顶部紧靠尺底，这样各个桩顶的连线就是所需测设的设计坡度线。

注意：设计坡度 i 较大时，水准仪的俯仰超过了脚螺旋的最大调节范围，此时可以用全站仪进行测设，可通过中间尺的光斑位置调整尺子的高低，测设坡度线终点高程更方便。

在已知坡度线放样中，也可用木条代替水准尺。如图 11-9 所示，量取仪器高 i 后，选择一根长度适当的木条，由木条底部向上量仪器高 i 并在相应位置划红线；把划有红线的木条

立在 B 点(高程为 H_B),调节仪器使十字丝横丝照准红线;把划有红线的木条依次立在放样位置 1、2、3……上下移动木条,直到望远镜十字丝横丝与木条上的红线重合为止,这时木条底部即在设计坡度线上。用木条代替水准尺放样不仅轻便,而且可减少放样出错的机会。

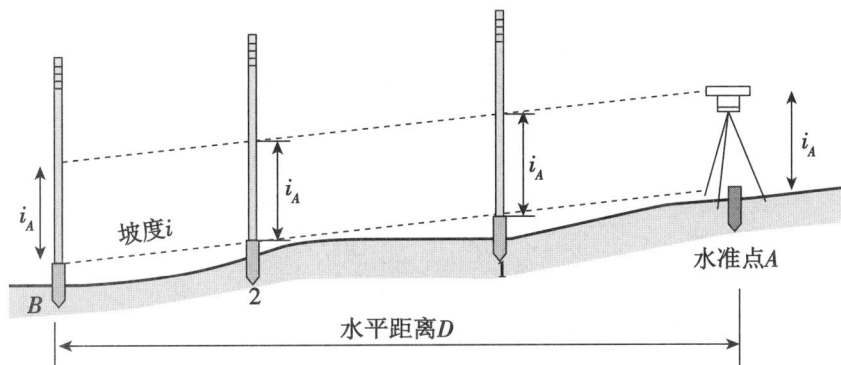

图 11-10　在已知点安置仪器放样坡度线

对一些高低起伏较大的工程放样,如大型体育馆的网架、桥梁构件、厂房及机场屋架等,用水准仪放样高程就比较困难,这时我们将如何放样呢? 这一部分我们将在平面点位的放样做详细讲解。

单元二　已知平面点位的放样方法

点的平面位置测设就是根据已布设好的控制点坐标和待测设点坐标,反算出测设数据(控制点和待测设点之间的水平距离和水平角),然后将设计的平面点位测设到实地上。

平面点位放样包括距离放样和角度放样。按照距离和角度的组合形式不同,平面点位放样的基本方法有极坐标法、直角坐标法、角度交会法、距离交会法和全站仪三维坐标放样法等。

一、极坐标法

极坐标法也就是从已知控制点出发,根据一个水平角和一段水平距离测设点的平面位置的方法。该方法适用于量距方便且待测设点距控制点较近的建筑施工场地。

极坐标是点位坐标的一种表示方法。极坐标法放样时,以两个控制点的连线作为极轴,以其中一点作为极点建立极坐标系,根据放样点与控制点的坐标,计算出放样点到极点的距离(极距)及该放样点与极点连线方向和极轴间的夹角(极角),它们即为放样数据。具体实施过程如下:

1.计算放样数据

根据放样点的坐标通过坐标反算计算出该点相对于某一已知方向的角度和到测站点的距离,放样位置附近至少要有两个控制点作为放样的起算点,如图 11-11 所示。已知控制点坐标分别为 $A(X_A,Y_A)$

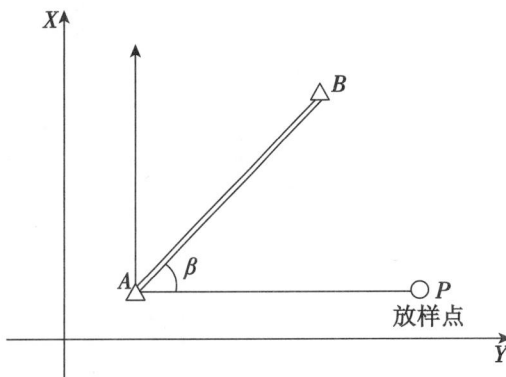

图 11-11　极坐标法

和 $B(X_B, Y_B)$，设放样点 P 的设计坐标为 (X_P, Y_P)，计算过程如下。

根据 A、B 点的坐标计算 A、B 两点间的坐标差（$\Delta X = X_B - X_A$，$\Delta Y = Y_B - Y_A$），再按下列公式计算确定 AB 的坐标方位角 α_{AB}：

$$\alpha_{AB} = \arctan \frac{\Delta Y}{\Delta X} \tag{11-6}$$

根据 ΔX 和 ΔY 取值正负号的不同可以分为以下情况：

当 $\Delta X = 0$ 且 $\Delta Y > 0$ 时， $\qquad \alpha_{AB} = 90°$

当 $\Delta X = 0$ 且 $\Delta Y < 0$ 时， $\qquad \alpha_{AB} = 270°$

当 $\Delta X > 0$ 且 $\Delta Y > 0$ 时， $\qquad \alpha_{AB} = \arctan \dfrac{\Delta Y}{\Delta X}$

当 $\Delta X > 0$ 且 $\Delta Y < 0$ 时， $\qquad \alpha_{AB} = \arctan \dfrac{\Delta Y}{\Delta X} + 360°$

当 $\Delta X < 0$ 时， $\qquad \alpha_{AB} = \arctan \dfrac{\Delta Y}{\Delta X} + 180°$

同法，可计算直线 AP 的坐标方位角 α_{AP}。

由 AB 方向顺时针旋转至 AP 方向的水平夹角为：

$$\beta = \alpha_{AP} - \alpha_{AB} \tag{11-7}$$

若 $\beta < 0°$ 时，则加 $360°$。

A、P 两点间的水平距离为：

$$D = \sqrt{(X_P - X_A)^2 + (Y_P - Y_A)^2} \tag{11-8}$$

2. 放样方法

（1）在 A 点安置全站仪，照准后视点 B，水平度盘置零；

（2）以 AB 为已知方向，按盘左、盘右分中法顺时针方向拨角 β 定出 AP 方向，然后从 A 点出发沿 AP 方向量取水平距离 D，即得 P 点的位置。

极坐标法放样的主要误差有放样角度的误差、放样距离的误差、仪器对中误差、点位标定时的误差和起始点位的误差。检核时测量一下 AP 长度，并与坐标反算得出的设计值做比较，看是否满足精度要求。

长期以来，极坐标法放样主要采用钢尺作业。由于钢尺量距受地形条件影响较大，尤其在距离较长时，量距工作量大，效率低，而且很难保证量距精度，因而用钢尺进行极坐标法放样只能适应于放样点较近且便于量距的地方。

目前，全站仪已普及，极坐标法放样时通常采用全站仪进行。用全站仪进行极坐标法放样具有适应性强、速度快、精度高等优点，因而这种方法在高等级公路的路线测量和施工放样中得到了广泛应用。

二、直角坐标法

直角坐标法就是根据直角坐标的原理，利用纵横坐标之差测设点的平面位置的方法。这种方法比较准确、简便。待放样点与控制点之间的坐标差就是放样元素。

本方法适用于施工控制网为建筑方格网或施工场地已布设有互相垂直的主轴线且量距

较为方便的场地。

如图 11-12 所示,假设 A、B、C、D 为建筑场地的建筑方格网点,1、2、3、4 为要放样的某厂房的四个角点。设 A 点和 1 点坐标分别为 $A(X_A, Y_A)$ 和 $1(X_1, Y_1)$。以放样设计点 1 为例,要将 1 点放样在地面上,首先应根据 A 的坐标和 1 点的设计坐标分别计算出纵、横坐标之差:

$$\Delta X = X_A - X_1 \qquad (11-9)$$

$$\Delta Y = Y_A - Y_1 \qquad (11-10)$$

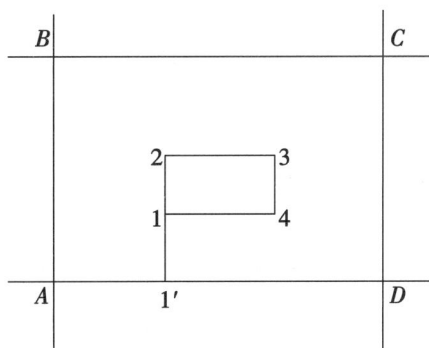

图 11-12　直角坐标法

具体放样步骤如下:

(1)在 A 点安置全站仪并后视照准点 D,在 AD 方向上测设 ΔY 即 $A1'$,定出 $1'$。

(2)在 $1'$ 安置全站仪,照准 D 点后向左测设 90°角得出 $1'2$ 方向线,并在该方向上测设长度 ΔX 即 $11'$,得出待测设点 1 在地面上的位置。

(3)同以上步骤依次测设出点 2、3 和 4 点在地面上的位置。

为保证放样的精度,在丈量距离时应往返丈量,角度测设时要采用盘左、盘右取平均值的方法。最后,在测设点上架设全站仪进行检核,要检查建筑物四角是否等于 90°,各边是否等于设计长度,误差都应该在限差以内。

三、角度交会法

角度交会法顾名思义就是用水平角确定方向线,在两个或多个控制点上安置全站仪,通过测设两个或多个水平角的角度,用两条或多条直线的交会点来确定待测点。当放样点能同时通视 2~3 个已知控制点,但该点距离控制点较远或不便于到达的场地量距时(如桥墩中心点放样),采用角度交会法较为适宜。如图 11-13 所示,控制点 A、B 及放样点 P 的坐标值均为已知。具体放样步骤如下:

1. 计算放样数据 β_A、β_B

根据 A、B、P 点的坐标,按式(11-6)分别计算 AB、AP、BP 的方位角,并按下式计算交会角:

$$\beta_A = \alpha_{AB} - \alpha_{AP} \qquad (11-11)$$

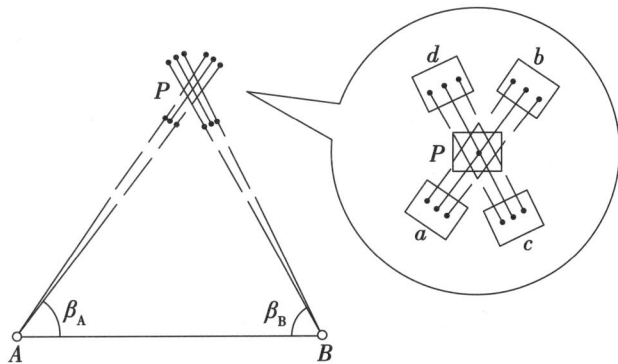

图 11-13　角度交会法放点

$$\beta_\text{B} = \alpha_\text{BP} - \alpha_\text{BA} \qquad\qquad (11\text{-}12)$$

2. 放样方法

放样时最好采用两台全站仪分别在 A、B 点设站，A 点安置的全站仪后视 B 点，逆时针方向拨角 β_A；B 点安置的全站仪后视 A 点，顺时针方向拨角 β_B，两台全站仪视线的交点即为放样点 P。

用角度交会法定点，一般采用打骑马桩的方法。如图 11-14 所示，交会时最好用两台全站仪，分别安置在 A、B 点，先粗略交会出 P 的大致位置；然后 A 点的全站仪逆时针方向拨角 β_A，在 P 点的两侧分别打 A、B 两个木桩，根据盘左、盘右两次拨角定出的方向在 A、B 两个木桩上各定两点，取平均位置 1、2 作为 AP 方向；同法 B 点的全站仪顺时针方向拨角 β_B，在 P 点的两侧分别打 C、D 两个木桩，根据盘左、盘右两次拨角定出的方向在 C、D 两个木桩上各定两点，取平均位置 3、4 作为 BP 方向；最后在 1、2 和 3、4 之间拉细线，两线的交点即为 P 的正确位置。

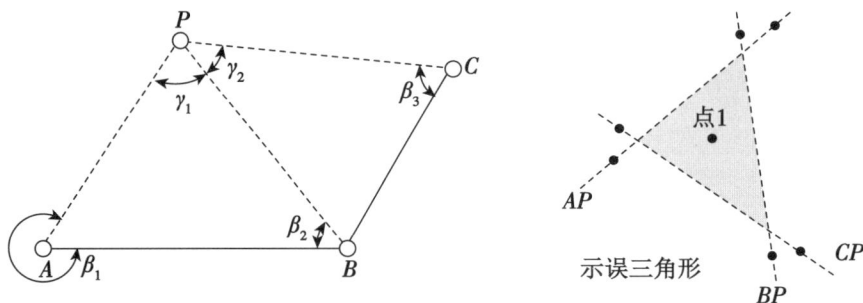

图 11-14　角度交会法放样

P 点的定位精度主要取决于 β_A、β_B 的拨角精度，除此之外，还与交会角（$\angle APB$）的大小有关。当交会角在 90°左右时，交会精度最高，一般不宜小于 60°或大于 150°。

如图 11-14 所示，当要放样点 1 是三条方向线的交会点时，需要分别沿 $A1$、$B1$、$C1$ 方向线在 1 点附近先钉两个小木桩并用细绳拉紧。理想情况下这三条放样线会交于一点。由于测量误差，若三条线没有交于一点，就会出现如图所示的示误三角形。若示误三角形边长在限差内，则取示误三角形的重心为放样点 P 的位置；若超限则应重新交会。

四、距离交会法

距离交会法是利用放样点到两已知点的距离交会定点。放样时分别以两已知点为圆心、以相应的距离为半径用尺子在实地画弧，两弧线的交点即为放样点位置。此法要求建筑场地平坦、量距方便、放样点距已知点的距离不超过一整尺长。

在公路勘测阶段，需对路线交点进行固定，并在交点附近的建筑物或树木等物体上做标记，量出标记至交点的距离并记录。施工时，可借助建筑物或树木上所作的标记用距离交会法寻找交点的位置。如图 11-15 所示，N_1、N_2 是勘测阶段在房屋上作的标记，JD 是路线交点，测设时用两把钢尺，各尺的零刻画线分别对准 N_1、N_2，拉平钢尺，利用已知距离 D_1、D_2 交会可快速找到 JD 桩位。

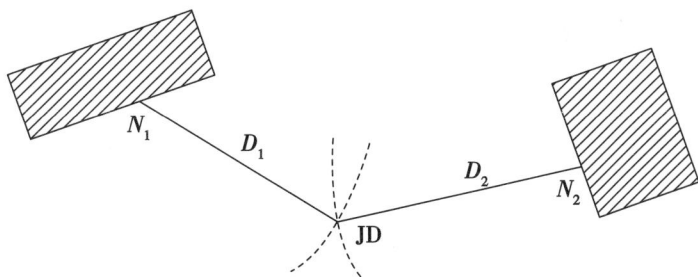

图 11-15 距离交会法放样

五、全站仪三维坐标放样法

随着全站仪的普及,使用全站仪进行坐标放样具有受天气和地形条件影响小、适应性强、速度快、精度高等优点,可直接测设点位。因而这种方法在高等级公路的路线测量和施工放样中得到了广泛应用。

1. 放样原理

如图 11-16 所示,放样位置附近至少要有两个控制点作为放样的起算点,控制点 $A(X_A, Y_A)$ 和 $O(X_O, Y_O)$,设放样点 P 的设计坐标为 (X_P, Y_P)。全站仪放样的原理就是使用全站仪进行水平角度和距离放样。将 A、O、P 三点坐标输入全站仪,通过坐标反算得出水平夹角 $\angle AOP$ 和水平距离 D 便可定出 P 点。

2. 放样方法

(1)将一个已知点作为测站点并安置全站仪,输

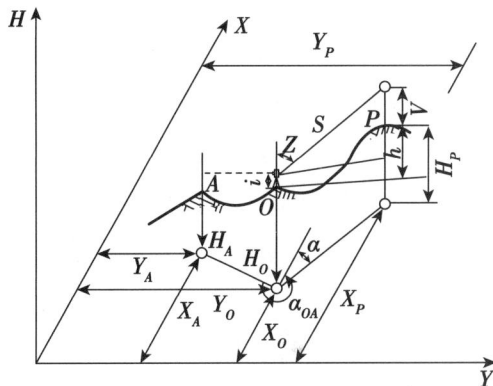

图 11-16 全站仪三维坐标放样法

入测站点的坐标、仪器高、目高程。输入测站点坐标的方法有两种:一种是利用内存中的数据;另一种是直接键入坐标。

(2)在距离测量模式下进入坐标放样模式。

(3)输入后视点坐标,并确认照准后视点,输入方法同测站点。

(4)按放样键,输入放样点坐标,显示待放样点的极坐标。依次进行角度和距离放样,直至角度变为 0°00′00″ 和距离变为 0 时,该点即为要放样的点。

实际放样时,当仪器后视定向后,只要选定放样点的点号,仪器便会自动计算出该点的二维或三维极坐标的放样数据(方位角、斜距)或(方位角、斜距、天顶距)。全站仪照准任意位置的棱镜测量后,仪器会显示出该棱镜位置与放样点位置的差值,然后再根据这些差值指挥移动棱镜。

注意:仪器要设置为"跟踪测量"状态,直到所有差值为零,就可以标定出放样点的空间位置。放样点标定以后,再测量一下放样点坐标和设计坐标,两者比较一下,看是否满足精度要求。

单元三　路基路面施工放样

一、路基边桩放样

路基边桩放样就是在地面上将每一个横断面的路基边坡线与地面的交点,用木桩标定出来。边桩的位置由横断面方向、两侧边桩至中桩的距离来确定。常用的边桩放样方法如下:

1.图解法

路基横断面图为供路基施工的主要依据,可根据已戴好"帽子"的横断面图放样边桩。也就是直接在横断面图上量取中桩至边桩的距离,然后在实地用皮尺沿横断面方向将边桩丈量并标定出来。每个横断面都放出边桩后,再分别将路中线两侧的路基坡脚桩或路堑坡顶桩用灰线连接起来,即为路基填挖边界。在填挖方量不大时,使用此法较多。此法一般适用于较低等级的公路路基边桩放样。

2.解析法

解析法就是根据路基填挖高度、边坡率、路基宽度和横断面地形情况,先计算出路基中心桩至边桩的距离;然后,在实地沿横断面方向按距离将边桩放出来。一般情况下,当施工现场没有横断面设计图,只有施工填挖高度时,可用解析法放样路基边桩。

解析法放样路基边桩的精度比图解法高,主要用于一般公路平坦地形或地面横坡均匀一致地段的路基边桩放样。具体方法按下述两种情况进行:

1)平坦地段的边桩放样

图 11-17 所示为填方路基(即路堤),坡脚桩至中桩的距离 D 应为:

$$D = \frac{B}{2} + mH \tag{11-13}$$

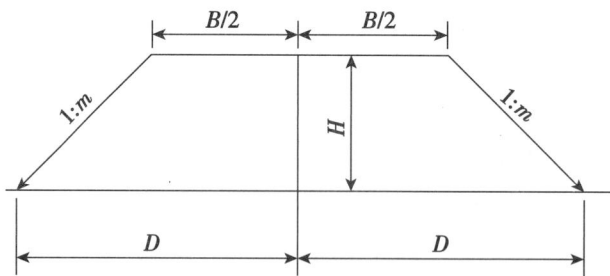

图 11-17　平坦路段填方路基示意图

图 11-18 所示为挖方路堤(即路堑),坡顶桩至中桩的距离 D 应为:

$$D = \frac{B}{2} + S + mH \tag{11-14}$$

式中:B 为路基宽度;m 为边坡坡度;H 为填挖高;S 为路堑边沟顶宽。

以上是路基横断面位于直线段时求算 D 值的方法。若横断面位于弯道上有加宽时,按上述方法求出 D 值后,还应在加宽一侧的 D 值中加上加宽值。

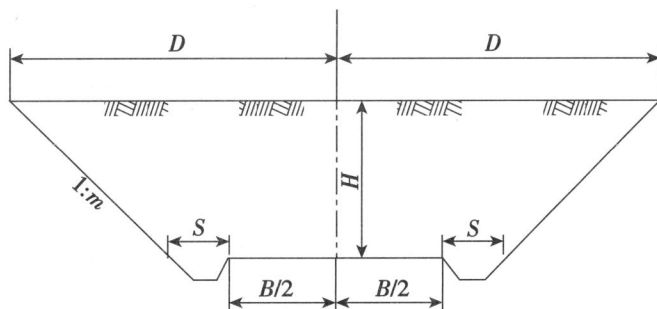

图 11-18　平坦路段挖方路基示意图

2）倾斜地段的边桩放样

在倾斜地段，计算时要考虑横坡的影响。如图 11-19 所示，路堤坡脚桩至中桩的距离 $D_\text{上}$、$D_\text{下}$ 为：

$$D_\text{上} = \frac{B}{2} + m(H - h_\text{上}) \tag{11-15}$$

$$D_\text{下} = \frac{B}{2} + m(H + h_\text{下}) \tag{11-16}$$

如图 11-20 所示，路堑坡顶桩至中桩的距离 $D_\text{上}$、$D_\text{下}$ 为：

$$D_\text{上} = \frac{B}{2} + S + m(H + h_\text{上}) \tag{11-17}$$

$$D_\text{下} = \frac{B}{2} + S + m(H - h_\text{下}) \tag{11-18}$$

式中，$h_\text{上}$、$h_\text{下}$ 分别为上、下两侧路基坡脚（或坡顶）至中桩的高差。其中 B、S 和 m 均为已知。$D_\text{上}$、$D_\text{下}$ 随 $h_\text{上}$、$h_\text{下}$ 变化而变化。由于边桩未定，所以 $h_\text{上}$、$h_\text{下}$ 均为未知数，因此还不能计算出路基边桩至中桩的距离。由于地面横坡均匀一致，放样时先测出地面横坡度为 $1:n$，n 表示原地面横坡率。

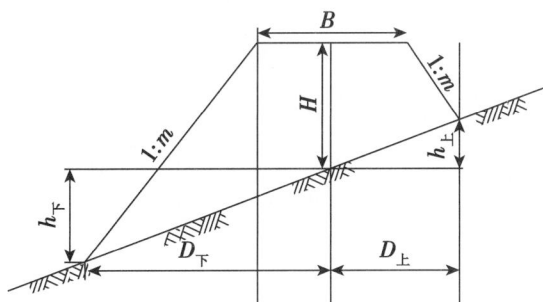

图 11-19　斜坡路段填方路基示意图

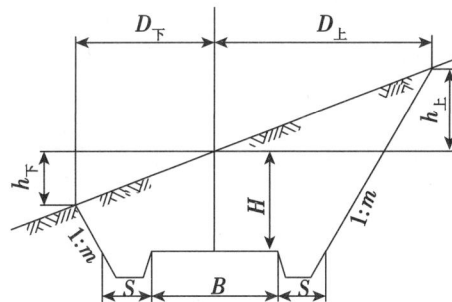

图 11-20　斜坡路段挖方路基示意图

又因为 $D_\text{上} = h_\text{上}n$，$D_\text{下} = h_\text{下}n$ 代入以上式子，简化整理得：

路堤坡脚桩至中桩的距离 $D_\text{上}$、$D_\text{下}$ 为：

$$D_\text{上} = \left(\frac{B}{2} + mH\right)\frac{n}{n + m} \tag{11-19}$$

$$D_\text{下} = \left(\frac{B}{2} + mH\right)\frac{n}{n - m} \tag{11-20}$$

路堑坡顶桩至中桩的距离 $D_\text{上}$、$D_\text{下}$ 为：

$$D_{\pm} = \left(\frac{B}{2} + S + mH\right)\frac{n}{n+m} \qquad (11\text{-}21)$$

$$D_{\mp} = \left(\frac{B}{2} + S + mH\right)\frac{n}{n-m} \qquad (11\text{-}22)$$

3. 渐进法

渐进法的原理是，在分段丈量水平距离的同时，用水准仪或全站仪测出该段地面两点的高差，最后累计得出边桩点与中桩点的高差，即可用式（11-19）～式（11-22）验证其水平距离是否正确，如有不符，则逐渐移动边桩直至正确位置为止。该法精度高，可用于各等级公路。

实际工作中，采用试探法放边桩，在现场边测边标定，一般试探 1～2 次即可。如果结合图解法，则更为简便。当然，对于倾斜地面上的边桩也可采用极坐标法放样。先计算出两侧边桩的坐标，然后再用坐标法确定边桩的位置。

二、路基边坡的放样

在放样出边桩后，为了保证填、挖的边坡达到设计要求，还应把设计边坡在实地标定出来，以方便施工，路基边坡放样主要有以下两种方法：

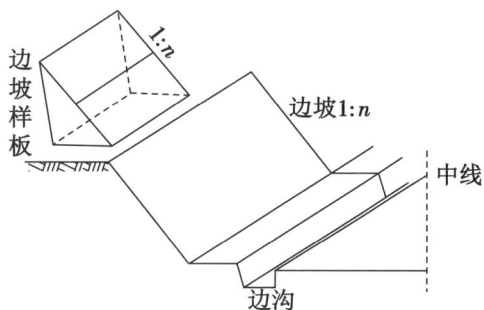

（1）用竹竿、绳索放样边坡；

（2）用边坡样板放样边坡。

如图 11-21 所示，施工前按照设计边坡坡度做好边坡样板，施工时，按照边坡样板进行放样。

图 11-21　固定坡样板测设边坡

三、附属构造物施工放样

路基工程除了土石方带状主体工程外，还包括小桥涵工程、路基排水工程、支挡与防护工程以及公路沿线附属工程（如取土坑、弃土堆、堆料坪、护坡道）等。因此，路基工程的施工，除了包括土石方主体工程的施工外，还包括上述工程构造物的施工。其施工质量的好坏，直接影响路基的使用性能和使用寿命。而任何工程项目在施工前，首先要按设计图纸进行施工放样，即先将图纸上的东西准确地放样到实地，然后再进行施工。所以公路沿线构造物的施工放样也是一项非常重要的工作。在此重点介绍路基排水设施和挡土墙的施工放样。

1. 路基排水设施施工放样

路基及沿线构造物经常受到水的侵袭，严重时危害路基，甚至彻底冲毁路基。因此对于路基排水设施的施工应予以充分的重视。

路基排水设施有地表排水设施和地下排水设施。地表排水设施常见的有边沟、截水沟、排水沟等几种；地下排水设施常见的有暗沟、渗沟、渗井等。各种排水设施虽然修建方法不同，但其放样的内容和方法基本相同。在此，只介绍边沟的施工放样。

1）边沟平面位置的放样

在设计文件中，没有明确的边沟平面设计图，只是给定了边沟的横断面设计图及起讫点的桩号及边沟的位置。因此,边沟平面位置的放样,主要是根据施工现场,以及考虑边沟的位置与路线线形、地形地貌、天然河沟、桥涵位置等因素的协调性,结合路基横断面,合理地放样边沟的平面位置。放样时,先放出边沟起点断面的平面位置,再放出边沟终点断面的平面位置,然后将对应点连成线即可,如图 11-22、图 11-23 所示。

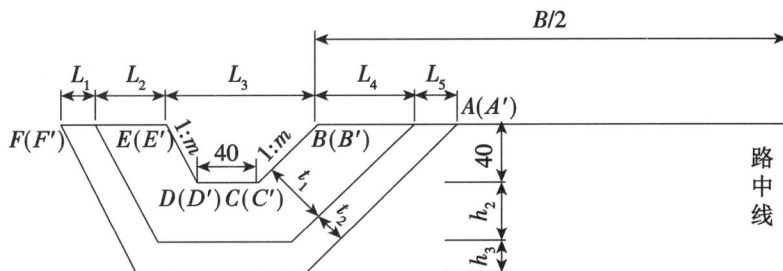

图 11-22　梯形边沟断面图

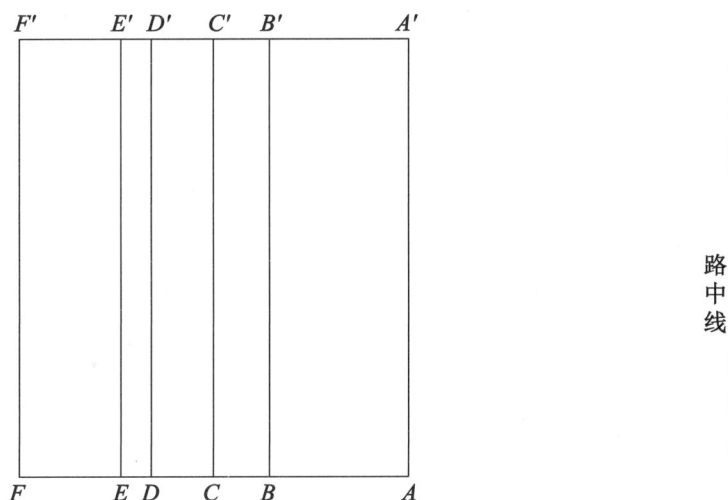

图 11-23　梯形边沟平面图

2)高程放样

边沟的高程放样是根据边沟的断面形式、尺寸及边沟的位置,以及考虑路基横断面计算边沟各控制点的高程,按高程放样的方法进行。相关内容在其他章节已经介绍,在此不再赘述。

2. 挡土墙施工放样

为防止路基填土或山坡土体坍塌而修筑的承受土体侧压力的墙式构造物,称为挡土墙。

按设置位置的不同,挡土墙可分为路堤墙、路堑墙、路肩墙和山坡挡土墙等类型。挡土墙的放样主要是挡土墙的平面位置的放样和高程放样两项内容。挡土墙的类型很多,但其放样方法基本相同。在此以路肩墙为例加以介绍,如图 11-24、图 11-25 所示。

1)挡土墙平面位置的放样

挡土墙平面位置的放样根据挡土墙平面设计图、横断面设计图,以及相关技术规范、标准,结合路基横断面图进行。放样时,先放出挡墙起始断面,再放出挡墙终止断面,最后挂线施工。

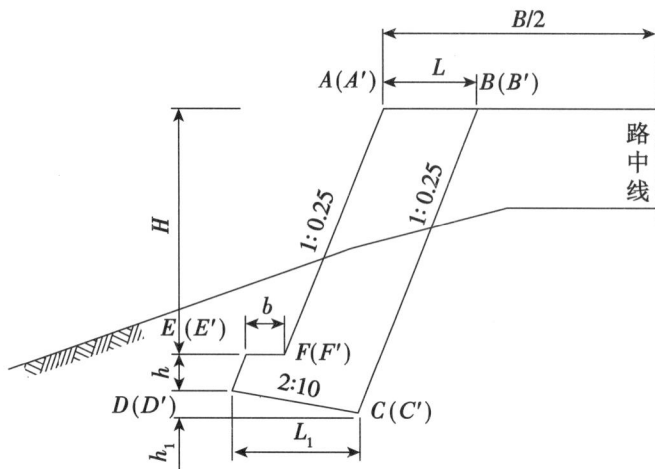

图 11-24　路肩墙横断面构造图

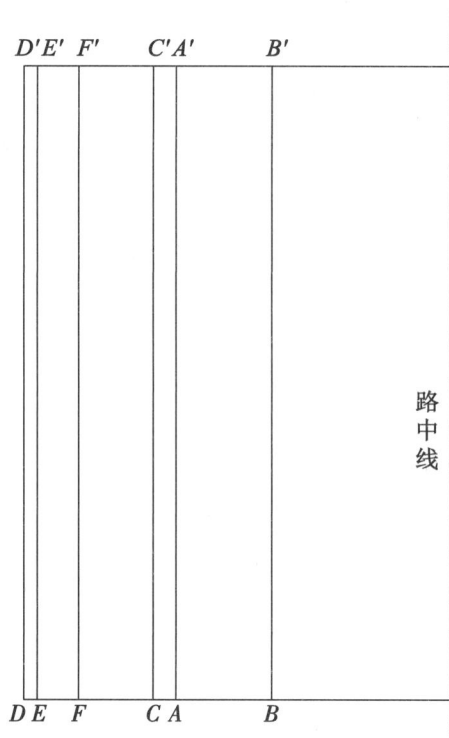

图 11-25　路肩墙平面位置图

2）挡土墙高程放样

挡土墙平面位置放样完成后，即可开挖挡土墙基坑。根据挡土墙基础底面的设计高程（查设计文件）检查基底高程，符合规范要求之后，再浇筑（或砌筑）基础、墙身。施工过程中要控制好墙面、墙背的坡度及各部分的尺寸。基础顶面、墙顶的设计高程可查设计文件。因此，挡土墙高程的放样实际上就是挡土墙施工过程中的高程控制。

四、路面边桩放样

路面施工放样是公路施工的最后一个环节，也是最关键的一个环节。路面施工放样的精度要求更高一些。为了保证精度测量精度满足一、二级和五等水准测量的要求，通常在路面施工前，将线路两侧的导线点和水准点引测到路基上。一般设置在不易破坏的桥梁、通道的桥台上或涵洞的压顶石上。引测的导线点和水准点要附合或闭合到高一等级的导线点和水准点上。

路面各结构层的放样方法仍然是先恢复中线，然后由中桩控制边桩，再放样高程，控制各结构层的高程。除面层外，各结构层横坡按直线形式放样。要注意有超高和加宽时，还要考虑路面超高加宽的设置。路面放样主要是路面边桩和路拱的放样。

1.路面边桩的放样

路面边桩放样时先放出道路中线，再根据道路中线的位置和横断面的方向用钢尺丈量放出边桩。在高等级公路路面施工中，有时候不放中桩而直接根据边桩的坐标放样边桩。

1）边桩坐标的计算

如图 11-26 所示，路线中线上任意一点 P 桩号为 L_p，坐标为 (X_P, Y_P)，切线坐标方位角为 $\alpha_{切}$。过 P 点的法线坐标方位角 $\alpha_{法}$，按下式计算求得：

$$\alpha_{法} = \alpha_{切} + 90° \qquad (11\text{-}23)$$

为计算方便，规定 $\alpha_{法}$ 的方向总是指向道路中线的右侧，注意左右两侧是相对于路线前进方向而言。假定在路线横断面方向上取任一点记作 M，M 距离中线的距离（即横支距）为 L。按照规定：中线左侧横支距为负，中线右侧横支距为正。则在横断面方向上 M 点的坐标用下式计算。

图 11-26　法线方位角计算图

$$X_M = X_P + L\cos\alpha_{法} \qquad (11\text{-}24)$$
$$Y_M = Y_P + L\sin\alpha_{法} \qquad (11\text{-}25)$$

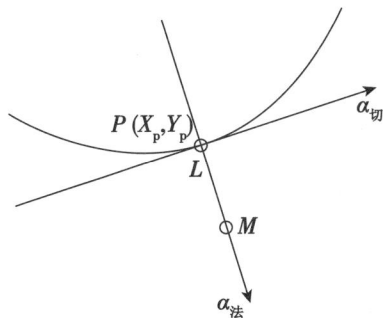

2）边桩放样

路面边桩放样与路基边桩放样相同，但对于高等级公路，可根据前面计算出的路基边桩坐标，采用坐标放样的方法放出边桩。

2. 路拱放样

为有利于路面排水，在保证行车平稳的要求下，路面应做成中间高并向两侧倾斜的拱形，称为路拱。对于水泥混凝土路面或有中央分隔带的沥青类路面，其路拱按直线形式放样；对于没有中央分隔带的沥青类路面，其路拱有多种形式，放样是从道路中线开始，按图 11-27 所示的坐标形式进行放样，一般把路幅宽度分为 10 等份。

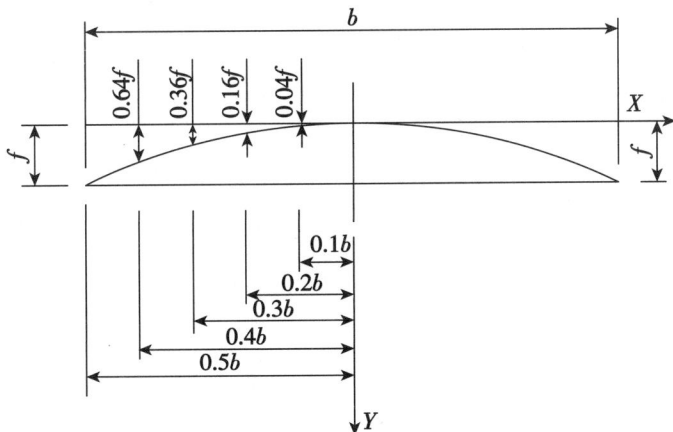

图 11-27　路拱放样示意图

抛物线形状路拱有以下情形：

（1）整个路拱为二次抛物线形。

（2）改进的二次抛物线路拱。

（3）半立方次（一次半）抛物线路拱。

（4）改进的三次抛物线路拱。

（5）两斜面中间用曲线连接，如图 11-28 所示。

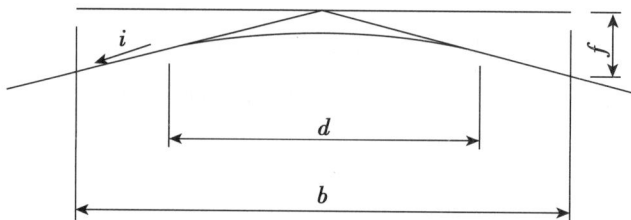

图 11-28　曲线与直线衔接路拱放样示意图

对于没有中央分隔带的沥青路面，其路面路拱的放样一般采用路拱样板进行，在施工过程中逐段检查。

单元四　桥涵施工放样

一、桥墩台及基础高程放样

桥梁放样，应遵循"先整体，后局部"的测量基本原则。就整座桥梁而言，应先放样桥轴线，再依桥轴线的位置放样墩、台位置。就每一个墩台而言，应先放样墩台本身的轴线，再根据墩台轴线放样各个细部。其他各个细部也是如此。

1. 墩台的高程放样【资源35】

对于砌石（或混凝土）桥墩、桥台，当施工到一定高度后，应及时放样墩、台顶面高程，以确定墩、台顶面距设计高程的差值。由于此时墩、台顶距地面已有相当高度，放样高程位置往往高于水准仪的视线高，用常规的水准测量方法已无法施测，这时可采用钢尺直接量取垂距或"倒尺"的方法，基本放样原理如下。

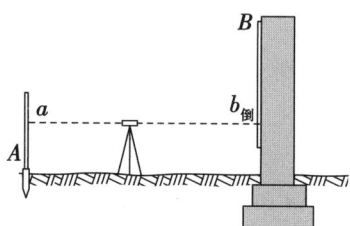

图 11-29　高墩台的高程放样

如图 11-29 所示，A 为已知点，其高程为 H_A，欲在 B 点墩身或墩身模板上定出高程为 H_B 的位置。欲定放样点的高程 H_B 高于仪器视线高程，先在基础顶面或墩身（模板）适当位置选择一点，用水准测量的方法测定其高程值，然后以该点作为起算点，用悬挂钢尺直接量取垂距来标定放样点的高程位置。

当 B 处放样点高程 H_B 的位置高于水准仪视线高，但不超出水准尺工作长度时，可用倒尺法放样。在已知高程点 A 与墩身之间安置水准仪，在 A 点立水准尺，后视 A 尺并读数 a，在 B 处靠墩身倒立水准尺，放样点高程 H_B 对应的水准尺读数 $b_倒$ 为：

$$b_倒 = H_B - (H_A + a) \tag{11-26}$$

靠 B 点墩身竖立水准尺，上下移动水准尺，当水准仪在尺上的读数恰好为 $b_倒$ 时，沿水准尺尺底（零端）画一横线即为高程为 H_B 的位置。

1）较高的墩、台高程放样

如图 11-30 施测时，先在 1 点立水准仪，后视水准尺并读数，然后前视墩、台身，并在钢尺上读数,假设 A 点高程为 H_A,墩、台顶面待放样高程为 $H_待$,则可算出钢尺上垂距 b,即 $b = H_待 - H_A - a$,就可用钢尺直接在墩、台上量出待放样高程。

2)待放样高程位置不超过水准尺工作长度的墩、台高程放样

如图 11-31 所示,施测时,先在 1 点安置水准仪,后视水准尺并读数,按前面公式 $b = H_待 - H_A - a$ 计算出 B 处水准尺应有的前视读数 b 值,然后将水准尺倒立,上下移动水准尺,当水准仪的前视读数恰好为 b 时,水准尺零端处即为 B 处放样点高程位置。

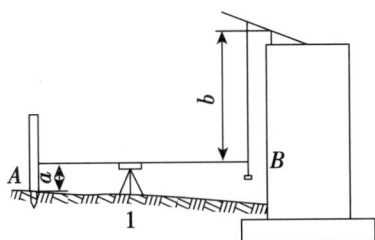

图 11-30　较高墩台的高程放样

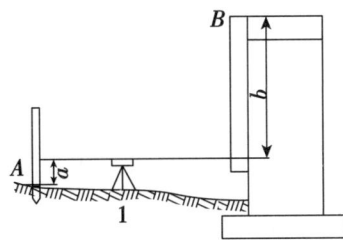

图 11-31　待放样高程位置不超过水准尺
工作长度的墩、台高程放样

3)桥墩或桥台的侧面为斜面时高程的放样

如图 11-32 所示,设 A 为已知水准点,墩、台顶面的设计高程在设计文件中已知,施测前,先在墩、台上立一支架并悬挂钢尺,钢尺下悬挂重物。施测时,先在 1 处安置水准仪,后视 A 处水准尺读数 a 并记录,然后前视钢尺读数并记录。把水准仪移至墩台顶 2 处,后视钢尺读数并记录,然后将水准尺放在检测点 B 上,水准仪照准水准尺并读数 b,则 B 处高程 $H_B = H_A + A + h_1 - b$,式中 h_1 为钢尺两次读数差的绝对值。

2. 桥涵基础高程放样

水下基础高程放样(如钻孔灌注桩基础)一般采用测绳下悬重物进行施测。现以钻孔灌注桩基础为例来说明桩底高程的确定。

如图 11-33 所示(钻机未画出),A 为已知水准点,施测时先将 A 处水准点高程引至护筒顶 B 处(B 处高程需常复测),并在 B 处作一标志。钻孔过程中可根据该标志以下的钻杆长度(每节钻杆均为定长)判定是否已经钻到设计高程。清孔结束及浇筑混凝土前均可用测绳检测孔底高程。

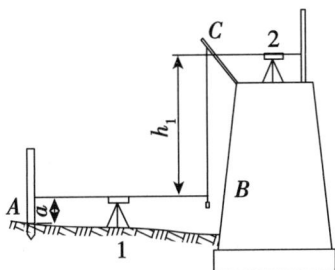

图 11-32　桥墩或桥台的侧面为斜面时
高程的放样

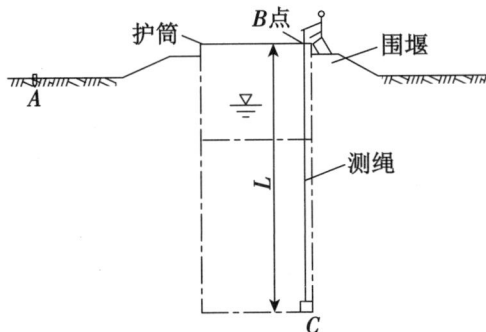

图 11-33　桥涵水下基础高程放样

具体施测方法是:在测绳零端悬挂一锥形铁块,B 处放下测绳,当感觉测绳变轻(注意不要让测绳太靠近钻杆或钢筋笼)后,读取测绳读数(由于测绳每米一刻划,故应量取尺尾零长度并加上尺头重物长),则桩底 C 处高程 = 护筒 B 处高程 – 测绳长度 L。

(1)浅基础。

如图 11-34 所示,桥涵基础较浅,则直接在基底或基础侧壁立水准尺。A 为一已知水准点。施测时,水准仪安置在 1 处,后视 A 处已知水准点上立的水准尺读数并记录,前视基础底部 C 处或基础侧壁 B 处所立水准尺读数并记录,则可得基础底部 C 处高程或基础侧壁高程。基底 C 处高程 $H_C = H_a + a - b'$,基础侧壁高程 $H_B = H_a + a - b$。

(2)深基础。

当基坑开挖较深时,基底设计高程与基坑边已知水准高程相差较大并超出了水准尺的工作长度,这时可采用水准仪配合悬挂钢尺的方法向下传递高程。如图 11-35 所示,A 为已知水准点,其已知高程为 H_A,B 为放样点位置,其放样高程为 H_B(H_B 应根据放样时基坑实际开挖深度选择,H_B 往往比基底设计高程高出一个定值,如 1m 整),在基坑边用支架悬挂钢尺,钢尺零端点朝下并悬挂 10kg 重锤,放样时最好用两台水准仪同时观测。具体方法如下:

在 A 点立水准尺,基坑边的水准仪后视 A 尺并读数 a_1,前视钢尺读数 b_1 的同时,基坑底的水准仪后视钢尺读数 a_2,然后计算 B 处水准尺应有的前视读数为:

$$b_2 = H_A + a_1 - b_2 + a_2 - H_B \tag{11-27}$$

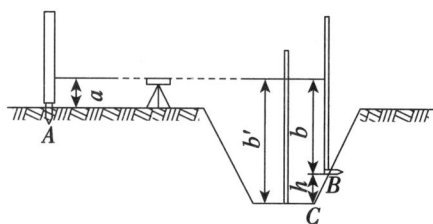

图 11-34　桥涵水下浅基础高程放样　　　图 11-35　桥涵水下深基础高程放样

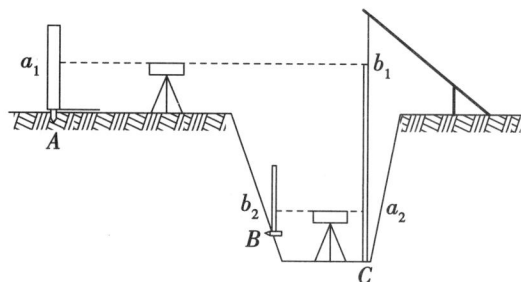

这时上下移动 B 处的水准尺,直到水准仪前视读数恰好等于 b_2 时标定点位。为了控制基坑开挖深度,还需要在基坑四周壁上放样出一系列高程均为 H_B 的点位,如果 H_B 比基坑设计高程高出一个定值 ΔH,施工人员就可借助一把定长为 ΔH 的小尺子方便地检查基底高程是否达到了设计值。

二、涵洞放样

对于涵洞,设计资料一般会给出中心桩号、斜交角、涵长等。根据这些资料,可以测设出涵洞中心桩以及轴线。涵洞施工中的测量工作主要是测设涵洞中心桩位以及涵洞轴线方向。下面就这两个问题做简单讨论。

1.涵洞基础定位

涵洞基础定位即测设涵洞中心桩。通常可以利用离桥涵最近的已经测设的中桩位置,计算涵洞中心到前后中桩的距离,采用直接丈量的方法测设。当附近有可以利用的导线点时,也可利用路线附近的导线,根据计算的涵洞中心坐标,计算距离和夹角。采用极坐标的放样方法测设涵洞中心,如图 11-36 所示,将全站仪安置在导线点 A 上,后视导线点 B,然后将照准部旋转角 φ,即为涵洞中心所在方向,在此方向上从 A 点开始量取水平距离 L 所得就是要测设的涵洞中心。

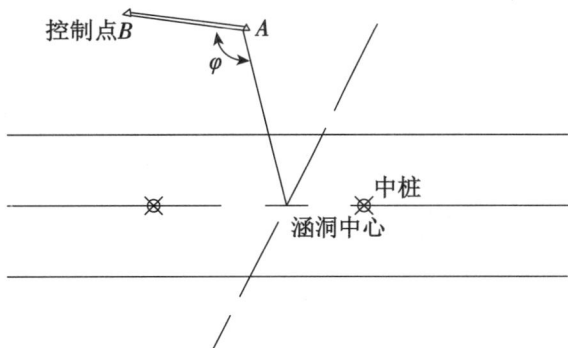

图 11-36　涵洞中心桩放样

2. 涵洞轴线测量

根据涵洞轴线与路线方向是否垂直,涵洞分为正交涵洞与斜交涵洞。

正交涵洞的轴线垂直于路线中线,放样时在涵洞中心位置确定以后,可利用方向架确定其轴线方向。或者将全站仪架设在涵洞中心桩处,后视路线方向,盘左、盘右旋转 90°(或 270°),取其平均位置,即为涵洞轴线方向。为了方便在施工过程中恢复轴线,一般在轴线方向设立护桩,如图 11-37 所示。斜交涵洞的轴线与路线前进方向的右侧成斜交角 θ,斜度 φ 等于 θ 与 90°之差,左斜时 θ 大于 90°,右斜时 θ 小于 90°。放样时可将全站仪架设在涵洞中心桩处,后视路线方向,盘左、盘右旋转一个角度为 90° − φ(或 90° + φ),取其平均位置,即为涵洞轴线方向。

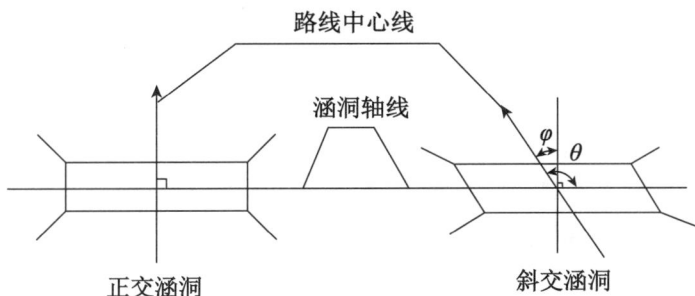

图 11-37　涵洞轴线放样

如果附近有导线点可以利用,也可根据设计资料,确定轴线上某两点 a 和 b(即确定涵洞中心沿轴线到 a、b 的距离,a、b 应在涵洞边线外侧)的坐标,则 a(或 b)与两个导线点形成一个夹角,计算夹角和距离,然后可以用极坐标的方法测设。

本模块小结

一、基本放样方法

1. 钢尺距离放样

2. 全站仪距离放样

3. 角度放样

4. 高程放样

二、已知平面点位的放样方法

1. 极坐标法

2. 直角坐标法

3. 全站仪三维坐标放样法

三、路基路面施工放样

1. 路基边桩放样

（1）图解法；

（2）解析法；

（3）渐进法。

2. 路基边坡放样

3. 路面边桩放样

（1）边桩放样；

（2）路拱放样。

四、桥涵施工放样

1. 桥墩台及基础高程放样

（1）墩台的高程放样；

（2）桥涵基础高程放样。

2. 涵洞放样

（1）涵洞基础定位；

（2）涵洞轴线测量。

本模块关于基本放样方法、点位放样方法的实训指导和习题集及参考题解详见本教材的配套教学用书《工程测量实训指导与习题集》模块十一。

参 考 文 献

［1］中华人民共和国交通运输部.公路勘测规范:JTG C10—2007［S］.北京:人民交通出版社股份有限公司,2018.

［2］中华人民共和国住房和城乡建设部.工程测量标准:GB 50026—2020［S］.北京:中国计划出版社,2020.

［3］中华人民共和国住房和城乡建设部.工程测量通用规范:GB 55018—2021［S］.北京:中国建筑工业出版社,2021.

［4］陶大鹏.测量学［M］.北京:人民交通出版社,1989.

［5］张保成.测量学实习指导与习题［M］.北京:人民交通出版社,2000.

［6］张保成.测量学［M］.北京:人民交通出版社,1997.

［7］张保成.工程测量［M］.2版.北京:人民交通出版社,2008.

［8］徐娅娅,沈照庆,雒应.测量学［M］.5版.北京:人民交通出版社股份有限公司,2020.7.

［9］宁津生,陈俊勇,李德仁,等.测绘学概论［M］.3版.武汉:武汉大学出版社,2016.

［10］顾孝烈,鲍峰,程效军.测量学［M］.4版.上海:同济大学出版社,2011.

［11］徐宇飞.数字测图技术［M］.郑州:黄河水利出版社,2005.

［12］何保喜.全站仪测量技术［M］.郑州:黄河水利出版社,2005.

［13］李仕东.工程测量［M］.2版.北京:人民交通出版社,2005.

［14］李征航,黄劲松.GPS测量与数据处理［M］.武汉:武汉大学出版社,2005.

［15］王立争.道桥工程施工放样［M］.北京:人民交通出版社股份有限公司,2018.

［16］冯卡,孔德成.公路工程施工测量［M］.北京:化学工业出版社,2018.

［17］宋占峰,李军.土木工程测量［M］.长沙:中南大学出版社,2014.

［18］胡伍生,潘庆林.土木工程测量［M］.5版.南京:东南大学出版社,2016.

［19］李永树.工程测量学［M］.北京:中国铁道出版社,2011.

［20］丁雪松.公路工程测量［M］.北京:人民交通出版社出版股份有限公司,2017.

［21］徐彦田.GNSS网络RTK技术原理与工程应用［M］.北京:国防工业出版社,2021.

［22］刘艳亮,张海平,徐彦田,等.全球卫星导航系统的现状与进展［J］.导航定位学报,2019,7(1):18-21.

［23］高成发,胡伍生.卫星导航定位原理与应用［M］.北京:人民交通出版社,2011.

［24］李开伟.GNSS定位测量技术［M］.2版.成都:西南交通大学出版社,2021.

［25］袁冰清,蔡芸云,王英翔.浅析北斗卫星导航系统［J］.中国无线电,2022(2):46-47.

［26］杨磊.北斗卫星导航系统在工程测绘中的运用［J］.工程技术研究,2022,7(105):105-107.